"十二五"普通高等教育本科国家级规划教材配套教材
国家卫生和计划生育委员会"十二五"规划教材配套教材
全国高等医药教材建设研究会"十二五"规划教材配套教材
全国高等学校配套教材

供8年制及7年制("5+3"一体化)临床医学等专业用

U0644169

实验诊断学
病案、习题及实习指导

第2版

主　编　尚　红　张丽霞　郭晓临

编　者（以姓氏笔画为序）

马　明（中国医科大学）　　　郑　军（中国医科大学）

尹一兵（重庆医科大学）　　　洪秀华（上海交通大学医学院）

吉阳涛（中国医科大学）　　　徐克前（中南大学湘雅医学院）

李　艳（武汉大学医学院）　　郭晓临（中国医科大学）

宋鉴清（中国医科大学）　　　黄　彬（中山大学附属第一医院）

张丽霞（中国医科大学）　　　崔　巍（中国协和医科大学）

尚　红（中国医科大学）　　　褚云卓（中国医科大学）

人民卫生出版社

图书在版编目（CIP）数据

实验诊断学病案、习题及实习指导 / 尚红，张丽霞，郭晓临主编 . —2 版 . —北京：人民卫生出版社，2015

ISBN 978-7-117-21212-0

Ⅰ. ①实⋯ Ⅱ. ①尚⋯ ②张⋯ ③郭⋯ Ⅲ. ①实验室诊断 –医学院校 – 教学参考资料 Ⅳ. ①R446

中国版本图书馆 CIP 数据核字（2015）第 193688 号

人卫社官网　**www.pmph.com**	出版物查询，在线购书	
人卫医学网　**www.ipmph.com**	医学考试辅导，医学数据库服务，医学教育资源，大众健康资讯	

实验诊断学
病案、习题及实习指导
第 2 版

主　　编：尚　红　张丽霞　郭晓临
出版发行：人民卫生出版社（中继线 010-59780011）
地　　址：北京市朝阳区潘家园南里 19 号
邮　　编：100021
E - mail：pmph @ pmph.com
购书热线：010-59787592　010-59787584　010-65264830
印　　刷：北京中科印刷有限公司
经　　销：新华书店
开　　本：787 × 1092　1/16　　印张：14
字　　数：358 千字
版　　次：2011 年 2 月第 1 版　2015 年 11 月第 2 版
　　　　　2025 年 6 月第 2 版第 9 次印刷（总第 12 次印刷）
标准书号：ISBN 978-7-117-21212-0/R·21213
定　　价：38.00 元

打击盗版举报电话：010-59787491　E-mail：WQ @ pmph.com
（凡属印装质量问题请与本社市场营销中心联系退换）

前　言

本版《实验诊断学病案、习题及实习指导》是国家级规划教材《实验诊断学》第3版的统编全国高等医药院校配套教材,是在2011年2月出版的《实验诊断学病案与实习指导》的基础上进行的修订再版。

本版《实验诊断学病案、习题及实习指导》的修订编写原则及指导思想同《实验诊断学》第3版。以医学发展的趋势、思维模式的转变、精英人才的需求为依据,符合以人为本、继承发展和与时俱进的精神;以培养学生的创新思维和实践能力为重点;更注意强调"三高"(高标准、高起点、高要求)、"三基"(基础理论、基本知识、基本技能)和"五性"(科学性、先进性、实用性、启发性、逻辑性)的精神和要求。

本教材的修订再版,体现了《实验诊断学》是医学桥梁课程及其与临床医学和基础医学联系密切、应用广泛的特点;以主教材《实验诊断学》第3版为主体,内容力求全面,但更突出重点、强调实用。本教材遵循全国高等院校长学制临床医学专业第三轮规划教材修订要求,紧密配合主教材;本版与前版相比,其内容有所新增及个别调整(增加了个体化医疗与分子诊断、免疫学实验诊断和急重症实验诊断;扩增了练习题的内容与数量)。

全书包括四个部分:第一部分为课堂内容,包括八个系统内容,有10个不同内容的病案讨论分析和26个与病案相关的、常用实验项目的操作、示教与见习;第二部分为练习内容,可用于课堂及课后练习及学生自学,包括十一个系统内容,含练习题共285道,并附有答案,为方便学生学习,每个系统内容中均含有四种类型练习题(病案与分析、选择题、名词解释和简答题);第三部分为常用临床检验仪器简介(含10种自动化分析仪),可作为实验课学习参考;第四部分为相关图像或图示(共165幅)。特别是第二部分练习题的内容及数量较上版有明显增加;练习内容的编写和组织方式,与上版亦有所不同(如上述)。本教材改变了传统的实习课教学模式和观念,在病案学习的基础上,安排相关实验内容的操作、示教与见习;病案及实验安排以人体系统和主要脏器为主线,通过病案分析体现和落实到实验诊断项目选择、应用及临床意义;更强调理论与实践结合、实验与临床结合,突出了实践性和创新性,注重通过实验诊断学病案及实验教学,培养学生的临床思维能力和实践能力。

《实验诊断学病案、习题及实习指导》第2版由中国医科大学实验诊断学教研室老师及部分《实验诊断学》第3版编委,共同编写。本教材可供高等医药院校五年制及七年制("5+3"一体化)临床医学等专业学生实验诊断学实习课使用。但目前我国各高等医药院校实验诊断学尚无统一教学大纲,总授课时数、理论课与实习课时数均非一致,故对本教材的应用,可以根据各院校的实际情况,自行组织,灵活安排,对其内容可作适当取舍和机动组合。

由于本教材修订编写时间仓促,并因编写者水平所限,书中错误及遗漏难免,恳请各位老师及读者批评指导。

编者
2015年5月

目　录

第一部分　课堂内容

第二部分　练 习 内 容

第三部分　常用临床检验仪器简介

第四部分　图像及图示

第一部分　课堂内容

第一章　红细胞疾病实验诊断与红细胞检查

内容提要

　　课堂病案讨论(贫血的实验诊断)

　　实验内容:

　　一、红细胞计数及红细胞平均值参数检测

　　(一)目视计数法(操作)

　　(二)血细胞自动分析仪法(示教)

　　二、红细胞形态观察(血涂片红细胞形态辨认;示教)

第一节　课堂病案讨论

　　【简要病史】　王×,女,23岁,学生。头晕、乏力一年,近2个月加重,伴心悸、食欲缺乏,大、小便正常。月经史:13岁初潮,月经周期不规律(间隔20~23天),行经期7天,月经量大。既往健康,无血液病病史。

　　【体格检查】　T 36.2℃,R 20次/分,P 96次/分,Bp 110/70mmHg。一般状况尚可,发育正常,营养中等,面色及睑结膜苍白,皮肤及黏膜无出血点、巩膜无黄染,浅表淋巴结未触及,胸骨无压痛。心率96次/分,心律整,无异常杂音;肺、肝、脾、四肢及神经系统未见明显异常。

　　【实验室检查】

　　血液一般检查:RBC $3.3×10^{12}$/L,Hb 75g/L,Hct 0.25;

　　　　　　　　　MCV 75fl,MCH 23pg,MCHC 300g/L,RDW 16.5%;

　　　　　　　　　WBC $4.5×10^9$/L;

　　　　　　　　　PLT $120×10^9$/L。

　　【思考题】

　　1. 初步考虑为何种疾病? 为什么?

　　2. 如何分析实验检查结果?

　　3. 为了明确诊断还应该做哪些实验室检查? 可能会有什么病理变化?

　　4. 分析其可能病因是什么? 应该与哪些疾病进行鉴别诊断?

【病案分析】

1. 初步考虑该患者为小细胞低色素性贫血　其诊断依据是:

(1) 有贫血的临床症状和月经量过多的慢性失血病史:头晕、乏力一年,加重并伴心悸、食欲缺乏 2 个月;月经周期不规律,间隔时间短(20~23 天),行经期 7 天,月经量大。

(2) 有贫血的临床体征(皮肤及黏膜苍白,脉搏及心率稍快),但无出血性、溶血性和急性白血病的常见阳性体征(皮肤及黏膜无出血点和淤斑、无黄染及胸骨压痛等表现)。

(3) 血液一般检查:RBC 3.3×10^{12}/L,Hb 75g/L,Hct 0.25,皆明显低于参考值下限,表明有中度贫血(Hb 75g/L<90g/L);MCV(75fl)、MCH(23pg)和 MCHC(300g/L)均降低,符合小细胞低色素性贫血的实验室改变。

2. 分析实验检查结果　RBC、Hb、HCT 均明显低于参考值下限,提示为贫血;MCV 75fl 小于正常下限,提示为小细胞性贫血,MCH 23pg,MCHC 300g/L 明显低于参考值下限,共同提示为小细胞低色素性贫血;RDW 16.5% 增大,提示为缺铁性贫血。

附:贫血的形态学分类(表 1-1-1)

表 1-1-1　贫血的形态学分类

分类	MCV (fl)	MCH (pg)	MCHC (g/L)	病因
正常细胞性贫血	82~100	27~34	316~354	急性失血性贫血、再生障碍性贫血、多数溶血性贫血、白血病
大细胞性贫血	>100	>34	316~354	巨幼细胞性贫血及恶性贫血
单纯小细胞性贫血	<82	<27	316~354	慢性感染、炎症、肝病、尿毒症、风湿性疾病等
小细胞低色素性贫血	<82	<27	<316	缺铁性贫血、珠蛋白生成障碍性贫血、铁粒幼细胞贫血

3. 为了进一步明确诊断,还应该做以下检查:

(1) 红细胞形态观察和网织红细胞检查:缺铁性贫血时会见到红细胞体积变小、中心淡染区增大;网织红细胞计数可能正常或轻度增高。

(2) 血清铁、铁蛋白等实验室检查:缺铁性贫血时,此两项检查可能都会降低,以铁蛋白降低更为敏感、特异。

(3) 必要时可做骨髓及骨髓铁染色检查:缺铁性贫血时可见骨髓红系造血呈轻、中度活跃,以中晚幼红细胞增生为主,幼红细胞体积小,胞浆量减少且发育滞后,幼红细胞呈"核老浆幼";骨髓铁染色可见细胞内外铁皆降低,以细胞外铁降低明显。

可参见图 4-1-18 及图 4-1-19。

4. 该患者缺铁性贫血的病因,可能与长期月经量过多(失血过多)且补养不足,导致慢性失血有关。小细胞低色素性贫血最常见的是缺铁性贫血;且该患者 RDW(16.5%)增大,也提示为缺铁性贫血。

应注意与其他小细胞低色素性贫血(如地中海贫血、铁粒幼细胞贫血等)进行鉴别。

【最后诊断】　结合病史、临床体征及上述实验室检查结果分析,此病例的诊断考虑是:缺铁性贫血。待补做红细胞形态观察、血清铁、铁蛋白等实验室检查后,方可作出最后诊断。

第二节　实 验 内 容

一、红细胞计数及红细胞平均值参数检测

(一) 红细胞目视计数法(操作)

【目的】　熟悉红细胞目视计数方法,掌握红细胞计数参考值及临床意义,熟悉细胞计数板及细胞计数方法。

【原理】　用红细胞稀释液将血液稀释一定倍数,置于血细胞计数板内,于显微镜下计数一定容积内的红细胞数,然后再计算出每升血液内的红细胞数。

【试剂】　红细胞稀释液[赫姆(Hayem)稀释液]

氯化钠	1.0g
硫酸钠(Na_2SO_4·10H_2O)	5.0g(或无水硫酸钠2.5g)
氯化高汞	0.5g
蒸馏水加至	200.0ml(过滤后备用)

【器材与仪器】

(1) 试管、玻棒、2ml玻璃吸管、显微镜。

(2) 一次性微量吸管:标有10μl及20μl的刻度线。

(3) 血细胞计数板(改良牛鲍计数板):见图1-1-1。血细胞计数板中央有两个刻度平台(即血细胞计数池),每个平台划分为9个大方格,每个大方格长宽各为1mm,其面积为1mm^2,加盖玻片后的深度为0.1mm,故每一大方格的容积为0.1mm^3(0.1μl)。四角的四个大方格等分为16个中方格,为白细胞计数区(图1-1-2);中央一大方格作为红细胞计数用,用双线等分为25个中方格,每个中方格又等分为16个小方格,其中四角的四个中方格加上中间的一个中方格为红细胞计数区(图1-1-2、1-1-3)。

【操作】

(1) 取试管一支,准确加入红细胞稀释液2ml。

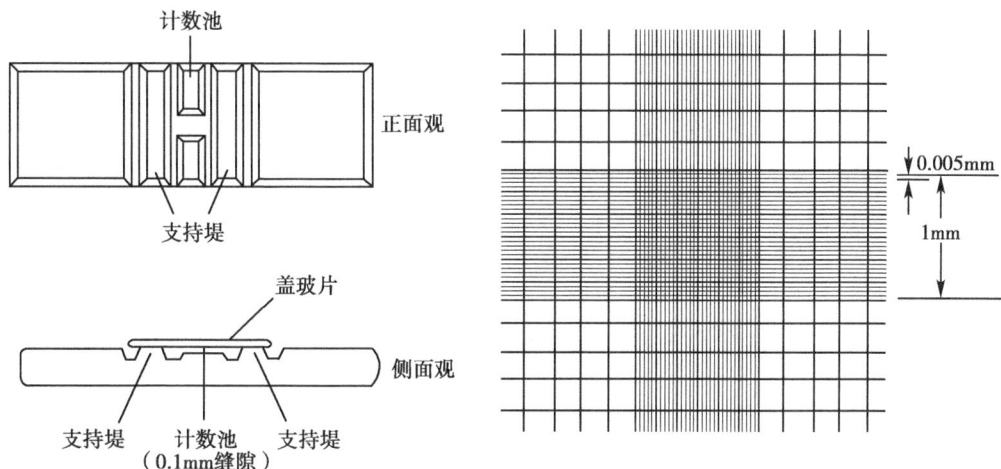

图1-1-1　血细胞计数板(改良牛鲍计数板)

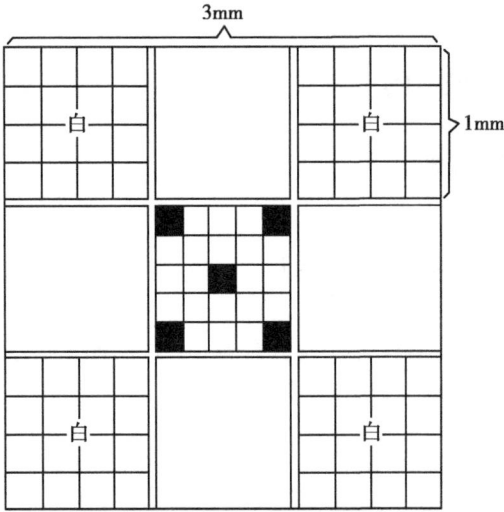

图 1-1-2　红细胞、白细胞计数区示意图
（■为红细胞计数区）

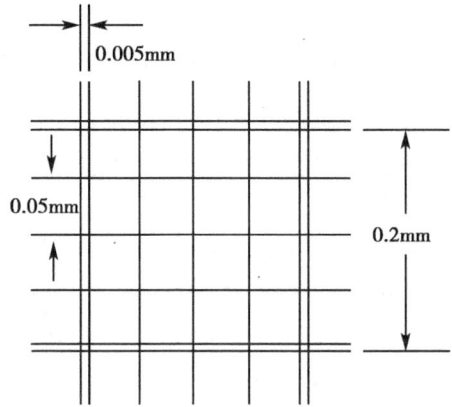

图 1-1-3　红细胞计数区（中方格）
放大示意图

　　（2）消毒皮肤，用采血针刺破皮肤，使血液自动流出，拭去第一滴血，用一次性微量吸管准确吸取血液 $10\mu l$。

　　（3）擦去管尖外面多余的血液，将吸管插入稀释液底部，轻轻将血液全部排出，然后吸取其上方稀释液清洗吸管内残余血液 2~3 次。

　　（4）混匀后用玻棒蘸取红细胞悬液，充入血细胞计数池内，注意充池的液量要适宜，使之恰好充满，无气泡及多余液体溢出。静置 2~3 分钟，待红细胞下沉后进行计数。

　　（5）将血细胞计数板置于显微镜下，用低倍镜观察计数池内红细胞分布状况是否均匀，如红细胞分布均匀，即可用高倍镜进行计数。计数中央大方格中的四个角上和中心的中方格（共 5 个中方格）的红细胞。为准确计数，对于压在线上的细胞计数可采用以下计数原则：计数时，对于压在左右相邻两侧线上的细胞，计数压在左侧线上的细胞，不计数压在右侧线上的细胞（即计左不计右）；对于压在上下相邻线上的细胞，计数压在上线上的细胞，不计数压在下线上的细胞（即计上不计下）。按上述原则进行计数时，没有计数重复或遗漏的细胞（每个细胞只计数一次）（图 1-1-4）。

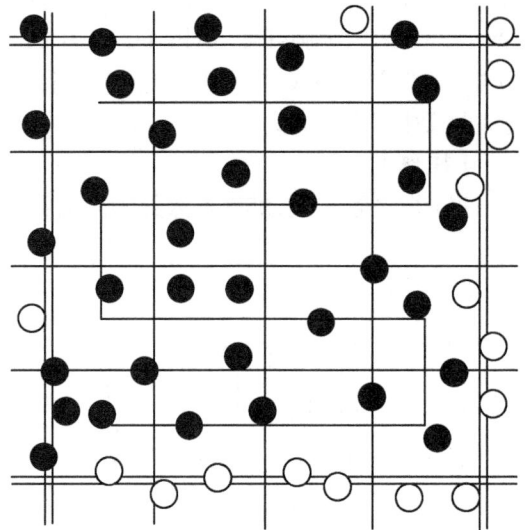

图 1-1-4　红血细胞计数原则
（计数黑点，不计数白点）

　　（6）计算：将 5 个中方格所得的红细胞数的总和（N）乘以 10 000 即为每微升（μl）血液内的红细胞数，再乘 10^6 换算为每升（L）血液内的红细胞数。

　　计算公式为：

红细胞 $/L = N \times \dfrac{25}{5} \times 10 \times 200 \times 10^6 = N \times 10^{10} = \dfrac{N}{100} \times 10^{12}/L$

式中:N 为 5 个中方格内数得的红细胞数

$\times \dfrac{25}{5}$ 是将 5 个中方格红细胞数换算成一个大方格(即 0.1μl)的红细胞数

×10 是将一个大方格的容积(0.1μl)换算成 1μl 血液内的红细胞数

×200 为血液稀释倍数

$\times 10^6$ 是将 μl 换算成 L

(7) 计数完毕后,用清水将计数盘和盖玻片冲洗干净,待干后备用。

【注意事项】

(1) 显微镜物镜接近计数板时应注意,勿损坏计数板及镜头。

(2) 计数时进入显微镜的光线要适中,否则不易找到方格。

(3) 计数细胞时,计数池内的细胞分布要均匀,各中方格的细胞相差不应超过 ±10%,否则重新充池计数。

(4) 计数不准确的常见原因主要有:

1) 采血不符合要求,如局部皮肤水肿、炎症、穿刺过浅、过度挤压等。

2) 稀释液量不准,特别在夏季,稀释液放置过久、水分蒸发。

3) 操作太慢,血液凝固。

4) 微量吸管内壁沾有白细胞稀释液,会使红细胞破坏,计数不准(故应先做红细胞计数,后做白细胞计数;微量吸管用后一定清洗干净)。

5) 红细胞悬液混匀不充分。

6) 计数池充池不均匀、有气泡,或充池后移动盖玻片。

7) 计数时对压在线上的红细胞,未按压线红细胞计数原则进行计数,造成计数遗漏或重复。

8) 当白细胞极度增多时,将使红细胞计数结果假性偏高,此时应对红细胞计数结果进行校正。校正方法:校正后红细胞计数结果 = 校正前红细胞计数结果 - 白细胞计数结果。

【参考区间】 ①成年:男性 $(4.3\sim5.8)\times10^{12}/L$;女性 $(3.8\sim5.1)\times10^{12}/L$;②新生儿 $(6.0\sim7.0)\times 10^{12}/L$。

【临床意义】

(1) 红细胞增多

1) 相对性增多:由各种原因导致的血浆量减少,使 RBC 计数相对性增多,多为暂时性增多,见于严重呕吐、腹泻、大面积烧伤、多尿等导致的脱水状态。

2) 绝对性增多:多由于缺氧而致红细胞代偿增多,红细胞增多的程度与缺氧程度成正比;少数病例是由造血系统疾病导致。

3) 生理性增多:见于胎儿、新生儿、高原居民等;剧烈的体育运动、体力劳动、情绪激动等红细胞也可一过性增多。

4) 病理性增多:见于慢性心肺功能不全疾患,如肺气肿、肺源性心脏病及某些发绀型先天性心脏病等,此外真性红细胞增多症时,红细胞增多可达 $(7.0\sim10.0)\times10^{12}/L$。

(2) 红细胞减少

1) 生理性减少:出生后 3 个月 ~15 岁,因生长发育迅速,血容量急剧增加而造血原料相对不足;部分老年人骨髓造血组织逐渐减少,其造血功能明显减退;妊娠中、晚期血容量剧增而引起血液稀释,红细胞相对减少。

2) 病理性减少:是指血液中红细胞数量绝对减少。见于造血功能障碍、造血原料供应不足,红细胞丢失和破坏过多等原因引起的各种贫血。

(二) 血细胞自动分析仪(示教)

(1) 仪器原理、操作、注意事项等,详见本教材第三部分"常用临床检验仪器简介"中的"血细胞分析仪"。

(2) 对临床实际检验报告单进行解读:重点解读有关红细胞检查的各项内容,包括红细胞计数(RBC)、血红蛋白含量(Hb)、红细胞比容(Hct)和红细胞平均值参数(MCV、MCH、MCHC 和 RDW),同时了解不同类型红细胞直方图的含义,结合红细胞形态学检查,了解红细胞检查的临床应用及其临床意义(图 4-1-22~4-1-24)。

二、红细胞形态观察

1. 显微镜下观察血涂片 对正常及病理的红细胞形态进行辨认(示教)。
2. 可参见红细胞形态图像 图 4-1-1~4-1-21。
3. 讨论红细胞形态观察的临床意义 通过染色血涂片上红细胞大小、形状、染色、结构等形态学观察,与血红蛋白及红细胞计数相结合,可以粗略地推断贫血的原因,对贫血的诊断和鉴别诊断有重要的临床意义。

红细胞形态的病理变化,可参见表 1-1-2。

表 1-1-2 红细胞形态变化及其临床意义

红细胞形态	主要临床意义
大小异常	
正常红细胞	健康人;再生障碍性贫血、多数溶血性贫血、急性失血、骨髓病性贫血
小红细胞	健康人偶见;病理时见于缺铁性贫血、血红蛋白病、遗传性球形红细胞增多症
大红细胞	溶血性贫血、巨幼细胞性贫血
巨红细胞	巨幼细胞性贫血(最常见于缺乏叶酸和维生素 B_{12} 引起的巨幼细胞性贫血)
红细胞大小不等	中度以上的增生性贫血(尤其巨幼细胞性贫血)、骨髓增生异常综合征
形态异常	
球形红细胞	遗传性球形红细胞增多症、伴有球形红细胞增多的其他溶血性贫血(自身免疫性溶血性贫血、新生儿溶血性贫血)
椭圆形红细胞	巨幼细胞性贫血、遗传性椭圆形红细胞增多症
靶形红细胞	珠蛋白生成障碍性贫血;其他溶血性贫血、缺铁性贫血、阻塞性黄疸、脾切除等
镰形红细胞	最常见于 HbS 病
口形红细胞	遗传性口形红细胞增多症;DIC、酒精中毒
棘细胞	脾切除、酒精中毒性肝病、尿毒症;β-脂蛋白缺乏症
泪滴形红细胞	骨髓纤维化;地中海贫血、溶血性贫血
裂细胞(红细胞异型症)	微血管病性溶血性贫血(DIC、血栓性血小板减少性紫癜、溶血尿毒症综合征)等

红细胞形态	主要临床意义
细胞缗钱状形成	浆细胞骨髓瘤、原发性巨球蛋白血症等高球蛋白血症
染色异常	
正常色素性	健康人；急性失血、再生障碍性贫血、白血病
低色素性	缺铁性贫血、珠蛋白生成障碍性贫血、铁粒幼细胞性贫血、某些血红蛋白病时
高色素性	巨幼细胞性贫血
嗜多色性	各种增生性贫血(特别是急性溶血性贫血)
结构异常	
嗜碱性点彩红细胞	骨髓增生旺盛的贫血(巨幼细胞性贫血等)、重金属中毒(铅中毒)
染色质小体	脾功能低下、红白血病及其他增生性贫血
卡波环	提示严重贫血、溶血性贫血、巨幼细胞性贫血、铅中毒、白血病
有核红细胞	各种溶血性贫血、巨幼细胞性贫血、红白血病、骨髓纤维化(髓外造血)、骨髓转移癌及严重缺氧等

（马　明　郭晓临）

第二章　白细胞疾病实验诊断与白细胞检查

第一节　课堂病案讨论

病案讨论一

　　【简要病史】　李×,男,14岁,学生。3日前受凉后出现发热、畏寒、咽痛,自服"泰诺"2天(一次1片,每6小时一次),症状未缓解,吞咽时咽部疼痛加重、耳根部疼痛,遂来医院就诊。

　　【体格检查】　T 39.5℃,R 27次/min,P 108次/min,BP 13.3/10kPa(100/75mmHg)。急性病容,面颊赤红,咽部及双侧扁桃体充血明显,呈Ⅱ度肿大,表面见黄白色脓性分泌物,颌下淋巴结肿大,有触痛。结膜不苍白,皮肤无黄染,无皮下出血点及淤斑。胸骨无压痛及叩击痛,双肺呼吸音粗、未闻及啰音,心界不大,律齐无杂音,腹平软,肝脾肋下未及,双下肢不肿,神经系统检查无异常。

　　【实验室检查】

　　1. 血液一般检查:RBC $4.6×10^{12}$/L,Hb 138g/L,Hct 0.42;

　　　　　　　　　　PLT $165×10^9$/L;

　　　　　　　　　　WBC $22.0×10^9$/L,WBC分类计数:St 10%,Sg 69%,

　　　　　　　　　　LY 16%,MO 4%,EOS 1%;

　　血涂片显示:中性粒细胞胞浆中可见中毒颗粒、空泡形成(图4-2-1、4-2-2);红细胞和血红蛋白无明显变化,血小板形态正常、无聚集。

　　2. 咽拭子细菌涂片和培养　β-溶血性链球菌阳性。

　　血液一般检查及WBC分类计数参考区间见表1-2-1、表1-2-2。

表 1-2-1　血液一般检查及 WBC 分类计数参考区间

项目	参考区间	项目	参考区间
RBC	男性 $(4.3\sim5.8)\times10^{12}$/L 女性 $(3.8\sim5.1)\times10^{12}$/L 新生儿 $(6.0\sim7.0)\times10^{12}$/L	MCV MCH MCHC	$82\sim100$fl $27\sim34$pg $316\sim354$g/L（31%~35%）
Hb	男性 130~175g/L 女性 115~150g/L 新生儿 170~200g/L	WBC	$(3.5\sim9.5)\times10^{9}$/L（成人） $(15.0\sim20.0)\times10^{9}$/L（新生儿） $(11\sim12)\times10^{9}$/L（6 个月 ~2 岁）
Hct	男性 0.40~0.50 女性 0.35~0.45	PLT	$(125\sim350)\times10^{9}$/L

表 1-2-2　白细胞分类计数参考区间（成人）

白细胞分类	百分比（%）	白细胞分类	百分比（%）
中性杆状核粒细胞（Nst）	0~5	嗜碱性粒细胞	0~1
中性分叶核粒细胞（Nsg）	40~70	淋巴细胞	20~50
嗜酸性粒细胞	0.4~8.0	单核细胞	3~10

【思考题】

1. 本病诊断是什么？

2. 实验检查结果如何分析？

3. 需要与哪些疾病进行鉴别诊断？

【病案分析】

1. 结合病史、体检及实验室检查，考虑本例为急性化脓性扁桃体炎。

2. 本例实验室检查结果主要表现：

（1）血液一般检查表现为急性感染的血象：WBC 增多（22.0×10^{9}/L），以中性粒细胞计数增多为主（N 79%），出现核左移（St 10%），中性粒细胞有中毒性改变（胞浆中可见中毒颗粒和空泡形成）；淋巴细胞计数相对减少（16%）；RBC（4.6×10^{12}/L）和 PLT（165×10^{9}/L）正常。

（2）咽拭子细菌学检查阳性可帮助确诊：咽拭子涂片和培养出现致病的 β- 溶血性链球菌，是急性感染常见病原菌，常可引起皮肤和皮下组织的化脓性炎症、呼吸道感染、流行性咽炎、猩红热等疾病，是急性扁桃体炎的主要致病菌。

3. 鉴别诊断

（1）急性病毒性咽喉炎：血液一般检查常常不表现为急性感染的血象，WBC 多正常，以淋巴细胞计数增多为主，无核左移和中性粒细胞中毒症状，咽拭子涂片或培养为阴性。

（2）疱疹性咽峡炎：血液一般检查常常不表现为急性感染的血象，咽拭子涂片或培养为阴性。

【最后诊断】　急性化脓性扁桃体炎。

病案讨论二

【简要病史】　施 ×，男，26 岁，黑龙江人，大庆油田工作 5 年。鼻出血反复发作 2 月余，1

周前出现上肢皮下出血点,今日突起高热,来医院就诊。患者自诉食欲缺乏,睡眠差,无尿血和便血症状。无肝肾疾病和结核病史。无心血管疾病和糖尿病家族史。

【体格检查】 T 38.6℃,R 20 次 /min,P 98 次 /min,BP 14.6/11kPa(110/75mmHg)。一般情况差,面色苍白,结膜苍白,巩膜无黄染。双上肢可见散在皮下出血点,双肺呼吸音清,未闻及啰音。心前区无隆起,叩诊心界不大,听诊心率98 次 / 分,律齐,各瓣膜听诊区未闻及杂音。腹平软,肝肋下 2 指、质中边钝、无触痛,脾肋下 1 指、质中、无压痛,移动性浊音(–)。双下肢不肿,神经系统检查无异常。

【实验室检查】

1. 血液一般检查:RBC $2.6×10^{12}$/L,Hb 77g/L,Hct 23%;
　　　　　　　　WBC $13.6×10^9$/L;PLT $28×10^9$/L。

2. 血涂片检查　原始粒细胞 6%、早幼粒细胞 74%、中幼粒细胞 6%、Sg 8%、Nst 4%、LY 1%、MO 1%;原始和早幼粒细胞内可见 Auer's 小体;红细胞形态正常,血小板少、无聚集。

3. 骨髓形态学检查　增生极度活跃,其中原始粒细胞占 8%,早幼粒细胞占 70%,中幼粒细胞 3%,以早幼粒细胞为主,形态大小不等,核有畸形,核仁 1~3 个,大而清楚,胞浆丰富、呈灰蓝色,内有大小不等颗粒,有的覆盖在核上,有部分胞浆可见 1~2 根 Auer's 小体。红系、淋巴系均受到抑制;全片见到 1 个巨核细胞,血小板少见。POX、SE、NSE 呈阳性反应,α-NBE 染色阴性,破碎细胞多见(图 4-2-3~4-2-5)。

4. 免疫表型分析　幼稚细胞群细胞占 75%,该细胞群表达 MPO、CD13、CD33 和 CD15,不表达 CD34 和 HLADR,CD3、CD10、CD19 和 CD22 也阴性。

5. 染色体核型分析　t(15;17)(q22;q11~12)。

6. 融合基因检测　PML-RARα 阳性。

7. 凝血检查　PT 19.2s、APTT 86.6s、Fg 1.37g/L、TT 24.6s、FDP 26.9mg/L、D- 二聚体 940μg/L。

【其他检查】

1. 胸片　心肺未见异常。

2. 腹部 B 超　肝肋下 2.2cm,脾肋下 1cm,实质回声均匀,未触及淋巴结。

附　大致正常骨髓象

(1) 骨髓增生程度:有核细胞增生活跃。

(2) 粒细胞系统:约占有核细胞的 40%~60%。其中原粒细胞小于 2%,早幼粒细胞小于 5%,中性中幼粒细胞约 8%,中性晚幼粒细胞约 10%,中性分叶核粒细胞小于 1%。嗜酸性粒细胞小于 5%,嗜碱性粒细胞小于 1%。

(3) 红细胞系统:约占有核细胞的 20%~25%,其中原红细胞小于 1%,早幼红细胞小于 5%,以中、晚幼红细胞为主,平均各约 10%。成熟红细胞的大小、形态、染色正常。

(4) 粒 / 红细胞比例为 2~4:1。

(5) 淋巴细胞系统:约占 20%~25%,小儿偏高,可达 40%,均为成熟淋巴细胞,原始淋巴和幼稚淋巴细胞极罕见。

(6) 单核细胞系统:小于 4%,均系成熟阶段的细胞,原始单核和幼稚单核细胞极罕见。

(7) 浆细胞系统:小于 2%,均系成熟阶段的细胞。原始单核和幼稚单核细胞极罕见。

(8) 巨核细胞系统:通常在 1.5cm×3cm 的片膜上,可见巨核细胞 7~35 个,以产生血小板巨核细胞为主。其中原巨核细胞 0,幼巨核细胞 0~5%,颗粒巨核细胞 10%~27%,产生血小板巨核细胞 44%~60%,裸核 8%~30%。血小板较易见,呈堆状存在。

(9) 其他细胞:可见到极少量网状细胞、内皮细胞、组织嗜碱性粒细胞等骨髓成分。不易见到核分裂象,不见异常细胞和寄生虫。

【思考题】

1. 该患者初步诊断是什么?

2. 根据实验室和体格检查结果,如何分析?

【病案分析】

1. 结合病史、体检及完整的实验室检查结果(形态学、细胞免疫学、细胞遗传学和分子生物学检查),本病例考虑为急性早幼粒细胞白血病伴 t(15;17)(q22;q12);PML-RARA 合并 DIC。

2. 患者是青年人,由于工作性质长期接触有毒物质是 AML 的发病诱因。

3. 骨髓增生极度活跃,分类以颗粒增多的异常早幼粒细胞为主(≥30%),同时血象中也可见大量早幼粒细胞,Auer's 小体易见,是急性早幼粒细胞白血病重要的形态学诊断依据。

4. 细胞化学染色　POX、SE、NSE 染色呈阳性反应,α-NBE 染色阴性,可与急性原单核细胞和单核细胞白血病鉴别。

5. 免疫表型分析　显示髓系标志 MPO、CD13 和 CD33 阳性,但非特异性系列标志 CD34 和 HLA-DR 阴性,其他淋系标志 CD3、CD10、CD19 和 CD22 也阴性,是急性早幼粒细胞白血病典型免疫表型。

6. 遗传学标志　即出现特异染色体易位 t(15;17) 和 PML-RARα 融合基因,是急性早幼粒细胞白血病特有的遗传学标志。

7. 出血　是急性早幼粒细胞白血病的重要临床表现,易并发弥漫性血管内溶血(DIC),其发生机理主要与早幼粒细胞胞浆中含有粗大颗粒有关。这种颗粒是一种溶酶体,含有丰富的组织凝血活酶样促凝物质,当化疗或感染时,使大量的早幼粒细胞破坏,其颗粒可致外源性凝血系统激活,导致 DIC。结合凝血实验检查和白血病 DIC 实验诊断标准,分析本病例,见表 1-2-3。

表 1-2-3　白血病合并 DIC 的凝血检查结果分析

项目	结果	参考区间 *	白血病 DIC 实验诊断标准
血小板计数(PLT)	28×10^9/L	$(125~350) \times 10^9$/L	PLT<50×10^9/L 或进行性下降,或 PF4、β-TG、TXB2、P- 选择素有两项以上升高
纤维蛋白原(Fg)	1.37g/L	2.0~4.0g/L	Fg<1.8g/L 或进行性下降
纤维蛋白(原)降解产物(FDP)	26.9mg/L	0~5mg/L	3P 试验阳性或血浆 FDP>20mg/L 或 D-D 水平升高(阳性)
D- 二聚体(D-Dimer)	940μg/L	0~500μg/L	
凝血酶原时间(PT)	19.2s	11~13s	PT 延长 3s 以上或进行性延长,或 APTT 延长 10s 以上
部分活化凝血活酶时间(APTT)	86.6s	26~36s	
凝血酶时间(TT)	24.6s	16~18s	
其他			AT-Ⅲ:A<60% 或 PC 活性降低
			血浆 PLG:Ag<200mg/L
			血浆凝血因子激活分子标志物水平升高:F1+2、TAT、FPA、SFMC

* 北京协和医院提供

【最后诊断】 急性早幼粒细胞白血病伴 t(15;17)(q22;q12);PML-RARA 合并 DIC。

第二节 实 验 内 容

一、白细胞计数(血细胞分析仪)

详见第三部分"常用临床检验仪器简介"的"血细胞分析仪"。

【目的】 学习使用全血细胞分析仪自动化测定抗凝静脉血中白细胞数和白细胞五分类的百分比和绝对值。

【仪器和器材】 以日本 SYSMEX 公司 XE-2100 全血细胞分析仪(简称 XE-2100)为例,包含其配套数据处理分析系统和管理软件、打印机。

【试剂】

1. 试剂 稀释液,鞘流液,白细胞分类溶血素,白细胞分类染色液,嗜碱性粒细胞溶血素,幼稚细胞溶血素,血红蛋白溶血素,有核红细胞溶血染色液,网织红细胞溶血染色液,清洗液。这些试剂需要在室温干燥环境下保存。

2. 质控品 配套质控品,高、中、低三个浓度水平,2℃~8℃冰箱保存。

【标本要求】 EDTA-K_2 抗凝静脉血。

【操作步骤】

1. 开机

(1) 打开电脑开关,系统自动启动"XE-2100 工作菜单",输入登录密码。

(2) 打开仪器主机开关,约 10 分钟后自检结束,切换数字/字母键,再次输入登录密码,确认自检合格。

2. 质控品测定

(1) 质控品从冰箱中取出后恢复至室温,每日开机做 3 个水平即高、中、低值质控品。

(2) 在仪器主屏幕上点击 QC→Execute QC→选择要测定的质控品批号→ Enter→进入 Execute L-J 菜单。

(3) 采用自动进样方式检测:颠倒混匀质控品 8~10 次后放在标本架 1 号位置,把标本架放入进样槽内,按绿色的 Start 键,仪器自动进行样本检测。

(4) 测定完成后,结果若在控,点 OK;若失控,数据栏出现黄色或者红色报警,点击 Cancel,应查找失控原因,纠正后重新测定质控品。

(5) 在计算机主屏幕点击 QC →在 eCHECK 处,分别选择 L、N、H,检查当日和当月各质控参数是否在控。若失控,查找原因,直到各水平质控合格后仪器方可使用。

(6) 每个水平的质控均按(2)~(5)步骤操作。

3. 常规标本检测

(1) 肉眼仔细观察血液标本是否有凝血、冷凝集等。

(2) 全自动进样模式:①将标本编号后,按顺序排列在标本架上,将标本架按顺序码放在仪器进样区;②样本检测:仪器主屏幕点击 SAMPLE →在 Sample No. 处,输入待测样品号→在 Rack No. 处,输入样品架编号→在 Tube Pos. 处,输入试管位置号→在 Discrete 处,选择要测定的项目 CBC+DIFF,按 Start 键开始检测,检测数据自动传输到数据处理分析系统。

(3) 手动进样模式:①开盖方式:仪器主屏幕点击 Manual,在 Sample No. 处,输入待测样品号；在 Mode 处，选择 1(注：1 为开盖模式 Manual、2 为毛细血管模式 Capillary、3 为闭盖模式 Closed)；在 Discrete 处，选择要测定的项目(1：CBC、2：CBC+NRBC、3：CBC+DIFF、4：CBC+DIFF+RET、5：CBC+RET、6：CBC+DIFF+NRBC、7：CBC+DIFF+NRBC+RET)；按 Enter 键。标本混匀后把帽打开，将吸样针充分浸没于标本中，同时触动面板绿色 Start 键，仪器发出"嘀……嘀……"声音，待声音结束时移开样本，仪器则按预设项目进行检测。测定完成后自动将检测数据传输到 IPU。②闭盖方式：仪器主屏幕点击 Manual，在 Sample No. 处，输入待测样品号；在 Mode 处，选择 3(Closed)；在 Discrete 处，选择要测定的项目代号；按 Enter 键。将待测标本手动摇匀，放在标本架上，将该标本架放在传送线采样针的右侧(操作者的左侧)，待测标本置于仪器黑色抓臂的正前方，按主机上的手动开关，开始测试。仪器则按预设项目进行检测。测定完成后自动将检测数据传输到数据处理分析系统。

4. 分析实验结果

(1) 在计算机工作站屏幕的工具栏中点击"Browser(浏览器)"按钮，数据浏览器屏幕会显示分析数据的信息。如按↑键，将显示列的上一个数据；如按↓键，将显示列的下一个数据。

(2) 数据浏览器由许多子屏幕组成，所有的数值数据、标记信息、散点图和直方图将在"Graph"屏幕显示(图 1-2-1)。

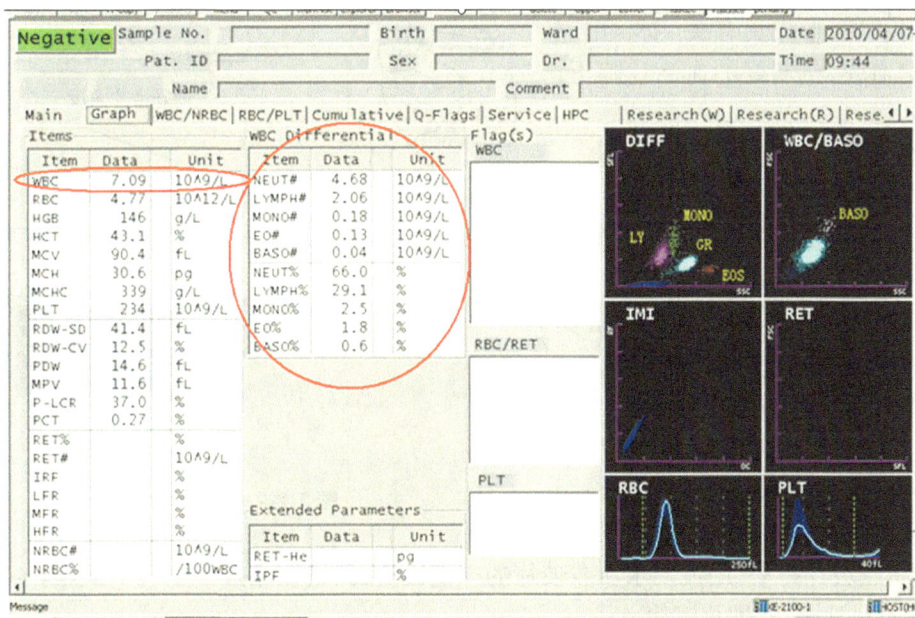

图 1-2-1　SYSMEX XE-2100 数据浏览器示意图

5. 关机　按主机上"Shutdown"键，按屏幕提示，将清洗液浸入开盖手动进样针，触动面板绿色 Start 键，仪器发出"嘀……嘀……"声音，待声音结束时移开，大约 15min 后，屏幕提示可以关机。关闭仪器主机、电脑和显示器。

二、血涂片的制备和白细胞分类计数

(正常及异常白细胞形态辨认；示教及操作)

【目的】　掌握外周血各种类型白细胞的形态特征，熟悉血涂片制作方法和白细胞分类计数方法。

【原理】 将标本制成血涂片固定后,经 Wright-Giemsa 染色,在显微镜下可见不同发育阶段及病理生理改变的白细胞,白细胞依据其形状、染色颗粒、细胞质和细胞核的形状大小可以进行分类。根据白细胞形态学特点逐个分类计数,得出各种白细胞相对比值(或百分率),并注意观察其形态和质量的变化。

【试剂】 Wright-Giemsa 染液,磷酸盐缓冲液。

【器材】 显微镜,香柏油,小滴管,拭镜纸,乙醇 - 乙醚清洁液,载玻片,玻片水平支架,采血针,消毒棉球,计数器,蜡笔。

【操作步骤】

1. 血涂片的制备　取一滴末梢血,滴于洁净无油脂的载玻片一端。左手持载玻片,右手取边缘光滑的另一载玻片作为推片。将推片边缘置于血滴前方,然后向后拉,当与血滴接触后,血即均匀附在二玻片之间。使推片与载玻片之间呈 30°~45° 的角度平稳地向前推至玻片另一端,形成具有头 - 体 - 尾三部分的薄血膜,将制好的血涂片晾干,不可加热(图 1-2-2)。

2. 血涂片的染色步骤

(1) 用蜡笔在血膜两端各划一道线,以免染料外溢,置涂片于水平的支架上。

(2) 用小滴管将 Wright-Giemsa 染液 3~5 滴滴于血涂片上,固定 0.5~1 分钟。

(3) 用另一小滴管再加 1~2 倍缓冲液,轻轻摇动,并轻吹液体使染液与缓冲液混合均匀,静置 5~10 分钟。

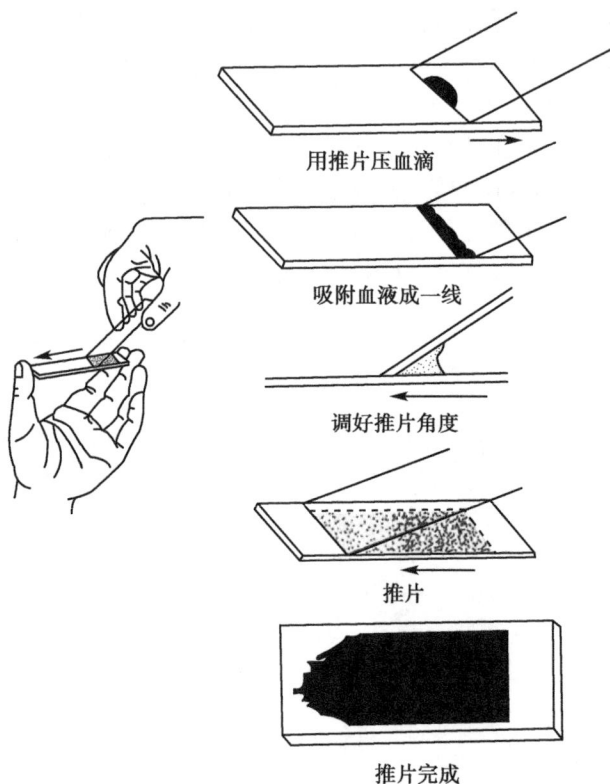

用推片压血滴

吸附血液成一线

调好推片角度

推片

推片完成

图 1-2-2　血涂片的制备

(4) 将载玻片持平,用流动水从载玻片的一端冲洗,斜置血涂片于空气中干燥。或先用滤纸吸取水分迅速干燥,即可镜检。

3. 白细胞分类计数

(1) 肉眼观察:血涂片的外观和染色情况,正面向上置于显微镜载物台上。

(2) 低倍镜观察:采用 10× 目镜观察全片,快速查看有无异常细胞。

(3) 高倍镜观察:转换 40× 目镜,选择血涂片的体尾交界处,细胞分布均匀、染色良好、红细胞单个分散不重叠的区域。

(4) 油镜观察:滴加香柏油 1 滴,转换油镜,仔细观察白细胞的形态结构,按其形态特征进行分类计数,计数移动时避免重复。根据所见到的 100 个白细胞,记录各种白细胞所占的百分数。

【注意事项】

1. 所用载玻片必须干净,无油污。

2. 推片时角度要一致,用力应均匀,即可推出薄厚均匀的血膜。

3. 染液应均匀覆盖整个血膜,量不宜过少,切勿使染液干涸,易造成染液沉淀在血膜上。

4. 冲洗应先轻轻摇动载玻片,缓慢加水使沉渣泛起,然后再用水冲洗。注意水流不要过急、时间过长,可造成血膜破坏。

5. 若染色太浅,可按照原来步骤重染;染色太深或有沉淀物则可用甲醇脱色后重染(如白细胞核为天蓝色则染色时间过短;如红细胞呈紫红色,表示染色时间过长)。

6. 应用低倍镜浏览全片,尤其是血膜的两侧和尾部,以防异常细胞漏检,若见到不易分辨细胞,转换高倍镜和油镜进一步观察其形态。

7. 分类计数要按照一定顺序进行,一般采用"弓"字形计数,注意移动油镜是按血膜的窄边上下移动观察的,切不可大幅度横向调整显微镜,这样容易脱离最佳计数区域。

【结果与报告】

1. 白细胞分类计数按百分比报告,对异常形态白细胞进行描述。

2. 红细胞出现大小、形状、染色性质和内涵物的异常时应进行描述。

3. 对有核红细胞按分类 100 个白细胞时见到有核红细胞的数量报告。

4. 红细胞内血红蛋白充盈度异常和着色异常者按有或无报告。

5. 描述血小板的形态、染色、分布情况。

6. 是否出现其他异常细胞和血液寄生虫等。

【参考区间】 白细胞分类计数参考区间:见表 1-2-2。

【镜下所见正常白细胞形态】

各种正常白细胞形态见图 4-2-6~4-2-11。

1. 中性粒细胞　成熟的中性粒细胞胞体呈圆形,直径 10~15μm,细胞核呈分叶和单个杆状两种形态。一般以核径最窄处小于最宽处 1/3 者,视为分叶核;核径最窄处大于最宽处 1/3 即为杆状核。分叶核常分 2~5 叶,叶间以核丝或核桥相连,染色质疏密不匀,部分聚集成块状,染深紫红色。细胞质丰富,染淡红色,其内充满大量细腻均匀的紫红色中性颗粒。杆状核粒细胞核形多样,胞核细长,弯曲,可呈 C 形、S 形、V 形或不规则形。

2. 嗜酸性粒细胞　细胞体呈圆形,直径约 11~16μm,略大于中性粒细胞。细胞核多分为两叶。细胞核染色质粗糙,染成紫红色。胞质中充满粗大均匀呈桔红色嗜酸性颗粒,颗粒富有立体感,排列整齐、紧密。

3. 嗜碱性粒细胞　细胞体呈圆形,直径约 10~12μm,略小于中性粒细胞。细胞核可分 3~4 叶或分叶不明显(常融合成堆积状),形态不规则。胞质较少,含有少量粗大的紫黑色嗜碱性颗粒,颗粒大小不均、排列不整齐,常覆盖于细胞核上而使细胞核外形及染色质结构不易观察。

4. 单核细胞　胞体呈圆形、椭圆形或不规则形,可见伪足,直径约 12~20μm。细胞核大且不规则,为肾形、马蹄形、蚕蛹状或不规则形,扭曲折叠;核染色质疏松如网状,染淡紫红色。细胞质量多,染淡蓝、灰蓝色、灰红色,半透明如毛玻璃状,可出现空泡,含有弥散分布、数量不等的嗜天青颗粒,颗粒呈紫红色、细小灰尘样。

5. 淋巴细胞　胞体呈圆形或类圆形,小淋巴细胞直径约 6~9μm,大淋巴细胞直径约 12~15μm。细胞核外形规则,呈圆形或椭圆形,偶见凹陷,多偏向一侧。核染色质呈深紫红色、板块状排列。核膜较厚,偶见假核仁。小淋巴细胞胞质很少,有的仅在核的一侧出现一线天蓝或深蓝色胞质,甚至完全不见,一般无颗粒;大淋巴细胞胞质丰富,呈清澈的淡蓝色,常有少量粗大、稀疏、大小不等的嗜天青颗粒,染紫红色。

【镜下所见正常红细胞形态】

呈双凹圆盘状,细胞大小均一,平均直径 7.2μm(6.7~7.7μm);无胞核,胞质染淡粉红色,血红蛋白充盈良好,有向心性淡染,中央部位为生理性淡染区,其大小约为直径的 1/3(详见红细胞检查)。

【镜下所见正常血小板形态】

胞体多形性,可呈星形、圆形、椭圆形、逗点状或不规则形,直径 2~4μm。无胞核,胞质淡蓝色或淡红色,中心部位有细小、分布均匀的紫红色颗粒。如是非抗凝血涂片,可见血小板成堆存在(详见血栓与止血检查)。

【异常白细胞形态】

1. 中性粒细胞的毒性变化　多见于严重感染及中毒。

(1) 中毒颗粒:较正常中性粒细胞颗粒粗大,大小不等,分布不均,染成蓝紫甚至呈黑色,常与空泡变性并存(图 4-2-12)。

(2) 空泡形成:胞质中出现一个或多个空泡。因细胞质发生脂肪变性,被染液中的甲醇溶解所致(图 4-2-13)。

(3) 杜勒小体(Döhle bodies):是中性粒细胞胞质因毒性变化而保留的局部嗜碱性区域。呈圆形、梨形或云雾状,界限不清,天蓝或灰蓝色,直径 1~2μm。

(4) 核变性:胞体肿大、结构模糊、边缘不清晰、核固缩、核溶解和核碎裂等现象。细胞核发生固缩时核染色质凝集成深紫色粗大凝块。细胞核溶解时,则胞核膨胀增大,常伴有核膜碎裂,核染色质结构松散或模糊,着色较浅(图 4-2-14)。

2. 中性粒细胞的其他异常变化

(1) 巨多分叶核中性粒细胞:表现为成熟中性粒细胞的体积增大,核分叶常在 5 叶以上,甚至在 10 叶以上,核染色质疏松。多见于巨幼细胞贫血。

(2) 其他异常粒细胞:多与遗传有关的异常形态变化。如:① Pelger-Huët 畸形:表现为成熟中性粒细胞核分叶能力减退,细胞核为杆状或分成孤立的两个叶,肾形或哑铃形。为常染色体显性遗传,也可继发于某些严重感染、白血病、骨髓增生异常综合征、肿瘤转移和某些药物(水仙胺、磺胺二甲基异噁唑等)治疗后。② Chediak-Higashi 畸形:为常染色体隐性遗传,存在于各发育阶段的粒细胞中,偶见于单核细胞和淋巴细胞。异常细胞内含数个至数十个 2μm~5μm 的包涵体颗粒,紫蓝色或紫红色,其实质为异常溶酶体。患者易感染,常伴白化病。为常染色体显性遗传。③ Alder-Reilly 畸形:中性粒细胞内出现巨大深染的嗜天青颗粒,染深紫色。较中毒颗粒粗大,不伴有白细胞数量增高及其他中毒性改变。患者常伴有脂肪软骨营养不良或遗传性粘多糖代谢障碍。④ May-Hegglin 畸形:中性粒细胞内含有淡蓝色包涵体,又称蓝斑。其化学本质类似于杜勒小体,但直径大而圆。其他粒细胞乃至巨核细胞内也可见到。

3. 异型淋巴细胞　Downey 按形态特征将异型淋巴细胞分为三型(图 4-2-15~4-2-17)。

Ⅰ型(空泡型):又称泡沫型或浆细胞型,最多见。胞体较淋巴细胞稍大,圆形、椭圆形或不规则形。核偏位,呈圆形、肾形或不规则形,核染色质粗糙、呈粗网状或小块状,无核仁。胞质深蓝、暗蓝,不透明,含大小不等的空泡使胞质呈海绵状、泡沫状。

Ⅱ型(不规则型):又称单核细胞型,胞体较Ⅰ型大,外形常不规则,可有多数伪足。核圆形或不规则形,核染色质较Ⅰ型粗糙致密。胞质丰富,多为浅蓝色或淡蓝灰色,边缘较深,可有少量嗜天青颗粒,一般无空泡。

Ⅲ型(幼稚型):又称未成熟细胞型,胞体较大,呈圆形或椭圆形。核圆形或卵圆形,核染色质纤细网状,可见核仁 1~2 个。胞质较多,深蓝色,不透明,一般无颗粒,可有少许小空泡。

【方法学评价】

　　显微镜法观察白细胞形态,是传统经典的血细胞分类法,是某些临床疾病特别是血液病的一个必需的检查手段。全血细胞分析仪可以将白细胞五分类进行初步筛查,并给出是否有异常细胞存在的报警提示,但准确识别细胞的形态特征、异常细胞甚至血液寄生虫等还是以显微镜形态学检测为准。

三、中性粒细胞核型移动

　　显微镜下血涂片示教;理解中性粒细胞核型移动的概念及其临床意义(图 4-2-18、4-2-19)。

　　1. 核象左移　外周血中出现未分叶核粒细胞(包括杆状核粒细胞、晚幼粒、中幼粒或早幼粒细胞等)的百分率增高(超过 5%)时,称为核象左移,也叫核左移。常伴有明显的中毒颗粒、空泡、核变性等。最常见于各种病原体所致的感染,特别是急性化脓性细菌感染时。

　　2. 核象右移　正常人外周血的中性粒细胞以 3 叶核者为主,若 5 叶以上者超过 3%,称为核象右移,也叫核右移。常伴有白细胞总数的减少。主要见于营养性巨幼细胞性贫血、恶性贫血、使用某些抗代谢药物之后。在炎症的恢复期,可一过性的出现核右移,但在疾病进行期突然出现此变化,则表示预后不良。

四、常见白血病骨髓象(显微镜下骨髓片示教)

　　见图 4-2-20~4-2-38。

(崔　巍)

第三章　血栓性疾病和血栓与止血的实验室检查

第一节　课堂病案讨论

【简要病史】　姚×，男，45 岁，为工厂供销员。右上腹不适，乏力，食欲差 3 个月。一周前因感冒上述症状进行性加重，并出现皮肤、巩膜黄染，腹胀。当地医院检查：乙肝"大三阳"，依据肝功能检查和超声检查结果，诊断为"急性重症肝炎"，予以保肝治疗。4 天前因出现胸部及双下肢皮下出血点，遂转入我院。个人史：嗜烟 14 年，1 包 / 天；嗜酒 11 年，白酒半斤 / 天。因工作需要，经常去外地出差。

【体格检查】　体温 38.9℃，呼吸 24 次 / 分，脉搏 90 次 / 分，血压 135/80mmHg。急性病面容，神清，发育正常，营养一般，体重 54kg。全身皮肤及黏膜黄染，胸部及双下肢有散在出血点及淤斑。腹部膨隆、深压痛阳性、无反跳疼，移动性浊音阳性；肝大肋下 3.5cm，质软，脾未触及。双下肢轻度水肿。心、肺、四肢及神经系统未见明显异常。

【实验室检查】

血液检查：RBC $3.66×10^{12}$/L，Hb 110g/L；

WBC $14.24×10^9$/L，Sg 0.78，St 0.07，L 0.13，M 0.02；

PLT $95×10^9$/L；

ESR 135mm/1h。

尿常规检查：尿胆原阳性，尿胆红素阳性，其他正常。

临床化学检查：BUN 16.5mmol/L，Cr 154μmol/L；

AST 592U/L，ALT 374U/L；

TBIL 171μmol/L，DBIL 95.4μmol/L；

TP 56g/L，ALB 21g/L。

临床免疫学检查：IgG 19.5g/L，IgA 3.14g/L，IgM 3.12g/L；

C₃0.94g/L,C₄0.55g/L;
$$C_3\ 0.94g/L, C_4\ 0.55g/L;$$

凝血检查:BT 4s,APTT 90s,PT 34s,TT 63s,Fg 3.0g/L;

　　　　　3P 试验阳性,FDP 13g/L。

影像学检查:超声示肝右肋下 3cm,伴中等量腹水;脾未见异常;

　　　　　胸片及心电图检查未见异常。

【思考题】

1. 结合临床及实验检查资料,本例考虑为哪方面疾病？初步诊断是什么？

2. 分析本例实验室检查结果。

3. 分析本例皮下出血的主要原因是什么？

4. 本例是否合并 DIC？根据是什么？ DIC 的诊断标准是什么？

【病案分析】

1. 结合临床表现及实验检查,考虑本例为肝胆系统疾病,初步诊断是:重症急性肝炎。

2. 本病案实验室检查的主要表现为:

(1) 血细胞分析:WBC 明显增高($14.24\times10^9/L$),血沉加快(ESR135mm/1h),提示机体处于急性炎性状态;

(2) 尿常规检查结果(尿胆原阳性,尿胆红素阳性)与肝脏功能的检测结果(血清转氨酶、胆红素均显著升高)均提示为黄疸及肝细胞损伤;

(3) 血清胆红素检查结果:总胆红素、间接和直接胆红素都增高(TBIL 171μmol/L,DBIL 95.4μmol/L)。结合体格检查(全身皮肤及黏膜黄染,胸部及双下肢有散在出血点及淤斑。腹部膨隆、深压痛阳性、无反跳疼,移动性浊音阳性;肝大肋下 3.5cm,质软等),病史只有 3 个月,加重 4 天到一周。可以推断该患者为急性肝病变,其黄疸为肝细胞性黄胆。

(4) 凝血功能检查结果:APTT 90s、PT 34s、TT 63s、3P 试验阳性、FDP 13g/L(升高)、出血时间(BT 4s)正常、血小板计数(PLT $95\times10^9/L$)轻度减低、凝血时间(TT 63s)明显延长。说明在肝病基础上机体的凝血功能亦出现了异常。

(5) 免疫血清学检查:HBs-Ag(+);HBs-Ab(−);HBe-Ag(+);HBe-Ab(−);Anti-HBc(+)。说明该患者有 HBV 感染并有病毒复制,有强传染性。

3. 本例皮下出血的主要原因是由于凝血功能异常所致的。该患者处于肝炎的急性期,肝脏凝血因子的生成与抗凝物质的清除能力均减低,从而导致出血。

4. 凝血检查结果证明本例目前已并发了 DIC。根据是:

(1) 存在易导致 DIC 的原发病重症急性肝炎:记 2 分。

(2) 血小板(PLT $95\times10^9/L$)小于 $100\times10^9/L$:记 1 分。

(3) FDP 13g/L(大于 1.0g/L),为重度增高:记 2 分。

(4) PT 35s(延长超过 6s):记 2 分。

根据 DIC 的诊断标准,其总分 7 分,为显性 DIC。

5. DIC 的诊断标准为:

(1) 显性 DIC:

1) 存在易导致 DIC 的原发病记 2 分。

2) 血小板计数 >$100\times10^9/L$ 记 0 分,<$100\times10^9/L$ 记 1 分,小于 $50\times10^9/L$ 记 2 分。

3) FDP 未增高 0 分,轻度增高 1 分,重度增高 2 分。

4) PT 时间,延长小于 3s 为 0 分,3~6s 记 1 分,超过 6s 记 2 分。

5) Fg 大于等于 1.0g/L 记 0 分,小于 1.0g/L 记 1 分。

(2) 非显性 DIC:

1) 存在易导致 DIC 的原发病记 2 分。

2) 血小板大于等于 100×10^9/L 记 0 分,小于 100×10^9/L 记 1 分,随后复查,上升记 –1 分,进行性下降记 1 分。

3) PT 延长小于等于 3s 记 0 分,大于 3s 记 1 分,随后复查,缩短记 –1 分,进行性延长记 1 分。

4) FDP/sFMC,正常记 0 分,升高记 1 分,随后复查,减低记 –1 分,进行性升高记 1 分。

5) AT,正常记 –1 分,降低记 1 分;PC,正常记 –1 分,降低记 1 分。

积分大于等于 5 分为显性 DIC;积分 <5 分提示非显性 DIC。

【最后诊断】 重症急性乙型肝炎;显性 DIC。

第二节　实验内容

一、血块收缩试验(示教)

【检测原理】

全血在试管内凝固后,在血小板收缩蛋白作用下,发生血块收缩,挤出血清。血块收缩取决于血小板数量、质量及纤维蛋白原的含量。

【操作】

1. 取静脉血 1.0ml,置于 0.6mm×8mm 洁净干燥的试管中。

2. 静置于 37℃水浴恒温箱中。

3. 于血液凝固后的 1 小时、2 小时及 24 小时分别观察血块收缩情况(图 4-3-2)。

【参考值】

血块收缩时间:1~2 小时血块开始收缩,18~24 小时血块收缩完全(血清析出量占全血量的 40%~50%)。

【临床意义】

血块收缩不良见于:血小板无力症、严重血小板减少、低纤维蛋白原血症和凝血酶原显著降低等疾病。

二、血浆凝血酶原时间测定(PT,一期法)

【检测原理】

受检血浆中加入过量的组织因子(兔脑、人脑、胎盘、肺组织等组织的浸出液)和 Ca^{2+},启动外源性凝血系统,使凝血酶原转变为凝血酶,即因子Ⅱa,后者使纤维蛋白原(因子Ⅰ)转变为纤维蛋白,如图 4-3-6 和 4-3-7。观察血浆凝固所需要的时间。本试验是外源性凝血系统常用筛选试验,检测结果采用 3 种方法表示,即凝血酶原时间 PT,凝血酶原时间比值 PTR,国际标准化比值 INR。

【检测程序】

1. 器材　秒表、试管、恒温水浴箱、离心机、半自动凝血仪。

2. 试剂:

(1) 109mmol/L 枸橼酸钠溶液。

(2) 25mmol/L 氯化钙凝血活酶制剂(钙凝血活酶)。一般为商品试剂(不同型号仪器、试剂略有不同,以操作手册或使用说明书为准),按使用说明书加一定量蒸馏水溶解,混匀后使用。

(3) 正常人混合冻干血浆。一般为商品试剂或自制亦可,用 25 个以上正常人血液经 109mmol/L 枸橼酸钠抗凝(血液:抗凝剂为 9:1),3000rpm 离心 10 分钟后,分离血浆(贫血小板血浆),混合后分装为 1ml/ 瓶,经 –20℃低温冷冻干燥后保存于冰箱中。

3. 操作:

(1) 自动凝血仪(示教)

1) 标本采集:抽取空腹静脉血 1.8ml,加入含有 0.2ml 浓度 109mmol/L 枸橼酸钠的试管中,混匀备用,如为静脉真空采血,则视采血管容积而定。

2) 分离血浆:抗凝血以 3000rpm 离心 10 分钟,于试管中备用。

3) 溶解试剂:按说明书溶解钙凝血活酶和正常人混合冻干血浆,室温 15 分钟后使用。

4) 预温:将钙凝血活酶试剂、正常人混合血浆、待测血浆于 37℃预热 5 分钟。

5) 测定:按仪器操作方法将正常人混合血浆 0.1ml 与钙凝血活酶试剂 0.2ml 混匀。仪器自动测定混合物凝固的终点并显示正常人混合血浆的 PT 秒数。

6) 取待检血浆重复 4、5 步骤,测定待检血浆的 PT 时间(单位:秒)。

7) 注意:不同型号的仪器操作会略有不同,详细操作依据相关的操作规程与使用说明书。

(2) 试管法(操作)

1) 标本前处理与准备同仪器法步骤(1~4)操作。

2) 测定加正常人混合冻干血浆 0.1ml 于预热试管中,再加入混匀的钙凝血活酶试剂 0.2ml 混匀并开动秒表计时。8 秒后,不时从 37℃ 水浴箱中取出试管观察混合液流动状态,当流动停止时终止计时,记录其秒数,即为正常人混合冻干血浆的 PT。一般应重复 2~3 次测定取平均值。

3) 取待检血浆重复 4、5 步骤,测定待检血浆的秒数,重复 2~3 次取平均值。

4) 计算公式:

PT:直接记录秒表测定时间,单位为秒;

PTR= 被检血浆的 PT/ 正常人血浆的 PT;

$INR=PTR^{ISI}$。

【注意事项】

1. 采血动作要迅速(应"一针见血")。采血后 4 小时内完成测定。

2. 抗凝剂与血液体积比为 1:9,应准确。

3. 钙凝血活酶必须标有 ISI,ISI 越接近于 1,试剂越敏感。

4. 标本测定前应先测定正常人混合血浆,其 PT 值在允许范围内才能测定样本。

5. 测定方法有仪器法和手工法两类,仪器法由半自动或全自动凝血仪完成,全自动凝血仪的准确性、精密度高。不同仪器及试剂测定同一样本的 PT 有差别,但国际标准化比值(INR)理论上应一致;手工法有试管倾斜法和表面皿法,手工法的精密度比仪器法差,但多次重复测定亦能得到较准确的结果。

【方法学评价】

1. 常用检测方法　为光学法,检测方法简便,快速,重复性好,检测要求与试验成本相对其他方法较低。

2. 代表性仪器　ACL200,Sysmex CA1500 等。

3. 存在问题　易受干扰,如溶血,乳糜,胆红素等常会影响检测结果。

【参考区间】

PT=12±1 秒（超过或短于正常对照值 3 秒为异常）

PTR= 被检血浆的 PT/ 正常人血浆的 PT=1.0±0.05

INR=1.0±0.1

【临床意义】

1. PT 延长　见于先天性凝血因子异常，如因子Ⅰ、Ⅱ、Ⅴ、Ⅶ、Ⅹ缺乏症；后天性凝血因子异常，如弥漫性血管内凝血、原发性纤溶、维生素 K 缺乏症、严重肝病；循环中有抗凝物质，如口服抗凝剂、肝素和 FDP 等。

2. PT 缩短　见于高凝状态和血栓性疾病，先天性因子Ⅴ增多症、口服避孕药等。

（郑　军）

第四章　肾脏疾病实验诊断与尿液及肾功能检查

内容提要

课堂病案讨论(急性肾小球肾炎的实验诊断)

实验内容:

一、尿液干化学试带法检测及尿常规检查报告单解读(操作)

二、尿液沉渣检查(操作)

三、病理的尿沉渣形态辨认(示教)

第一节　课堂病案讨论

【简要病史】　张×,男,14岁。近两个月以来无明显诱因出现咽部不适,无明显发热;8天前开始眼睑水肿,尿色红,每日尿量为130~150ml,进行性少尿6天,未予药物治疗。患病以来精神及食欲稍差,大便正常,睡眠尚可。既往史:曾患"气管炎、咽炎",无肾病史。

【体格检查】　T 36.8℃,P 85次/分,R 20次/分,Bp 130/80mmHg。发育正常,营养中等,精神差,眼睑水肿,结膜略显苍白,巩膜无黄染。咽部轻度充血,扁桃体Ⅰ°~Ⅱ°肿大,未见脓性分泌物及脓点,黏膜无出血点。心肺无异常。腹部稍膨隆,肝脏肋下2cm,无压痛,脾脏未触及,移动性浊音(−),肠鸣音存在。双下肢可见凹陷性水肿。

【实验室检查】

1. 血液一般检查:RBC $3.7×10^{12}$/L,Hb 111g/L,HCT 0.33;

   PLT $356×10^9$/L;

   WBC $10.4×10^9$/L,Sg 0.76,St 0.08,L 0.14,M 0.02;

   ESR 21mm/h;

   CRP 11.4mg/L。

2. 尿液一般检查:尿蛋白(++),潜血(++);

   红细胞16/HP,白细胞6/HP;

   比重1.020,管型1/LP;

   尿蛋白定量2.4g/24h。

3. 血清生化检查:TP 57.4g/L,ALB 32.5g/L,GLB 24.9g/L;

   TG 0.96mmol/L,TC 3.81mmol/L;

   LDL-C 2.17mmol/L,HDL-C 1.07mmol/L;

   Cr 235.4μmol/L,SU 13.61mmol/L,UA 559μmol/L。

4. 免疫学检查:补体 C3 0.61g/L,ASO 800IU/L。

【思考题】

1. 考虑本例为哪方面的疾病?

2. 实验检查结果如何分析?

3. 结合临床表现该患者应考虑为何种诊断?

4. 为了明确诊断还需补做哪些实验室检查?

【病案分析】

1. 结合病史、体检及实验室检查结果,考虑本例为肾脏疾病。

2. 本例实验室检查结果主要表现是:

(1) 血液一般检查表现为:①轻度贫血(RBC $3.7×10^{12}$/L、Hb 111g/L、HCT 0.33,均减低);②感染血象(WBC $10.4×10^9$/L,Sg 0.76,St 0.08,均增高,有核左移);③ESR 与 CRP 均升高,也提示存在感染。

(2) 尿液一般检查表现为蛋白尿和血尿:尿蛋白(++),潜血(++),红细胞和白细胞都增多,尿蛋白定量 2.4g/24h。

(3) 血清及尿生化检查表现为:①总蛋白(57.4g/L)和白蛋白(32.5g/L,均降低,此与病人体格检查中出现眼睑及双下肢凹陷性水肿症状相符合;②血肌酐(235.4μmol/L)升高,说明肾功能受损,已达到失代偿期;③血尿素(13.61mmol/L)和血尿酸(559μmol/L)均升高,说明肾小球功能受损;④血清脂质及脂蛋白检测均在正常范围内,不支持肾病综合征;⑤24 小时尿蛋白定量 2.4g,明显增高(正常人 24 小时尿蛋白定量为 0~150mg/24h),因蛋白质从尿中大量丢失,血浆胶体渗透压下降,组织液生成增多,故而患者出现凹陷性水肿。

(4) 免疫学检查表现为:补体 C3(0.61g/L)下降,常可见于急性肾小球肾炎;ASO(800IU/L)升高,提示该患者近期可能存在 A 群乙型溶血性链球菌感染,这与该患者近两个月以来有咽部不适的病史是相符合的。

3. 为了进一步明确诊断和鉴别诊断,还需补做以下检查:

(1) 血清 cysC、RBP、尿 $α_1$-MG、$β_2$-MG、NAG,可以帮助确切了解肾小球的损伤,并可提示是否存在早期肾小管器质性病变;

(2) β 溶血性链球菌培养(血培养);

(3) 动态监测 ASO 及补体 C3;

(4) 若疗效不佳可进行肾穿刺活检,进一步明确其肾脏病变的病理类型。

【最后诊断】 结合临床表现及上述实验室检查结果分析,本例的诊断是:急性肾小球肾炎。

表 1-4-1 　肾脏检查常用项目参考区间

项目	参考区间
血清尿素	儿童 1.8~6.5mmol/L
	成人 1.8~7.1mmol/L
血清肌酐	男性 44~132μmol/L
	女性 70~106μmol/L
血清尿酸	男性 150~416μmol/L
	女性 89~357μmol/L

项目	参考区间
尿微量白蛋白（MA）	定时留尿：AER<20μg/min AER<30mg/24h
尿转铁蛋白（TRU）	透射比浊法 <0.173mg/mmol Ucr 或 <1.53mg/g Ucr 免疫散射比浊法 <2.0mg/L
血清 IgG	成人 8.0~15.0g/L
血清 IgA	成人 0.90~3.00g/L
血清 IgM	成人 0.5~2.5g/L
血清 IgE	成人 0.1~0.9mg/L（ELISA 法）
血清补体 C3	成人 0.85~1.70g/L
血清补体 C4	成人 0.22~0.34g/L
尿 IgG	0.1~0.5mg/L
尿 IgA	0.4~1.0mg/L
尿 IgM	0.02~0.04mg/L
血清 cys C	成人 0.6~2.5mg/L
血清游离 α_1-MG	10~30mg/L
尿 α_1-MG	成人 <15mg/24h 尿，或 <10mg/g Ucr
血清 β_2-MG	成人 1~2mg/L，或 <0.2mg/g Ucr
尿 β_2-MG	成人 <0.3mg/L
血清 RBP	20~50mg/L
尿 RBP	0.11±0.07mg/L
尿 NAG	速率法 <2.37U/mmol Ucr 或 <21U/g Ucr 终点法 <1.81U/mmol Ucr 或 <16U/g Ucr
血清总蛋白	成人 65~85g/L
血清白蛋白	成人 40~50g/L
血清球蛋白	成人 20~30g/L
血清总胆固醇	成人合适范围：<5.18mmol/L 边缘性增高：5.18~6.19mmol/L 升高：≥6.22mmol/L
三酰甘油	成人合适范围：<1.7mmol/L 边缘性增高：1.7~2.25mmol/L 升高：≥2.26mmol/L
高密度脂蛋白胆固醇	成人合适范围：≥1.04mmol/L 升高：≥1.55mmol/L
低密度脂蛋白胆固醇	成人合适范围：<3.37mmol/L 边缘水平：3.37~4.12mmol/L 升高：≥4.14mmol/L

第二节 实 验 内 容

一、尿液干化学试带法检测(操作)

【检测原理】

尿液干化学分析仪是一种半自动化或全自动化测试仪,通过读取干化学试带条的显色条带进行尿液分析,可测定尿 pH、比重、蛋白质、葡萄糖、隐血、胆红素、尿胆原、酮体、亚硝酸盐、白细胞等。

其检测原理为:尿液中的化学成分使尿多联试带上相应试剂膜块发生颜色变化,颜色深浅与尿中相应物质浓度成正比。当试带进入尿液干化学分析仪比色槽时,各试剂膜块依次受到仪器光源照射并产生不同的反射光,仪器接收不同强度的光信号后将其转换为相应的电讯号,经微机处理器处理,计算出各检测项目的反射率,与标准曲线比较校正,最后以定性或半定量方式自动输出结果(图 4-9-2、4-9-3)。尿液干化学 10 项检测原理见表 1-4-2。

表 1-4-2　尿液干化学试带检测项目、反应原理和参考值

项目	英文缩写	反应原理	参考值
pH	pH	酸碱指示剂法	6.0~6.5
比重	SG	多聚电解质离子解离法	1.015~1.025
蛋白质	PRO	pH 指示剂蛋白质误差法	阴性
葡萄糖	GLU	葡萄糖氧化酶 - 过氧化物酶法	阴性
胆红素	BIL	偶氮反应法	阴性
尿胆原	URO	醛反应、重氮反应法	阴性或弱阳性
酮体	KET	亚硝基铁氰化钠法	阴性
亚硝酸盐	NIT	亚硝酸盐还原法	阴性
隐血或红细胞	BLD	血红蛋白亚铁血红素类过氧化物酶法	阴性
白细胞	LEU	酯酶法	阴性

【评价】

尿液干化学分析仪的优点包括:检测标本用量较少、速度快、项目多、重复性好、准确性较高,适用于大批量标本的筛检。主要不足之处在于:①不能替代病理性尿标本的显微镜检查,对白细胞、管型和结晶的检测属于间接检测;②很难判断尿红细胞形态特征;③易受药物、外源性物质或人为因素的干扰,出现假阳性或假阴性。

【尿液干化学半自动分析仪操作程序】

1. 检查仪器测试样品的序列号与被测标本是否一致、联机状况及打印模式是否正确。

2. 将试剂条上的所有的测试区完全浸入混合均匀、未离心的新鲜尿液中,2~3 秒后立即取出。

3. 慢慢拭去试纸条边缘多余的尿液,将试纸条测试区朝上放置于工作台上,放置时确保试纸条与工作台边缘线平行。

4. 仪器感应到试纸条后自动推入测试区进行检测,并自动传输结果至联机计算机。

二、尿液沉渣检查

【尿液沉渣检查内容】
1. 细胞　红细胞、白细胞、吞噬细胞、上皮细胞、异形细胞等。
2. 管型　透明管型、细胞管型、颗粒管型、蜡样管型、脂肪管型、混合管型等。
3. 结晶　磷酸盐、草酸钙、尿酸结晶和药物结晶等。
4. 其他　细菌、寄生虫(或虫卵)、真菌、精子、黏液等。

【尿液沉渣显微镜检查操作程序】(操作)
1. 取尿液标本 10ml,1500rpm(相对离心力 400g)离心 5 分钟。
2. 弃去上清尿液,留取尿液沉渣,轻轻摇动离心管,使尿液沉渣中的有形成分混匀。
3. 混匀后的尿液沉渣用尿液沉渣镜检系统进行分析。首先在低倍镜(10×)下观察尿液沉渣分布情况,再在高倍镜(40×)下仔细观察细胞、管型、结晶等。
4. 报告方式　①报告细胞成分时,观察 10 个高倍视野,以每个高倍视野的最低~最高数进行报告;②报告管型时,观察 20 个低倍视野,用高倍视野鉴定,以每个低倍视野的最低~最高数进行报告;③报告结晶及其他成分时,观察 10 个高倍视野,以每个高倍视野偶见、少量、中量及大量报告。

【尿液沉渣镜检参考值及临床意义】
尿液沉渣镜检所见各种有形成分的参考值及主要临床意义,见表1-4-3。各种管型的临床意义如下:
1. 透明管型　正常人偶见,在剧烈运动、发热、麻醉、心功能不全和急、慢性肾小球肾炎时增多。
2. 红细胞管型　提示肾单位内有出血。
3. 白细胞管型　提示肾实质有细菌感染性病变。
4. 肾小管上皮细胞管型　常见于肾小管病变。
5. 颗粒管型　见于肾实质性病变。
6. 脂肪管型　见于慢性肾小球肾炎,尤多见于肾病综合征。
7. 蜡样管型　提示肾小管有严重病变,预后差,可见于慢性肾小球肾炎晚期、肾功能不全及肾淀粉样变性时。

表 1-4-3　尿沉渣显微镜检查参考区间及临床意义

有形成分	参考值	临床意义
红细胞	0~3 个 /HP	血尿多见于泌尿系统炎症、肿瘤、结核、创伤、肾移植排斥反应等
白细胞	0~5 个 /HP	增多提示泌尿系统感染
上皮细胞	少见	多见于肾小管病变、肾盂肾炎、泌尿系感染
管型	0~ 偶见 /LP	见于肾小球肾炎、肾小管疾病、肾实质性病变等
结晶	少见	多见于急性肝坏死、中毒、肾盂肾炎、肾结石
细菌	无	细菌感染
真菌	无	真菌感染
原虫、寄生虫卵	无	寄生虫感染

【尿有形成分分析仪】(示教)

(详见第三部分"常用临床检验仪器简介"中的"尿有形成分分析仪")

尿液沉渣全自动分析仪主要是对尿液中有形成分进行检查,包括肾脏或尿道脱落渗出的细胞成分,肾脏发生病理改变而形成的各种管型,各种生理性、病理性和药物性结晶,泌尿系统感染的微生物、寄生虫等。

检测原理:利用流式细胞仪原理,以激光散射强度、散射波幅度及荧光强度和荧光波幅度技术,识别和计数尿液中红细胞、白细胞、上皮细胞、管型、细菌、结晶、精子及酵母菌等。

尿液沉渣全自动分析仪能对尿液中有形成分作直观地检测,可以弥补尿液理学、化学等检查中不能发现的异常变化,对减少漏诊、误诊有重要价值,对泌尿系统疾病的诊断、鉴别诊断及预后判断等有重要意义。

三、病理的尿沉渣形态辨认(示教)

参见图 4-4-1~4-4-23。

(李 艳)

第五章　糖尿病与糖代谢紊乱的实验诊断

内容提要

课堂病案讨论:糖尿病酮症酸中毒实验诊断

实验内容:

一、尿葡萄糖班氏定性试验(自学)

二、尿葡萄糖试带法定性检测(操作)

三、血浆(清)葡萄糖氧化酶法检测(示教或操作)

四、葡萄糖耐量试验及检验单结果分析(示教)

第一节　课堂病案讨论

【**简要病史**】　张×,女,27岁,患1型糖尿病,半昏迷状态急诊入院。腹泻、呕吐48小时,因神志不清未能准确使用胰岛素,未进食。

【**体格检查**】　昏迷,皮肤无弹性、口干等临床脱水表现。呼吸深且呈叹息样,每分钟30次,带有酮臭味。血压12/8kPa,脉搏100次/分,肺上界有啰音,心脏及腹部未见异常。足底反射为阴性,无其他异常神经系统定位体征。

【**实验室检查**】　结果如表1-5-1。

表 1-5-1　病案实验室检查结果

	检验结果	参考区间
血浆检查		
葡萄糖(mmol/L)	69.5	4.1~5.6
K^+(mmol/L)	5.9	3.5~5.5
Na^+(mmol/L)	120	137~147
肌酐(μmol/L)	223	70~106
尿素(mmol/L)	26.4	1.8~7.1
动脉血二氧化碳总量(mmol/L)	3.2	23~28
尿液检查		
葡萄糖	++++	–
酮体	++	–
血液常规检查		
白细胞计数(×10^9/L)	11.2	3.5~9.5
血红蛋白(g/L)	146	115~150

【思考题】

1. 解释实验室检查的结果。

2. 患者总体钾是高、低，还是正常？

3. 你认为她的动脉血气结果会是怎样？

4. 结合临床该患者应考虑为何种诊断？

【病案分析】

1. 该患者为 1 型糖尿病，有严重的高血糖(血葡萄糖 69.5mmol/L)，主要由胰岛素缺乏所致。高血糖超过肾糖阈值，引起渗透性利尿，加之患者液体摄入不足，体液总量减少。此与该患者临床也有脱水表现(皮肤无弹性、口干等)是一致的。

患者二氧化碳总量浓度极低(动脉血二氧化碳总量 3.2mmol/L)，提示存在代谢性酸中毒，该患者尿中出现酮体表明为酮症酸中毒。有必要对患者进行动脉血气分析进一步明确酸中毒及严重程度。

患者肌酐(223μmol/L)和尿素(26.4μmol/L)浓度均增加，且尿素增高大于肌酐，可以考虑患者存在肾前性尿毒症，由于体液总量减少，血容量减少，肾小球滤过率(GFR)降低所致。

血浆钠离子降低(120mmol/L)是对细胞外液(即血浆)晶体渗透压增高的反应。因为水从细胞内按渗透梯度移出，血浆钠浓度必然降低。

血浆晶体渗透压($mOsm/kgH_2O$)=$1.86 \times Na^+$(mmol/L)+ 葡萄糖(mmol/L)+ 尿素(mmol/L)+9

本病例中血浆晶体渗透压 =$1.86 \times 120 + 69.5 + 26.4 + 9 = 328.1 mOsm/kgH_2O$

(血浆晶体渗透压的参考区间是 $275 \sim 300 mOsm/kgH_2O$)

2. 患者的总体钾一般会出现降低。虽然血浆钾浓度(5.9mmol/L)是升高，但是由于渗透性利尿会造成尿钾丢失加重，引起总钾耗竭、代谢性酸中毒、胰岛素缺乏及血容量减少引起的组织氧供应不足时，钾会从细胞内转移到细胞外液。

3. 动脉血气结果　pH 会下降，同时有实际碳酸氢盐浓度降低，提示有代谢性酸中毒。PCO_2 也可能降低，提示有呼吸性代偿，临床症状(呼吸深且呈叹息样)也支持这一结果。

4. 最后诊断　结合临床及实验检查结果，该患者的最后诊断为糖尿病酮症酸中毒。

第二节　实验内容

一、尿葡萄糖班氏定性试验(自学)

【原理】

含有醛基的葡萄糖，在高热及碱性溶液中，能将溶液中蓝色的硫酸铜还原为氧化亚铜，出现黄色至砖红色沉淀物。

【试剂】

改良班氏定性试剂：分别将硫酸铜($CuSO_4 \cdot 5H_2O$)10g、枸橼酸钠 42.5g 和无水碳酸钠 25g 溶解于适量蒸馏水中，可加温助溶。把碳酸钠溶液加入到枸橼酸钠溶液中，混合后再加硫酸铜溶液，以蒸馏水定容至 1000ml。每次配好后应作预试验，即取试剂 1ml 煮沸 1 分钟应不变色；加入 5g/L 葡萄糖 2 滴，应呈阳性反应。

【操作步骤】

1. 标本采集

(1) 标本采集前患者的准备:以清晨第一次尿为宜,急诊患者可随时留取。

(2) 标本要求:新鲜尿液。采集患者尿液标本时,盛尿液的容器必须清洁干燥,要求留取中段尿。

(3) 标本储存:从排出到检测必须在 2 小时内完成。如不能及时送检或分析,应置 4℃冷藏保存,但保存时间不超过 6 小时。

(4) 标本运输:室温运输。

(5) 标本拒收标准:细菌、经血、白带、精液、粪便污染的标本不能做测定。

2. 试剂鉴定　取试管 1 支,加入班氏试剂 1.0ml,摇动试管徐徐加热至沸腾 1 分钟,观察试剂有无颜色及形状变化。若试剂仍为清晰透明蓝色,可用于实验;若煮沸后出现沉淀或变色则不能使用。加入 5g/L 葡萄糖 2 滴,应呈阳性反应。

3. 尿液检测　加离心后尿液 0.2ml(大约 4 滴)于已鉴定的班氏试剂中,混匀。继续煮沸 1~2 分钟,自然冷却。

4. 结果判断

阴性:试剂不变色,如有较高的磷酸盐可呈蓝色浑浊。

可疑(±):冷却后呈绿色,但无沉淀(含糖量 <6mmol/L)。

阳性(+):呈黄绿色混浊,管底有少量黄色沉淀(含糖量 6~28mmol/L)。

　　　(++):煮沸 1 分钟呈黄绿色混浊反应,有较多黄绿色沉淀(28~55mmol/L)。

　　　(+++):煮沸 15 秒呈土黄色沉淀(含糖量 55~110mmol/L)。

　　　(++++):煮沸时即呈大量砖红色混浊并迅速沉淀,上清液无色(含糖量 >110mmol/L)。

【参考区间】

为阴性(尿糖含量 0.1~1mmol/L)。当血糖 >8.88mmol/L,超过肾糖阈时,可出现尿糖阳性。

【注意事项】

1. 在酒精灯上加热煮沸,时间不得少于 1 分钟。

2. 应在煮沸后自然冷却,不应用冷水使其变冷。

3. 尿酸盐有极微弱的还原作用,尿液中尿酸盐含量大时,应把尿液置于冰箱中待盐类下沉后取上清液再做。

4. 应及时判断结果,当结果为阳性(+)时,放置 4 小时后,可慢慢被氧化而褪色。

5. 如尿液中含大量铵盐时,可妨碍 Cu_2O 沉淀发生,应预先加过量的碱并煮沸数分钟,以逸出其中的氨。

6. 链霉素、维生素 C、水合氯醛、葡萄糖醛酸化合物等还原性药物可呈假阳性反应,大黄、黄连、黄芩等也可以导致假阳性反应。

二、尿葡萄糖试带法定性检测(操作)

【原理】

尿液中葡萄糖在试带中葡萄糖氧化酶的催化下,生成葡萄糖酸内酯和过氧化氢。在有过氧化物酶的情况下,以过氧化氢为电子受体可使色素原(邻联甲苯胺、碘化钾等)氧化而呈色。

【操作步骤】

1. 标本采集　见"尿葡萄糖班氏定性试验"。

2. 混匀尿液　将尿液标本充分混匀,置于试管中。

3. 浸湿试带　将试带浸入尿液中,5 秒后取出。沿试管壁沥出多余尿液,必要时用吸水纸吸除。

4. 判断结果

(1) 目视比色:在自然光线或日光灯下与标准板比较,肉眼判断定性或半定量结果。

(2) 仪器比色:将试带置于尿液分析仪上,由仪器给出结果。使用尿液分析仪时,按仪器说明书进行操作。

【参考区间】

健康人尿液葡萄糖为阴性。

【注意事项】

1. 尿标本要新鲜。

2. 服用大量维生素 C 或汞利尿剂后可呈假阴性。

3. 本法为酶促反应,灵敏度约为 5.5mmol/L。试带法比班氏法敏感。检测时,操作必须按规定时间准时与标准板比较,否则色深影响结果。

4. 临床所用试带可同时检测酸碱度、蛋白、酮体、胆红素、尿胆原、血红蛋白、亚硝酸盐等多项,目前没有专门检测尿液葡萄糖的试带。试带易失效,不可暴露于空气中及阳光下。

5. 尿液比密和温度会影响试带的灵敏度,比密增高或温度降低时,试带法葡萄糖检测灵敏度下降。

6. 强氧化剂或过氧化物污染可致假阳性结果。

7. 当尿中含高浓度酮体时,可降低试带法的灵敏度。

【临床意义】

尿糖阳性见于:糖尿病、肾性糖尿病、甲状腺功能亢进等。内服或注射大量葡萄糖及精神激动等也可致阳性反应。

三、血浆(清)葡萄糖氧化酶法检测(示教或操作)

【原理】

血液中的葡萄糖称为血糖。过去测定血糖多采用全血,但目前多采用血清或血浆。测定血糖的方法很多,可分为三大类:氧化还原法、缩合法及酶法。目前常用的是酶法,包括葡萄糖氧化酶法和己糖激酶法。血液葡萄糖测定的参考方法是己糖激酶法,临床测定的推荐方法是葡萄糖氧化酶法。

葡萄糖氧化酶(glucose oxidase,COD)利用氧和水将葡萄糖氧化为葡萄糖酸,并释放过氧化氢。过氧化物酶(peroxidase,POD)在色原性氧受体(如 4- 氨基安替比林偶氮酚、联大茴香胺)存在时将过氧化氢分解为水和氧,并使色原性氧受体 4- 氨基安替比林和酚去氢缩合为红色醌类化合物,即 Trinder 反应。红色醌类化合物的生成量与葡萄糖含量成正比。

【试剂】

1. 磷酸盐缓冲液(0.1mol/L,pH7.0)　称取无水磷酸氢二钠 8.67g 及无水磷酸二氢钾 5.3g 溶于蒸馏水 800ml 中,用 1mol/L 氢氧化钠(或 1mol/L 盐酸)调 pH 至 7.0,用蒸馏水定容至 1L。

2. 酶试剂　取过氧化物酶 1200U,葡萄糖氧化酶 1200U,4- 氨基安替比林 10mg,溶于磷酸盐缓冲液 80ml 中,调 pH 至 7.0,用磷酸盐缓冲液定容至 100ml,置 4℃保存,至少可稳定 3 个月。

3. 酚溶液　称取重蒸馏酚 100mg 溶于蒸馏水 100ml 中,用棕色瓶贮存。

4. 酶酚混合试剂 酶试剂与酚溶液等量混合,用棕色瓶贮存,4℃可以存放 1 个月。

5. 苯甲酸溶液(12mmol/L) 溶解苯甲酸 1.46g 于蒸馏水约 900ml 中,加温助溶,冷却后加蒸馏水定容至 1L。

6. 糖标准贮存液(100mmol/L) 称取已干燥恒重的无水葡萄糖(MW 180.16,预先置于 80℃烤箱内干燥恒重后,移置于干燥器内保存)1.802g,溶于 12mmol/L 苯甲酸溶液约 70ml 中,以 12mmol/L 苯甲酸溶液定容至 100ml。2 小时以后方可使用。

7. 葡萄糖标准应用液(5mmol/L) 吸取葡萄糖标准贮存液 5.0ml 放于 100ml 容量瓶中,用 12mmol/L 苯甲溶液稀释至刻度,混匀。

【操作步骤】

1. 标本采集 静脉抽取患者静脉血,置于洁净干燥试管或含促凝剂(草酸钾 - 氟化钠抗凝)。血液标本采集后 1 小时内分离血清或血浆。不能及时测定的血清或血浆在冷藏保存。溶血或脂血标本不能测定。

2. 自动生化分析法

(1)样本准备:将编好号的样品离心,取血清或血浆加入自动生化分析仪的样品杯,将其放入样品盘的规定位置,再把样品盘放在自动生化分析仪的相应位置。

(2)试剂检查:测定前必须检查各种试剂的数量、有效期和定标等状况,确认无误后方可进行测定。

(3)操作方法:按仪器说明书的要求进行测定(不同型号的仪器其操作有差异)。

3. 手工操作法 取试管 3 支,按表 1-5-2 操作。

表 1-5-2 葡萄糖氧化酶法测血糖操作步骤

加入物(ml)	空白管	标准管	测定管
血浆(血清)	—	—	0.02
葡萄糖标准应用液	—	0.02	—
蒸馏水	0.02	—	—
酶酚混合试剂	3.0	3.0	3.0

混匀,置 37℃水浴中,保温 15 分钟,在分光光度计波长 505nm,比色杯光径 1cm,以空白管调零,分别读取标准管及测定管的吸光度。

【计算】

$$血清葡萄糖(mmol/L)=\frac{测定管吸光度}{标准管吸光度}\times 5$$

【参考区间】

健康成人空腹血清葡萄糖为 4.1~5.6mmol/L。

【注意事项】

1. 葡萄糖氧化酶仅对 β-D 葡萄糖高度特异,溶液中的葡萄糖约 36% 为 α 型,64% 为 β 型。葡萄糖的完全氧化需要 α 型到 β 型的变旋反应。国外某些商品葡萄糖氧化酶试剂盒含有葡萄糖变旋酶,可加速这一反应,但在终点法中,延长孵育时间可达到完成自发变旋过程。新配制的葡萄糖标准液主要是 α 型,故须放置 2 小时以上(最好过夜),待变旋平衡后方可应用。

2. 葡萄糖氧化酶可直接测定脑脊液葡萄糖含量,但不能直接测定尿液葡萄糖含量。因为尿液中尿酸等干扰物质浓度过高,可干扰过氧化物酶反应,造成结果假性偏低。

3. 测定标本以草酸钾 - 氟化钠为抗凝剂的血浆较好。取草酸钾 6g,氟化钠 4g,加水溶解至 100ml。吸取 0.1ml 到试管内,在 80℃烤箱中烤干使用,该抗凝管可使 2~3ml 血液在 3~4 天内不凝固,并有抑制葡萄糖分解的作用。

4. 由于加入的血浆(血清)、葡萄糖标准应用液的量仅有 0.02ml,操作中可先加酶酚混合试剂 3.0ml 至试管中,再加血浆(血清)、葡萄糖标准应用液至酶酚混合试剂中,并用酶酚混合试剂反复冲洗吸管几次,以保证结果准确。

5. 本法测定葡萄糖有较强的特异性,从原理反应式中可知第一步是特异反应,第二步特异性较差。误差往往发生在反应的第二步。一些还原性物质如尿酸、维生素 C、胆红素和谷胱甘肽等,可与色原性物质竞争过氧化氢,从而消耗反应过程中所产生的过氧化氢,产生竞争性抑制,使测定结果偏低;严重黄疸、溶血及乳糜样血清应先制备无蛋白血滤液,然后再进行测定。

6. 方法学评价 葡萄糖氧化酶法的线性范围至少可达 19mmol/L,回收率 94%~105%,批内 CV 为 0.7~2.0,批间 CV 2% 左右,日间 CV 2%~3%。葡萄糖氧化酶法与己糖激酶法比较,73 份标本葡萄糖氧化酶法均值为 8.31mmol/L,己糖激酶法均值 8.21mmol/L,相关系数为 0.9986,回归方程 =1.0026x-2.29。葡萄糖氧化酶法的准确度与精密度均能达到临床的要求,操作简单,成本低,适合于常规检验。

【临床意义】

1. 生理性高血糖 可见摄入高糖食物后,或情绪紧张肾上腺分泌增加时。

2. 病理性高血糖

(1) 糖尿病:病理性高血糖常见于胰岛素绝对或相对不足的糖尿病患者。

(2) 内分泌腺功能障碍:甲状腺功能亢进,肾上腺皮质功能及髓质功能亢进。拮抗胰岛素的激素分泌过多也会出现高血糖。

(3) 颅内压增高:颅内压增高刺激血糖中枢,如颅外伤、颅内出血、脑膜炎等。

(4) 脱水引起的高血糖:如呕吐、腹泻和高热等也可使血糖轻度增高。

3. 生理性低血糖 见于饥饿和剧烈运动。

4. 病理性低血糖

(1) 胰岛 β 细胞增生或胰岛 β 细胞瘤等,使胰岛素分泌过多。

(2) 拮抗胰岛素的激素分泌不足,如垂体前叶功能减退、肾上腺皮质功能减退和甲状腺功能减退而使生长素、肾上腺皮质激素分泌减少。

(3) 严重肝病患者,由于肝储存糖原及糖异生等功能低下,肝不能有效地调节血糖。

四、糖耐量试验化验单结果分析(示教)

【原理】

口服葡萄糖耐量试验(oral glucose tolerance test,OGTT)是检查人体血糖调节功能的一种方法。正常人在服用一定量葡萄糖后,血液葡萄糖浓度暂时升高(一般不超过 8.9mmol/L 或 160mg/dl),但在 2 小时内葡萄糖浓度又恢复到空腹水平,称为耐糖现象。人在服用一定量葡萄糖后,间隔一定时间测定血液葡萄糖(并同时测定尿糖),观察血液葡萄糖水平,称为耐糖试验。若因分泌失调等因素引起糖代谢失常时,摄入一定量葡萄糖后,血液葡萄糖浓度可急剧升高或升高不明显,而且短时间内不能恢复到原来的浓度水平,称为糖耐量失常。临床上对症状不明显的患者,可采用口服葡萄糖耐量试验来判断有无异常。

【操作步骤】

1. 检查前三天停用胰岛素治疗,可正常饮食(每天碳水化合物量一般控制在 250~300g)。试验前一天晚餐后不再进食,空腹过夜(8~14 小时)。

2. 次日晨空腹抽取血液 2ml(抗凝),测定血浆葡萄糖(称空腹血浆血糖,FPG)。

3. 将 75g 无水葡萄糖溶于 200~300ml 水中,5 分钟内饮完。对于儿童可按每千克体重给 1.75g 葡萄糖,计算口服葡萄糖用量,直至达到 75g 葡萄糖时为止。

4. 口服葡萄糖后,准确 2 小时,抽取血液,测定血浆葡萄糖,称为 OGTT2 小时血浆葡萄糖,简称 2h-PG。2h-PG 值是临床诊断糖尿病的重要指标。

5. 若需要观察耐糖曲线,在口服葡萄糖后准确 30 分钟、1 小时、2 小时和 3 小时各抽静脉血 1ml,测定各标本管的血糖浓度(加上空腹血糖管,共有 5 个标本管)。将各次测得的血糖浓度与对应的时间作图,绘制耐糖曲线。

【参考区间】

健康成年人:FPG≤5.6mmol/L;

  2h-PG≤7.8mmol/L。

【结果判断】

1. 正常耐糖量 FPG≤5.6mmol/L,而且 2h-PG<7.8mmol/L。

2. 空腹血糖量受损(impaired fasting glucose,IFG) FPG≥5.6mmol/L,但 <7.0mmol/L。

3. 糖耐量受损(impaired glucose tolerance,IGT) 2h-PG≥7.8mmol/L,但 <11.1mmol/L。

4. 糖尿病(diabetes) FPG≥7.0mmol/L 或 2h-PG≥11.1mmol/L。

临床上首先推荐空腹血糖测定,因为大多数糖尿病患者会出现空腹血糖水平增加。若空腹血糖 <5.6mmol/L 或随机血糖 <7.8mmol/L,足可排除糖尿病的诊断。虽然,OGTT 比空腹血糖测定更灵敏,但是有很多因素影响 OGTT 的准确性。除非第一次 OGTT 结果明显异常,一般建议在做第一次 OGTT 检测后,间隔一定时间再做 OGTT 检测,判断 OGTT 是否异常。

【临床意义】

1. 耐量增高 即血糖测量值低于正常值,见于胰岛 β 细胞瘤、垂体前叶功能减退症、甲状腺功能减退、慢性肾上腺皮质功能减退以及特发性低血糖症者(服糖 2~3 小时可发生低血糖反应,血糖下降至低值)。

2. 耐量降低 即血糖测量值高于正常值,见于糖尿病,肾性糖尿。两者尿糖均为阳性,但前者耐量曲线高于正常且维持较久,而后者糖耐量曲线稍低于正常。此外,甲状腺功能亢进、皮质醇增多症、慢性胰腺炎以及肝糖原代谢障碍等糖耐量亦降低。

以下为 4 个病案中病人进行糖耐量试验的结果:

表 1-5-3 4 个病案中病人进行糖耐量试验的结果

病案号	临床资料	糖负荷后的时间(min)				
		0	30	60	90	120
		(静脉血浆葡萄糖浓度 mmol/L)				
1	男,65 岁,肥胖	8.8	13.8	17.5	16.8	16.7
2	女,62 岁,因口腔溃疡在牙科就诊	6.0	11.7	15.2	16.4	17.0
3	41 岁,尿糖数周就诊	7.4	9.5	10.8	10.1	9.5
4	女,75 岁,随机血糖升高	5.0	8.6	10.7	11.0	10.2

问题:解释以上四个病案口服葡萄糖耐量试验结果。

【病案分析】

根据 WHO 糖尿病的诊断标准,满足下列三种情况的任何一种即可诊断为糖尿病:①糖尿病典型症状,随机血糖≥11.1mmol/L(200mg/dl);②空腹血浆葡萄糖≥7.0mmol/L(126mg/dl);③OGTT 中 2h 血浆葡萄糖≥11.1mmol/L(200mg/dl)。

病案号 1,空腹血糖和 OGTT 2h-PG 均高于参考值,加上这是中老年发病,而且肥胖,是典型的糖尿病。

病案号 2,是一个临床上容易误诊的病例。此患者因口腔溃疡在牙科就诊,空腹血糖只有6.0mmol/L,但是 OGTT 2h-PG 为 17mmol/L,可诊断为糖尿病。从此病例可知 OGTT 的临床价值,它具有较高的敏感性,在空腹血糖正常,但又怀疑有糖尿病时有重要的临床意义。

病案号 3,空腹血糖大于 7.0mmol/L,加之有尿糖,为糖尿病。

病案号 4,空腹血糖为 5.0mmol/L,OGTT 2h-PG 为 10.2mmol/L,小于 11.1mmol/L,不是糖尿病。但 OGTT 2h-PG 处于 7.8~11.1mmol/L 之间,说明存在糖耐量受损,一般情况下应定期到医院进行检查,但病案是 75 岁的老年人,其糖耐量功能会自然下降也是一个应该考虑的因素。

(徐克前)

第六章 肝脏疾病的实验诊断与肝功能检查

内容提要

课堂病案讨论(病毒性肝炎及肝硬化实验诊断)

实验内容:

一、血清蛋白电泳报告单分析(示教与讨论)

二、乙型病毒性肝炎血清免疫学标志物乙型肝炎病毒表面抗体

检查(ELISA 法;操作)

第一节　课堂病案讨论

【简要病史】 李 ×,男,57 岁,普通工人。自诉近 1 年多来感觉乏力,常有上腹部不适,偶有头晕、心悸发生,未到医院进行诊治,自行服胃药等中西药后可缓解;近 1 月来上述症状加重,并见皮肤及眼睛发黄。既往身体健康,未接种过乙肝疫苗。

【体格检查】 T 37.2℃,P 85 次 / 分,R 26 次 / 分,Bp 110/75mmHg。一般状况较差,略消瘦,皮肤干燥,面色发暗、无光泽,皮肤及巩膜黄染,面部及上胸部可见蜘蛛痣。腹部膨隆,叩诊腹水征阳性;肝脾触诊不满意。心、肺、四肢及神经系统未见明显异常。

【实验室检查】

血液一般检查:RBC $3.9×10^{12}$/L,Hb 100g/L,HCT 0.37;

WBC $15.0×10^9$/L,Sg 0.75,St 0.07,L 0.15,M 0.03。

临床化学检查:TP 50g/L,ALB 20g/L,ALT 243U/L,AST 186U/L,ALP 470U/L,γ-GT 98U/L,

MAO 120U/L,STB 180μmol/L,CB 70μmol/L;

血清蛋白电泳 ALB 0.40,α1 0.03,α2 0.07,β 0.15,γ 0.35。

免疫学检查:HBsAg(+),抗 -HBs(−),HBeAg(+),抗 -HBe(−),

抗 -HBc(+);AFP 450μg/L。

腹水检查:比重 1.020,蛋白 31g/L;细胞 $600×10^6$/L,N 0.89,L 0.11;癌细胞(+)

表 1-6-1　肝脏疾病常用检查项目参考区间

项目	参考区间	项目	参考区间
TP	新生儿 46~70g/L	ALB	新生儿 28~44g/L
	成人 60~80g/L		成人 40~50g/L

续表

项目	参考区间	项目	参考区间
ALB/GLB（A/G）比值	1.5~2.5：1	AST	男性 15~40U/L，女性 13~35U/L
血氨	成人 18~72μmol/L	GGT	男性 10~60U/L，女性 7~45U/L
STB（TBil）	3.4~17.1μmol/L	ALP	成人 40~150U/L
CB	0~3.4μmol/L	MAO	12~40U/ml
UCB	1.7~10.2μmol/L	GLDH	成人 0~8U/L
TBA	1.7~10.2μmol/L	AFU	成人 3~11U/L
ALT	男性 9~50U/L，女性 7~40U/L	AFP	<25μg/L

【思考题】

1. 考虑本例为哪方面的疾病？

2. 本例实验室检查结果如何分析？

3. 结合临床该患者应考虑为何种诊断？

4. 为了明确诊断还应补做哪些实验室检查？

【病案分析】

1. 结合病史、体检及实验室检查结果，考虑本例为肝脏疾病。

2. 本例实验室检查结果主要表现是：

（1）血液一般检查表现为轻度贫血（RBC 3.9×10^{12}/L，Hb 100g/L，HCT 0.37；均减低）和感染的血象（WBC 15.0×10^9/L，Sg 0.75，St 0.07，均增高，有轻度核左移）；与临床表现（乏力、不适等症状）相一致。

（2）血生化检查：①TP（50g/L）和 ALB（20g/L）均减低，A/G 比值（20/30<1）倒转；②血清蛋白电泳 ALB（0.40）减低，β（0.15）和 γ（0.35）增高，提示有慢性肝损伤；③酶学检查 ALT（243U/L）和 AST（186U/L）增高，表明有肝细胞损伤；ALP（470U/L）和 γ-GT（98U/L）增高，表明有胆汁淤积；血清蛋白电泳白蛋白（ALB 0.40）减低，球蛋白（γ 0.35）明显升高，MAO（120U/L）增高，反映有肝脏纤维化；④STB（180μmol/L）及 CB（70μmol/L）都增高，CB/STB 比值（70/180=0.37）>0.2，但<0.5，表现为肝细胞性黄疸的特征，与体检的所见（皮肤及巩膜黄染，面部及上胸部可见蜘蛛痣）是一致的。

（3）HBV 血清免疫学标志物检查结果 HBsAg（+），HBeAg（+），抗-HBc（+）。表明有 HBV 感染并有强传染性。

（4）AFP（450μg/L）明显增高，可以诊断为原发性肝癌。考虑本例肝癌的原因，可能为慢性乙型肝炎及肝硬化等的原发性肝癌。

（5）腹水检查细胞数增高（为 600×10^6/L，>500×10^6/L）且主要是中性粒细胞（N 0.89，L 0.11），提示为自发性细菌性腹膜炎；腹水检查癌细胞（+），表明同时存在肝硬化和肝癌引起的腹水，并有腹膜炎。

3. 为了进一步明确诊断和做鉴别诊断，还应补做以下检查：

（1）尿胆红素，尿胆原（有助于鉴别黄疸类型，除外溶血性及阻塞性黄疸）。

（2）肿瘤标志物 CEA，鉴别与排除转移性肝癌。

（3）AFP 亚型（进一步鉴别 AFP 升高原因是肝癌还是肝硬化）。

【最后诊断】 结合临床及上述实验室检查结果分析,本例的诊断是:

1. 慢性乙型病毒性肝炎。
2. 肝硬化。
3. 肝癌。
4. 腹水症(腹膜炎)。

第二节　实 验 内 容

一、血清蛋白电泳化验单分析(示教与讨论)

1. 可参见图像中的图 4-6-5 血清蛋白电泳图形及图 4-6-6 不同疾病时血清蛋白电泳图形。
2. 对临床不同类型实际血清蛋白电泳分析报告单,结合临床有关资料进行讨论和分析。

二、乙型病毒性肝炎血清免疫学标志物乙型肝炎病毒表面抗体检查(操作):酶连接免疫吸附试验(ELISA 法)

【ELISA 法原理及检测程序】

1. 使抗原或抗体结合到某种固相载体表面,并保持其免疫活性。
2. 使抗原或抗体与某种酶连接,形成酶标抗原或抗体,且既保留其免疫活性又保留酶的活性。
3. 标本中的抗原或抗体、标记抗原或抗体能按一定的次序与固相载体表面的抗体或抗原反应,并通过底物与酶的反应来反映标本中的抗原或抗体的量。
4. 常用的酶为辣根过氧化物酶(horseradish peroxidase,HRP)。底物为 TMB,经 HRP 催化发生氧化反应后变为蓝色,加终止液后变为黄色。通过颜色的深浅来判定结果。
5. 不同类型 ELISA 法的原理及检测程序
(1) 双抗体 / 双抗原夹心法(图 1-6-1)

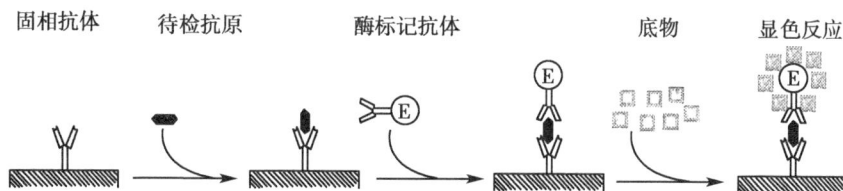

图 1-6-1　双抗体夹心法原理示意图

1) 将抗体或抗原包被在固相载体上。
2) 样品中的抗原(或抗体)与固相抗体(或抗原)结合,形成抗原抗体复合物。
3) 与酶标抗体(或抗原)结合后形成抗体 - 抗原 - 酶标记抗体复合物。
4) 酶催化底物并显色。
(2) 间接法(图 1-6-2)
1) 将抗原包被在固相载体上。
2) 样品中的抗体与固相抗原结合,形成抗原抗体复合物。

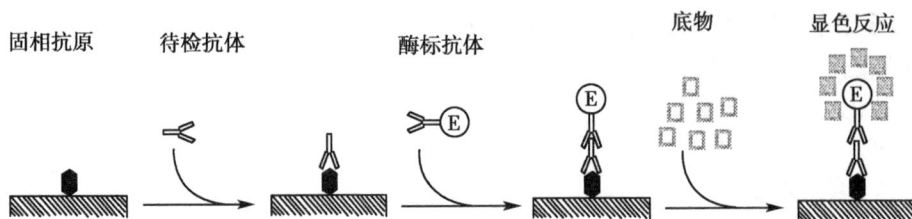

图 1-6-2　间接法测抗体原理示意图

3）与酶标抗体（或抗原）结合后形成抗体 - 抗原 - 酶标记抗体复合物。

4）酶催化底物并显色。

（3）竞争法（图 1-6-3）

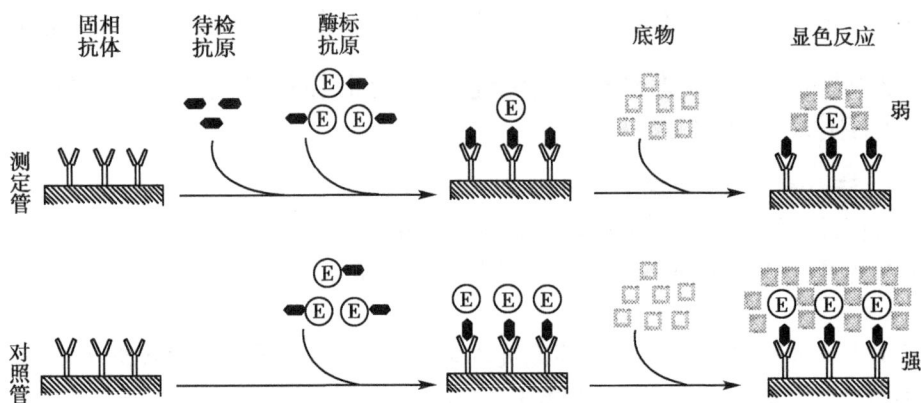

图 1-6-3　竞争法测抗原原理示意图

1）将抗原包被在固相载体上。

2）样品中的抗体和酶标抗体与固相抗原竞争结合。

3）酶催化底物并显色，显色的深浅与待测抗体量成反比。

（4）捕获法（图 1-6-4）

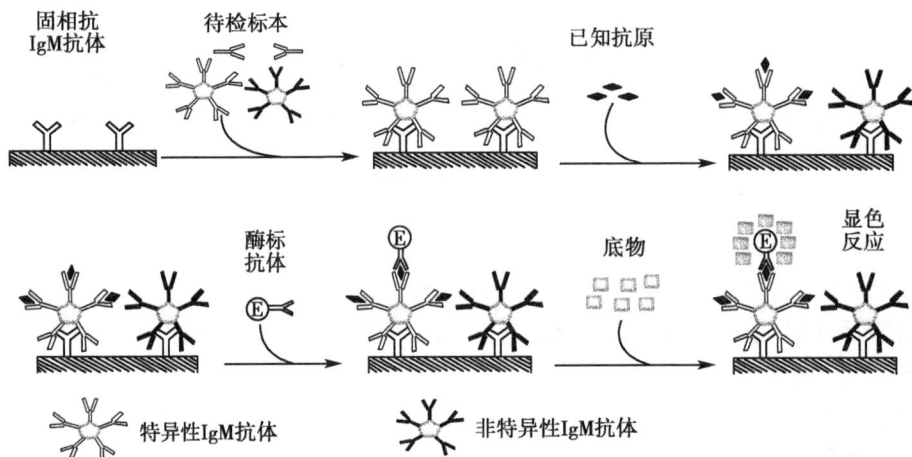

图 1-6-4　捕获法原理示意图

1）将抗抗体包被在固相载体上。

2）与样品中的抗体结合后，形成抗体 - 抗抗体复合物。

3）加入抗原及酶标记抗体，则结合为抗抗体 - 抗体 - 抗原 - 酶标记抗体复合物。

4）酶催化底物并显色。

【关于 ELISA 法的评价】

1. ELISA 法特点

（1）特异性强。

（2）敏感性高。

（3）重复性好。

2. ELISA 法应用

（1）免疫酶染色各种细胞内成分的定位。

（2）研究抗酶抗体的合成。

（3）显现微量的免疫沉淀反应。

（4）定量检测体液中抗原或抗体成分。

3. ELISA 法前景

（1）同步 ELISA 法测定多种抗体：该法原理与通常的 ELISA 间接法相同。

（2）磁颗粒 ELISA。

（3）酶联免疫荧光测量法。

（4）免疫印迹技术与层析：这两种技术是 ELISA 法分别与电泳技术和层析技术的融合，前者利用电泳技术分离混合抗原，已相当成熟和完善，后者利用层析技术分离混合半抗原，但应用还不普遍。

4. ELISA 法存在的问题

（1）内源性过氧化酶的普遍存在，如人脑组织中，呼吸道分泌物的炎症细胞中及某些病毒的组织培养中均有内源性过氧化物酶的活力，常不易除去，如果用某些方法除去时，则病毒的抗原性亦受到破坏，对于用 ELISA 检测不利。

（2）对 ELISA 法的非特异性评价的资料尚不够完善，因此，对出现一些非特异性反应的时候，往往不易解释。

【乙型肝炎病毒表面抗体标志物 ELISA 法检查】（操作）

1. 器材 可调移液器、37℃恒温水浴箱、酶标仪、洗板机、滤纸、微量吸头、不干胶贴纸。

2. 试剂 乙型肝炎病毒表面抗体检测试剂盒：微孔反应板、阳性对照液、阴性对照液、酶标记物、显色剂 A（底物缓冲液）、显色剂 B（底物液）、终止液、浓缩洗涤液。

3. 操作

（1）实验准备：

1）从冷藏环境中取出试剂盒，在室温下平衡 30 分钟，同时用蒸馏水将浓缩洗涤液进行 1：20 倍稀释。

2）使用黄色管盖促凝真空采血管通过肘静脉穿刺抽取被检测者 5ml 空腹静脉血，颠倒混匀 5 次，静置 30 分钟后以 3500r/min 的速度离心分离血清备用。

（2）每批微孔反应板设阳性对照 2 孔，阴性对照 2 孔，空白对照 1 孔（做好标记）。

（3）分别向阳性对照孔、阴性对照孔中加入相应对照液一滴（50μL）。除空白孔外，其余各孔加入待测标本血清 50μL。

（4）除空白孔外，其余各孔加入酶结合物一滴（50μL），轻振荡混匀。

（5）用不干胶贴纸封板，置37℃恒温水浴箱孵育15分钟。

（6）洗板机设置：洗液量350μL，浸泡10秒，洗5次。将孵育30分钟的反应板置洗板机上进行洗板。

（7）洗板后吸干反应孔液体，每孔先加入显色剂A液1滴（50μL），再加入B液1滴（50μL），轻振荡混匀。再次封板后，置37℃恒温水浴箱避光孵育15分钟。

（8）酶标仪设置：双波长酶标仪比色，主波长450nm，参考波长630nm。

（9）15分钟后，取出反应板并每孔加入终止液1滴（50μL），混匀。

（10）将反应板置酶标仪上，读取各孔OD值。

（11）计算Cutoff值：COV=阴性对照平均OD值×2.1（阴性对照OD值如低于0.05作0.05计算，高于0.05则按实际OD值计算）。

（12）结果判定：标本OD值≥COV为阳性；标本OD值<COV为阴性。

4. 注意事项

（1）加样时应将所加物加在ELISA板孔的底部，避免加在孔壁上部，并注意不可溅出，避免发生孔间污染。同时不可产生气泡。

（2）每次加标本应更换吸嘴（吸管尖），以免发生交叉污染。

（3）试剂瓶滴加试剂应先将滴瓶摇匀并挤去第一滴有气泡的试剂后加样。

（4）加标本及试剂量应准确。

（5）不可血清标本未完全凝固即加入，否则反应孔内出现纤维蛋白凝固或残留血细胞，易造成假阳性反应。故标本需完全凝固后离心，尽量避免离心后颠倒真空管。

（6）细菌污染标本时，菌体中可能含有内源性HRP，会产生假阳性反应。故标本应为即采血清标本或严格条件下保存的标本。

（7）红细胞溶解时会释放出具有过氧化物酶活性的物质，引起假阳性反应，采血时需避免溶血发生。

（8）孵育时，水要浸至板条的1/3处，不可将板条叠加放置。

（9）不同批号试剂盒不能混用。

（10）温育时间、洗板、显色时间应严格按说明书操作，避免批间差异。

（11）酶标仪应定期监测，以保证光波长准确。

【乙型肝炎病毒表面抗体检查的临床意义】

临床常见乙型肝炎病毒表面抗体检查结果及其临床意义如表1-6-2所示：

表1-6-2   乙型肝炎联合检查的临床意义

常见模式	HBsAg	HBsAb	HBeAg	HBeAb	HBcAb	临床意义
1	+	−	+	−	+	急性或慢性乙型肝炎，高传染性
2	+	−	−	−	+	急性、慢性乙型肝炎或慢性HBsAg携带者
3	+	−	−	+	+	急性乙肝趋向恢复或慢性乙肝，弱传染性
4	−	+	−	−	+	急性HBV感染康复期或有既往感染史
5	−	−	−	+	+	乙肝恢复期，弱传染性

常见模式	HBsAg	HBsAb	HBeAg	HBeAb	HBcAb	临床意义
6	-	-	-	-	+	急性 HBV 感染"窗口期"或既往曾感染过乙肝,有流行病学意义
7	-	+	-	-	-	疫苗接种后或 HBV 感染后康复
8	-	+	-	+	+	急性乙肝康复期,开始产生免疫力
9	-	-	-	-	-	非乙肝感染

（吉阳涛　张丽霞）

第七章　胸膜炎、结肠癌的实验诊断与浆膜腔积液和粪便检查

内容提要

病案讨论一(胸膜炎实验诊断与鉴别诊断)

病案讨论二(结肠癌的实验诊断)

实验内容:

一、黏蛋白定性试验(Rivalta test)(示教与操作)

二、粪便隐血试验(单克隆抗体法;示教与操作)

三、粪便显微镜检查(操作)

第一节　课堂病案讨论

病案讨论一

【**简要病史**】　赵×,女,42岁,工人。胸疼、胸闷、周身不适一周,咳嗽、发烧三天。既往健康。

【**体格检查**】　T 39.8℃,R 28 次 / 分,P 92 次 / 分,BP 110/70mmHg。热病痛苦面容,一般状态尚可。胸部饱满,触诊胸膜摩擦感(+),叩诊为浊音,肺听诊呼吸音减弱,胸膜摩擦音(+);心脏、肝、脾、四肢及神经系统检查无明显异常。

【**实验室检查**】

血常规检查:RBC $4.3×10^{12}$/L,Hb 125g/L,HCT 0.40;

WBC $14.5×10^9$/L,St 0.07,Sg 0.75,L 0.15,M 0.03。

胸水检查:比重 1.020,蛋白 34g/L;

黏蛋白定性试验(+);

细胞数 $650×10^{12}$/L,N 0.89,L 0.11;

革兰阳性球菌(+)。

【**思考题**】

1. 结合病史及临床检查,应考虑为哪方面的疾病?

2. 根据临床及实验室检查,该患者的初步诊断是什么? 诊断依据是什么?

3. 该患者还应与哪些疾病作鉴别诊断?

【**病案分析**】

1. 该患者应考虑是急性呼吸系统疾病。

2. 根据临床及实验室检查结果,初步诊断:急性化脓性胸膜炎。其诊断依据是:

（1）临床病史、症状、体征均符合上述诊断〔病程短,胸闷、呼吸困难1周,咳嗽、发烧3天;胸部饱满,叩诊为浊音,肺听诊呼吸音减弱,胸膜摩擦感及胸膜摩擦音(+)等〕;

（2）有感染的血象(WBC、St和Sg升高,并有轻度核左移;RBC、Hb、HCT均正常);

（3）胸水检查是渗出液〔比重、蛋白、细胞数及N都增高;黏蛋白定性试验(+)〕,胸水革兰阳性球菌阳性,符合化脓性胸膜炎。

3. 本例还应注意与下列疾病作鉴别诊断:

（1）结核性胸膜炎:临床通常表现为盗汗、低烧;胸水多为浆液性或血性,细胞计数增高,但以淋巴细胞为主,胸水常可查到抗酸杆菌;本例胸水细胞检查以中性粒细胞为主,而且细菌检查是革兰阳性球菌阳性,不符合结核性胸膜炎;血常规检查结核性胸膜炎白细胞升高不如化脓性胸膜炎明显,白细胞分类计数也常是淋巴细胞升高明显,也与本例情况不相符合;

（2）癌性胸水(癌性胸膜炎):其胸水虽然也是渗出液,但常以血性胸水为多见,胸水细胞学检查常可查到癌细胞。以上特点与本例均不相符。

【最后诊断】　急性化脓性胸膜炎。

病案讨论二

【简要病史】　孙×,男,45岁,职员。4个月前无明显诱因,排便次数增多(3~5次/天),不成形,间断带暗红色血迹;伴有中、下腹痛,但无腹胀及恶心呕吐。无发热,进食尚可。近来自觉明显乏力,体重明显下降。

【体格检查】　T 37.6℃,P 79次/分,R 19次/分,BP 125/85mmHg。一般状况稍差,皮肤及黏膜无黄染,结膜苍白,浅表淋巴结未触及肿大。心肺未见异常。腹平坦,未见胃肠型及蠕动波;腹软,无压痛,无肌紧张,肝脾未触及。右下腹可触及约4cm×8cm质韧包块,可推动,边界不清,移动性浊音(−),肠鸣音大致正常,直肠指诊未见异常。

【实验室检查】

血液一般检查:RBC $3.8×10^{12}$/L,Hb 86g/L,HCT 0.35;

WBC $13.0×10^9$/L,Sg 0.76,St 0.07,L 0.15,M 0.02。

大便常规检查:粪便外观变稀,不成形,带有血液和黏液;

潜血(+)。

血免疫学检查:CEA 42ng/ml。

【思考题】

1. 结合病史及临床检查,本病例应考虑为哪方面的疾病?

2. 初步诊断是什么? 诊断依据是什么?

3. 应与哪些疾病作鉴别诊断?

4. 为了进一步明确诊断,还应做哪些检查?

【病案分析】

1. 结合病史及临床检查,本例应考虑为消化道疾病,以下消化道恶性疾病的可能性为最大。

2. 初步诊断是:结肠癌。

诊断依据是:

（1）临床病史(排便次数增多,粪便外观不成形,暗红色血便;伴有中、下腹痛;明显消瘦、乏力等)。

(2) 体格检查所见(右下腹触及约 4cm×8cm 质韧包块,可推动,边界不清)。

(3) 实验室检查的表现:

1) 有贫血(RBC,Hb,HCT 全都减低)。

2) 有感染(WBC 总数和中性粒细胞增高,并有中性粒细胞核左移)。

3) 粪便外观变稀,暗红色黏液血便,便潜血(+)。

4) 血免疫学检查:CEA 阳性(42ng/ml)。

3. 应与下列疾病做鉴别诊断:

(1) 炎症性肠病(有炎症性血象及粪便的炎症性改变,但血 CEA 检查不会阳性)。

(2) 回盲部结核(应该有结核的一系列临床表现和实验室检查所见,与本例也不相符)。

(3) 阿米巴痢疾(粪便外观为烂果酱样、有腥臭味,粪便找到阿米巴滋养体方可确诊)。

4. 应进一步做下列检查:

(1) 钡剂灌肠造影。

(2) 结肠镜检查。

(3) 腹部 B 超等影像检查。

【最后诊断】 结肠癌。

第二节   实 验 内 容

一、黏蛋白定性试验(Rivalta test)(示教与操作)

【原理】

浆膜上皮细胞受炎症刺激后,可产生大量浆膜黏蛋白。黏蛋白是一种酸性糖蛋白,其等电点 pH 为 3~5,因而可在酸性溶液中析出,产生白色沉淀。

【试剂】

冰醋酸。

【器材】

1. 100ml 量筒。

2. 长嘴滴管。

【操作】

1. 取 100ml 量筒,加蒸馏水 100ml,滴加冰醋酸 0.1ml(pH 3~5),充分混匀后静置数分钟。

2. 用滴管吸入穿刺液,在靠近量筒液面处逐滴轻轻滴下,在黑色背景下,观察白色雾状沉淀的发生及其下降速度等。

【结果判定】

阳性:见到浓厚的白色云雾状沉淀很快下降,并且形成较长的沉淀物(其前端至量筒液面高度大于量筒底至液面高度的 2/3)。

阴性:产生浑浊不明显,且其下降缓慢并较快消失。

【注意事项】

1. 试验操作全过程要求戴一次性乳胶手套。

2. 检验过程中如出现样品外溢污染操作台面,污染部分用 2500mg/L 含氯消毒液喷洒,作用 30 分钟,再用干净抹布处理,用过的抹布用 2500mg/L 含氯消毒液消毒或弃入黄色医用垃圾袋中。

3. 如果皮肤或衣物上沾到了样品,立刻用清水冲洗。如果眼睛溅入液体,需在他人的帮助下,迅速用洗眼装置冲洗 5 分钟以上。

二、粪便隐血试验(单克隆抗体法;示教与操作)

【原理】

采用夹心式酶联免疫技术特异地检测粪便中的人血红蛋白。本试验不受动物血红蛋白的干扰,试验前无须禁食肉类。

【试剂】

便潜血条形试纸。

【操作】

1. 向样品杯中加入 0.5ml 蒸馏水,取标本 10~50mg 搅拌均匀。

2. 将试纸测试端插入样品中,1~5 分钟判断结果。

【结果判断】

阴性:条形试纸上见到一条红线(控制线阳性)。

阳性:条形试纸上见到两条红线(控制线和反应线均阳性)。

无效:条形试纸上无色带出现,应重新测试;如仍无色带出现,则为条形试纸已失效。

【临床意义】

消化道出血(如溃疡病、恶性肿瘤、肠结核、钩虫病等)时试验阳性。消化道恶性肿瘤时,便潜血可持续阳性,溃疡病时多为间断性阳性。本试验可作为消化道恶性肿瘤普查的初筛试验。

【注意事项】

1. 本试纸条于室温或冰箱保存。

2. 样品应由粪便表面及深部多处采取。

3. 有时可看到肉眼观察为柏油样便,但此试验却为阴性,原因可能为:

(1) 样品中血红蛋白含量过高,而试带中的抗体相对较低,产生后带现象(在血清免疫学检验中,抗原抗体需要有一定的比例才可出现可见反应,如果比例不适即出现带现象,其中抗原过剩即为"后带现象");可将标本进行一定程度稀释后再进行检测。

(2) 样品中的血红蛋白被降解,失去抗原性,可使实验呈阴性。遇有此种情况时,可用非免疫方法检测。

4. 检验后样品的处理 ①将粪便样品置于套在带盖医用垃圾桶内的医用垃圾袋内,由专人收集,统一焚烧处理;②检验用玻片等污染物品,用过后置于 2500mg/L 含氯消毒液内浸泡 2 小时后由专人收集清洗处理。

5. 生物安全防护 ①试验操作全过程要求配戴一次性乳胶手套;②检验过程中如出现样品外溢污染操作台面,污染部分用 2500mg/L 含氯消毒液喷洒,作用 30 分钟,再用干净抹布处理,用过的抹布用 2500mg/L 含氯消毒液消毒或弃入黄色医用垃圾袋中。

三、粪便显微镜检查(操作)

【操作】

1. 取洁净玻片加等渗盐水 1~2 滴,选粪便异常部分或挑取不同部位粪便做直接镜检。

2. 标本涂膜厚度以可透过印刷字迹为宜。

3. 镜检观察样品中有无异常(纤维、细胞、结晶、细菌等)。低倍镜检查虫卵,高倍镜检查细胞、原虫等,汇报结果。

4. 对于可疑标本可通过其他方法(如瑞氏染色)进一步检测。

【临床意义】

1. 红细胞　正常人粪便中无红细胞;下消化道炎症(如细菌性痢疾、阿米巴痢疾、溃疡性结肠炎)、外伤、肿瘤及其他出血性疾病时,可见到数量不等的红细胞;上消化道出血时,红细胞多因胃液及肠液作用而破坏,可通过潜血试验证实。

2. 白细胞　正常人便中不见或偶见;若大量出现表明有炎症变化。

3. 嗜酸细胞　见于肠道过敏症,常与夏科 - 雷登结晶同时出现。

4. 上皮细胞　在肠黏膜炎症时大量出现。

5. 巨噬细胞　出现时多为细菌性痢疾。

6. 寄生虫卵及原虫　正常人粪便中不见。

7. 食物残渣　大量出现时多为消化不良。

8. 结晶　夏科 - 雷登结晶常见于肠道溃疡及肠道过敏症。

9. 细菌　在菌群失调时(观察球菌与杆菌的比例)有意义。

【注意事项】

1. 试验后粪便样品处理同粪便隐血试验。

2. 试验操作全过程要求配戴一次性乳胶手套。

3. 检验过程中如出现样品外溢污染操作台面,污染部分用 2500mg/L 含氯消毒液喷洒,作用 30 分钟,再用干净抹布处理,用过的抹布用 2500mg/L 含氯消毒液消毒或弃入黄色医用垃圾袋中。

(宋鉴清)

第八章　感染性疾病的实验诊断及病原学检查

内容提要

课堂病案讨论(败血症的实验诊断及病原学检查)

实验内容:

一、败血症病原学检查程序(简介)

二、血培养及细菌分离鉴定临床应用(简介)

三、血培养阳性时,如何判定污染和感染(讨论)

四、细菌分离培养(操作)

五、菌落形态及菌体形态观察(示教)

六、阳性报告分析(讨论)

第一节　课堂病案讨论

【简要病史】 刘××,男,74岁。2周前背部皮肤多处出现红、肿、痛、小硬结,病人自觉局部发痒、烧灼感及跳痛,不慎于3天前将硬结抓破,形成迅速扩大的紫红色炎性浸润块并伴剧烈的疼痛。今日突然出现寒战、继之高热,关节疼痛。既往有糖尿病20余年,时好时坏,血糖一直控制不佳。

【体格检查】 T 39.2℃,P 102次/分,R 30次/分,BP 85/60mmHg。神志清楚,急性热病容;呼吸急促,全身出现荨麻疹,眼结膜上出现瘀点,肝脏肋下可触及,脾未触及;心、肺、四肢及神经系统未见异常。

【实验室检查】

血液一般检查:RBC 4.8×10^{12}/L,Hb 98g/L,HCT 0.37;

　　　　　　　WBC 18.3×10^9/L,Sg 0.83,St 0.07,L 0.10。

临床化学检查:GLU 25.3mmol/L;

　　　　　　　TP 78g/L,ALB 42g/L,

　　　　　　　ALT 32U/L,AST 25U/L。

病原学检查:皮肤脓肿部位取材直接涂片镜检见到革兰阳性球菌;

　　　　　　对皮肤脓肿部位标本进行细菌培养;

　　　　　　半小时内采集两套静脉血培养;

　　　　　　3天后上述标本细菌培养结果均为耐甲氧西林金黄色葡萄球菌(MRSA)生长。

【思考题】

1. 考虑本例为哪方面的疾病?

2. 实验检查结果如何分析?

3. 结合临床该患者应考虑为何种诊断?

4. 该病人应选择何种治疗方案?

【病案分析】

1. 结合病史、体检及实验室检查结果,考虑本例为感染性疾病。

2. 本例实验室检查结果主要表现是:

(1) 血液一般检查表现为贫血(RBC $4.8×10^{12}$/L,Hb 98g/L,HCT 0.37;均减低)和感染的血象(WBC $18.3×10^9$/L,Sg 0.83,St 0.07,均增高,有核左移)

(2) 血生化检查:GLU(25.3mmol/L)明显增高;肝功能检查正常。

(3) 病原学检查:直接标本涂片镜检见到革兰阳性球菌,进一步的皮肤脓肿和血培养结果均为金黄色葡萄球菌生长。

3. 该患者既往有糖尿病史20余年,血糖一直控制不佳;本次血糖检查结果为25.3mmol/L,(是随机血糖11.1mmol/L的2倍以上)。糖尿病病人极易合并感染。本例即为在糖尿病基础上,由于皮肤硬结抓破而引起的局部感染(皮肤脓肿)进一步导致了全身感染(败血症)。

【最后诊断】　结合临床及上述实验室检查结果分析,本例的最后诊断是:

1. 金黄色葡萄球菌败血症。

2. 皮肤脓肿。

3. 糖尿病。

【治疗方案】

针对上述诊断,本例的治疗方案是:

1. 抗感染治疗(针对培养出的细菌和药敏试验结果,选用有效的抗菌药物)　可选择万古霉素、利奈唑胺或替考拉宁,如病情较重,可考虑上述3种抗菌药物中的一种与利福平等抗菌药物联合应用。

2. 进一步调整糖尿病治疗及其用药。

第二节　实验内容

一、败血症病原学检查程序(简介)

败血症病原学检查程序如图1-8-1。

二、血培养及细菌分离鉴定临床应用(简介)

【检测原理】

血培养瓶中含有各种微生物生长所需的营养物质,标本中如有微生物,就会利用培养液中的营养物质而生长繁殖,出现肉眼可见的混浊或通过自动化培养仪检测微生物生长代谢产生的CO_2,进而通过涂片及分离培养等手段进一步确定是何种病原体。

【检测程序】

1. 皮肤消毒程序　采血部位的消毒常被忽视,但如消毒不当,将导致血液培养瓶的污染。

```
                        ┌─────────────┐
                        │  血液、骨髓  │
                        └──────┬──────┘
                        ┌──────┴──────┐
                        │ 置血培养瓶中 │
                        └──────┬──────┘
              ┌────────────────┴────────────────┐
        ┌─────┴─────┐                    ┌──────┴─────┐
        │  需氧培养  │                    │  厌氧培养  │
        └─────┬─────┘                    └──────┬─────┘
              └────────────────┬────────────────┘
                ┌──────────────┴──────────────┐
                │  血培养仪报警,挑取培养物      │
                └──────────────┬──────────────┘
                        ┌──────┴──────┐
                        │  涂片、染色  │
                        └──────┬──────┘
        ┌───────────────┬──────┴───────────────┬──────────────┐
  ┌─────┴─────┐ ┌───────┴────────────────┐ ┌───┴──────┐
  │ 细菌种类  │ │ 转种平板 35℃培养 18~24h │ │ 直接药敏 │
  └─────┬─────┘ └────────┬───────────────┘ └───┬──────┘
  ┌─────┴─────┐          │                 ┌───┴──────┐
  │  一级报告  │          │                 │ 二级报告 │
  └───────────┘   ┌───────┴──────────────┐  └──────────┘
                  │ 仪器或手工细菌鉴定及药敏试验 │
                  └───────┬──────────────┘
                  ┌───────┴──────────┐
                  │ 三级报告(最终报告) │
                  └──────────────────┘
```

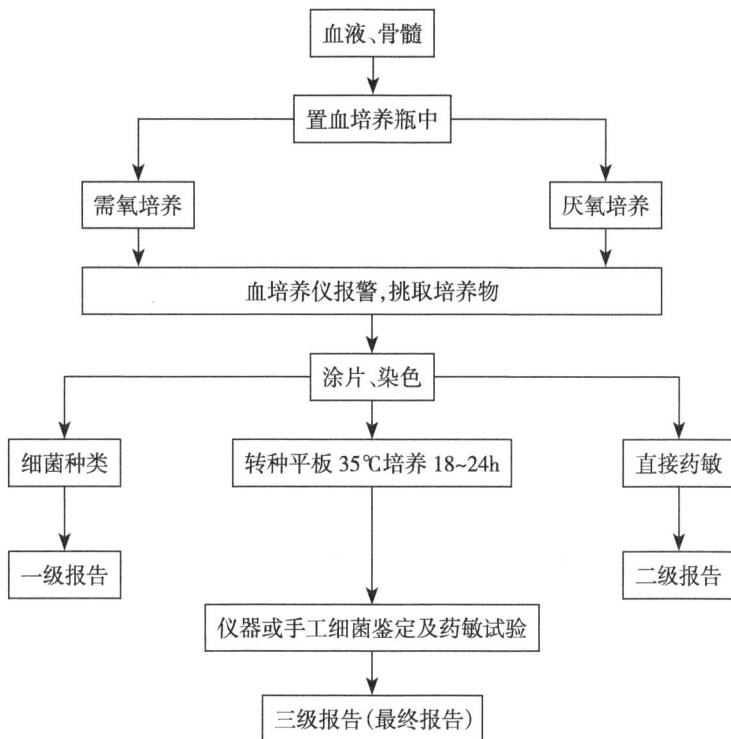

图 1-8-1　败血症病原学检查程序

常见的污染菌包括表皮葡萄球菌、类白喉棒状杆菌、枯草芽孢杆菌等,但这些细菌也常与临床感染有关。有调查表明,在正常进行皮肤消毒处理的情况下,血液培养瓶受上述细菌的污染率为 2%,而感染有关的约占 7%,因此如果能排除消毒不当,同一病人连续两次分离出同样的上述细菌,在临床上可能有意义。

为防止血培养时的皮肤寄生菌污染,使用消毒剂(碘伏或碘酊)对皮肤进行严格的消毒处理。应严格执行以下三步法:

(1) 70% 酒精擦拭静脉穿刺部位并等待 30 秒以上。

(2) 1%~2% 碘酊作用 30 秒或 1% 碘伏 1.5~2 分钟,从穿刺点向外画圈消毒,至消毒区域直径达 3cm 以上。

(3) 70% 酒精脱碘。对碘过敏的患者,用 70% 酒精消毒 60 秒,待酒精挥发干燥后采血。

2. 静脉穿刺和培养瓶接种程序

(1) 在穿刺前或穿刺期间,为防止静脉滑动,可戴乳胶手套固定静脉,但不可接触穿刺点。

(2) 用注射器无菌穿刺取血后,勿换针头(如果行第二次穿刺,应换针头)直接注入血培养瓶,或严格按厂商推荐的方法采血。采血注入厌氧培养瓶时,要注意勿将注射器内的空气注入瓶内,以免破坏瓶内的无氧状态。

(3) 血标本接种到培养瓶后,轻轻颠倒混匀以防血液凝固;但不可剧烈振荡,以防溶血。接种完毕的血培养瓶要立即送检,切勿冷藏。

3. 采血量　自动化血培养仪器要求成人采血量通常是 8~10ml/ 瓶,儿童 1~5ml/ 瓶;手工配制培养基要求血液和肉汤之比为 1∶5~1∶10,以稀释血液中的抗生素、抗体等抑菌物质。若稀释比例不合适(过高或过低)会直接影响血液培养阳性检出率。

4. 当样品有细菌生长时,用 70% 酒精消毒瓶口,颠倒混匀培养瓶数次,立即用无菌注射器抽取瓶内培养液约 0.2ml,直接涂片革兰染色,镜检;同时转种血琼脂平板、麦康凯平板和巧克力平板等,置 35℃、5% CO_2 培养箱培养。观察血培养转种平板上细菌生长情况,根据菌落特点、形态与染色及生化反应鉴定细菌,并进行药敏试验。

【有关事项】

1. 血培养适应证 菌血症的症状可分为一过性、间歇性及持续性。一过性菌血症发生在感染组织(脓肿、疖及蜂窝组织炎)的手术、拔牙、膀胱镜检查、尿道扩张手术及插导尿管、人工流产、直肠镜检查或发生于污染部位的外科手术。许多全身性或局部性感染的初期亦会发生菌血症,例如脑膜炎、肺炎、化脓性关节炎和骨髓炎等;间歇性菌血症常发生于腹内化脓以及骨盆、肾周围、肝脏、前列腺等处的脓肿,间歇性菌血症常造成不明原因的发热;持续性菌血症为急性或亚急性细菌性心内膜炎及血管内感染的主要特征,持续性菌血症易发生于伤寒及布氏病的最初几周,然而这些疾病并不常见,而感染性心内膜炎和静脉导管污染时,较常造成持续性菌血症。上述 3 种菌血症均需进行血液培养。

2. 采血时间 什么时候采集血液进行培养是最佳时机?首先要了解菌血症的发生情况,菌血症最主要的来源部位为泌尿生殖道、呼吸道、脓肿、手术伤口、胆管、导管和其他部位。若不清楚哪种类型菌血症,可根据下述标准进行血液培养:①发热(高于 38℃);②体温过低(低于 36℃);③白细胞过多(白细胞数目大于 $10.0×10^9/L$),并有核左移现象;④中性粒细胞过少(小于 $1.0×10^9/L$)。上述 4 项中一项或同时发生时应进行血液培养。对间歇性寒战或发热应在寒战或体温高峰到来之前 0.5~1 小时采集血液,于寒战或发热 1 小时内进行,且采血培养应该尽量在使用抗菌药物之前进行。

3. 采血部位 通常采血部位为肘静脉;疑似细菌性心内膜炎时,以肘动脉或股动脉采血为宜;对疑为细菌性骨髓炎或伤寒病人,在病灶或者髂前(后)上棘处严格消毒后抽取骨髓 1ml作增菌培养。

4. 血液培养次数 研究表明,仅抽血液培养 1 次的分离率约为 80%,培养 2 次的分离率约为 90%,而培养 3 次的分离率约为 99%,因此需采集血液 2~3 次做血培养(一次静脉采血注入多个培养瓶中应视为单份血培养)。仅抽血培养 1 次,除了分离率低外,且使临床微生物工作者和医生很难判断培养阳性的细菌是否与感染有关,如果抽血培养 2 次或 3 次生长同种细菌,可判定为感染菌,若为不同种细菌,则污染的可能性大。

对全身性或局部性感染的菌血症患者,血液培养次数建议如下:①对怀疑患有脑膜炎、骨髓炎、关节炎、急性化脓性炎症及急性肺炎者,开始用药前先进行 2 次血液培养;②对不明原因的发热(如:脓肿、伤寒或布鲁菌病)则先进行 2 次血液培养,24 小时后,在预计病人体温上升(通常在下午)时刻,再进行 2 次血液培养;③对急性细菌性心内膜炎患者,治疗前先进行 3 次血液培养(1~2 小时内操作完毕),若为亚急性患者,则第一天每隔 15 分钟左右收集血液,共进行 3 次血液培养,若无细菌生长,第二天再进行 3 次血液培养;④若两周内接受抗菌药物治疗的患者,连续 3d,每天采集 2 份血液进行培养,可选用能中和或吸附抗菌药物的培养基。

5. 血液培养瓶的选择 用于血液培养的培养基都必须添加 SPS(聚茴香脑磺酸钠),浓度应为 0.25~0.5g/L。SPS 既是一种抗凝剂又可抑制血清中杀菌物质、吞噬细胞、灭活补体、中和溶菌酶及氨基糖苷类抗生素对细菌的作用。但 SPS 本身有可能抑制个别细菌的生长,如脑膜炎、淋病奈瑟菌。血液培养瓶种类很多:①一般而言,分离需氧菌可选择 TSB、布氏菌肉汤、释放真空的哥伦比亚肉汤、脑心浸液肉汤中的一种;②分离厌氧菌可选厌氧培养基和不释放真空的哥伦比亚肉汤中的一种;③分离真菌最好选择真菌培养基。由于没有一种培养瓶同时适用于需氧菌和厌氧菌,因此应该使用两种目的不同的血液培养瓶。

6. 导管相关性血流感染(CRBSI)的血液培养　CRBSI 是血流感染最常见的原因,死亡率高达 12%~35%。由于局部无感染迹象,而且常常是皮肤正常菌及假菌血症常见的细菌,所以临床很难确诊。常用的 CRBSI 的诊断方法有两种:

(1) 在不拔导管的情况下判断:经外周静脉穿刺采集 2 套血培养,从导管中心或静脉留置口隔膜采血 1 套,二者的采血时间应该接近,建议间隔时间≤5 分钟。对培养结果的判定:①若两套阳性血培养是同一菌,又没有任何其他部位感染的证据,提示为 CRBSI;②若两套阳性血培养是同一菌,从导管采血血培养报阳性的时间比上一套≥120 分钟,若没有任何其他部位感染的证据,提示为 CRSBI;③若两套血培养是阴性,只有导管采血的血培养是阳性,不能定为 CRSBI,提示可能是导管的定植或采血过程中污染所致;④若只有导管血的血培养是阳性,但分离菌为金葡菌或念珠菌,且没有任何其他部位感染的证据,提示高度可疑 CRSBI。见表 1-8-1。

表 1-8-1　导管相关性血流感染的诊断(一)

	静脉血			导管血		其他部位感染特征	CRBSI
	A 套	B 套	同一菌	C 套	导管血时间早于静脉血		
1a	+	+	是	+	≥120 分钟	无	是
1b	+	+	是	+	≤120 分钟	无	可能是
2	−	−		+			定植菌污染菌
3	−	−	金葡菌、念珠菌				可能是,加 Maki 法证明或重做

(2) 拔管的情况下判断:用静脉采血法采集 2 套外周血作血培养,用 Maki 法半定量(将约 5cm 的导管尖端在血琼脂平板上滚动一周,并将导管放在血琼脂平板上,35℃培养 24 小时,计数菌落数,若菌落计数≥15cfu 有意义)对导管尖端进行培养。对培养结果的判定:①若有≥1 套的血培养及导管尖端培养是阳性,并为同一种菌,提示可能是 CRBSI;②若有≥1 套血培养是阳性,导管尖端的培养是阴性,但分离菌株是金葡菌或念珠菌,并且没有任何其他区部位感染的证据,提示可能为 CRBSI;③若 2 套血培养均为阴性,但导管尖端培养为阳性,提示可能是导管上的定植菌,不支持 CRBSI;④若所有的血培养和导管尖端的培养均为阴性,不太可能是 CRSBI。具体判定见表 1-8-2。

表 1-8-2　导管相关性血流感染的诊断(二)

血培养	导管 Maki 法		CRSBI	注解
	培养	菌落数		
1 或 2 套阳性	+	≥15	是	
1 或 2 套阳性	−		否	金葡菌、念珠菌时不能否认
2 套阴性	+	不论多少	否	导管定植菌
2 套阴性	−		否	

三、血培养阳性时,如何判定污染和感染(讨论)

1. 常见污染菌:芽孢杆菌、微球菌、痤疮丙酸杆菌通常是污染菌。

2. 凝固酶阴性葡萄球菌需要进行鉴别。

四、细菌分离培养(操作)

【实验器材】

1. 接种环一支。

2. 无菌血平板、巧克力平板各一个。

3. 酒精灯(或煤气灯)一个。

4. 无菌注射器一个。

5. 70% 无菌酒精。

6. 无菌棉签。

7. 锐器盒一个。

【实验标本】

选用临床微生物实验室已经过灭菌处理的、细菌培养阳性的血培养瓶一个,作为课堂试验用标本。

【实验操作】

1. 无菌棉签蘸取 70% 酒精消毒血培养瓶的胶皮塞,用无菌注射器抽取阳性血培养液中的液体 0.2ml 左右,滴加在血平板上。

2. 点燃酒精灯(或煤气灯),用其火焰的外焰对接种环进行灭菌,如图 1-8-2 所示。

3. 半打开血平板上盖,将取好的液体置于血平板的原始部位,并用接种环进行分区划线,如图 1-8-3 所示。

4. 盖好血平板上盖。

5. 再次对接种环进行灭菌处理后,将其放回原处。

6. 将以上接种完毕的血平板置孵育箱中进行孵育培养,并按规定时间观察细菌生长情况。

【注意事项】

1. 应注意避免被注射器误伤。用过的注射器及注射器帽要直接放入锐器盒中,不要回盖注射器帽。

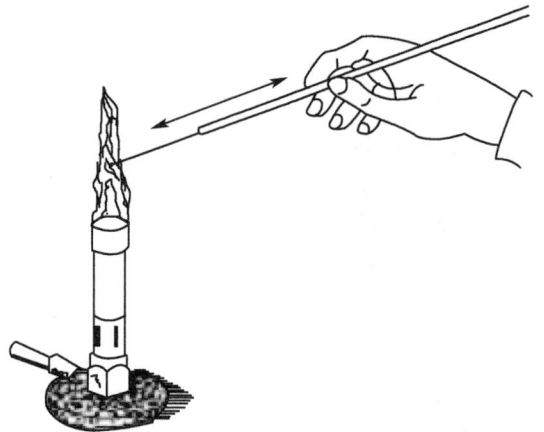

图 1-8-2　接种环灭菌示意图

2. 接种环灭菌时要先在酒精灯或煤气灯的内焰烤干,再移至外焰,以免细菌迸溅。

五、菌落形态及菌体形态观察(示教)

1. 菌落形态　选择临床典型的金黄色葡萄球菌、大肠埃希菌、铜绿假单胞菌菌落观察菌落形态(结合图 4-8-11~4-8-18 进行观察)。

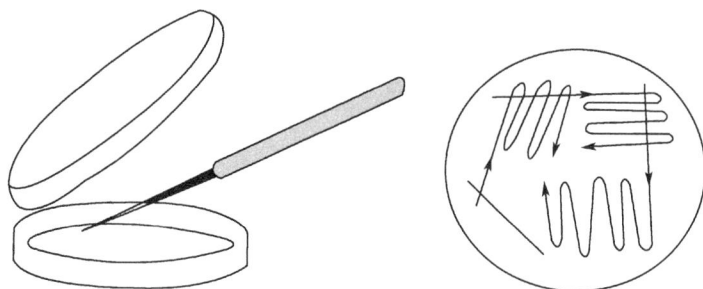

图 1-8-3　分区划线示意图

2. 药敏结果　选择临床金黄色葡萄球菌的纸片扩散法药敏试验结果,测量抑菌圈直径,按照 CLSI 最新标准判读结果;特殊耐药菌药敏结果结合图 4-8-1 和图 4-8-2 进行观察。

3. 菌体形态　选择金黄色葡萄球菌和大肠埃希菌进行革兰染色,在显微镜下选取典型形态进行示教(结合图 4-8-3~4-8-7 和图 4-8-24 进行观察);选择抗酸杆菌进行抗酸染色,在显微镜下选取典型形态进行示教(结合图 4-8-8 进行观察);念珠菌革兰染色示教,结合图 4-8-9 进行观察;隐球菌墨汁染色结果结合图 4-8-10 进行观察。

六、阳性报告分析(讨论)

选择血培养分离的耐甲氧西林金黄色葡萄球菌(MRSA)药敏结果进行讨论。

(褚云卓　尚红)

第二部分 练 习 内 容

第一章 实验室一般检查与红细胞
疾病实验诊断

一、病案与分析

2-1-1

【简要病史】 李×,男,42岁,司机。因乏力、食欲缺乏、反复排酱油色尿半年余就诊。偶有恶心、心悸和腰痛,常于晨起时或睡醒后排酱油色或浓茶色尿。不伴发热及腹痛,无尿急、尿频、尿痛及排尿困难,大便正常。既往健康,否认肝炎、结核病史,无家族遗传性疾病史。

【体格检查】 T 36.7℃,P 88次/分,R 18次/分,BP 120/80mmHg。一般状况尚可,贫血貌,皮肤轻度黄染,巩膜黄染、睑结膜苍白,皮肤黏膜未见瘀点、瘀斑、胸骨无压痛。心率88次/分,心律规整、无异常杂音;两肺呼吸音清;腹软,肝肋下1cm,无触痛,脾肋下未触及;四肢及神经系统检查正常。

【实验室检查】

1. 血液一般检查:RBC 3.18×10^{12}/L,Hb 93g/L,Hct 0.29;

   MCV 91fl,MCH 29pg,MCHC 320g/L;

   WBC 4.5×10^9/L,Sg 0.52,St 0.03,E 0.02,L 0.38,M 0.05;PLT 80×10^9/L。

2. 临床化学检查:ALT 34U/L、AST 32U/L、ALP 56U/L;

   TP 75g/L,ALB 46g/L,GLB 29g/L;

   STB 68μmol/L,CB 5μmol/L。

3. 尿液检查:呈酱油色,尿胆红素定性(−),尿胆原(+++);

   其他正常。

【思考题】

1. 根据以上资料,初步考虑该患者为何种疾病? 为什么?

2. 为了明确诊断及做必要的鉴别诊断,还应该做哪些检查?

3. 根据进一步的检查结果,分析该患者的诊断是什么?

2-1-2

【简要病史】 李×,女,32岁,干部。因乏力、头晕1个月,活动后气短、眼睛发黄伴发热1周就诊。食欲差、恶心,未吐,无腹痛、腹泻,大小便正常。既往健康,否认肝炎、结核病史,否认家族遗传性疾病史。

【体格检查】 T 37.8℃,P 92 次 / 分,R 22 次 / 分,Bp 110/60mmHg。贫血貌,巩膜黄染,睑结膜苍白,皮肤黏膜轻度黄染,未见瘀点、瘀斑,胸骨无压痛。心率 92 次 / 分,心律规整;双肺未闻异常。腹软,肝肋下未触及,脾大肋下 2cm,全腹无压痛。

【实验室检查】

血液一般检查:RBC 3.2×10¹²/L,Hb 88g/L,Hct 0.27;

MCV 84fl,MCH 27.5pg,MCHC 326g/L;

WBC 6.8×10⁹/L,S 0.65,St 0.02,E 0.02,L 0.28,M 0.03;PLT 120×10⁹/L。

临床化学检查:ALT 29U/L、AST 24U/L、ALP 48U/L;

TP 68g/L,ALB 44g/L,GLB 24g/L;

STB 85μmol/L,CB 8μmol/L。

尿液检查:尿胆红素(−),尿胆原(+++)。

【思考题】

1. 结合临床及实验检查,初步考虑该患者为何种疾病?为什么?

2. 为了进一步明确诊断,还应该做哪些检查?

3. 如果该患者的最后诊断是自身免疫性溶血性贫血,这些检查的可能结果是什么?

4. 本例的诊断是什么?

2-1-3

【简要病史】 王×,男,32岁,工人。乏力、头晕一年,近一个月来症状加重,伴活动后气短、齿龈出血就诊。平日无偏食及挑食习惯。既往健康。

职业接触史:在个体工厂中从事沙发手工制作工作近十年,主要负责用大力胶(一种含苯的化学粘贴剂)对沙发的有关部分进行粘贴。

【体格检查】 T 36.8℃,P 98 次 / 分,R 20 次 / 分,Bp 110/70mmHg。一般状况较差,神志清。贫血貌,睑结膜苍白,皮肤、巩膜无黄染,周身皮肤有散在的出血点,胸骨无压痛,全身浅表淋巴结无肿大。心肺无异常所见。腹软,肝、脾肋下未触及,全腹无压痛。四肢及神经系统检查无异常。

【实验室检查】

1. 血液一般检查:RBC 2.8×10¹²/L,Hb 80g/L,Hct 0.25;

MCV 89fl,MCH 28.6pg,MCHC 320g/L;

Ret 0.4%;

WBC 3.0×10⁹/L,Sg 0.48,St 0.02,L 0.50;

PLT 20×10⁹/L。

2. 血涂片显微镜检查   视野中血细胞明显减少,血小板少见,所见到的血细胞形态大致正常。

3. 骨髓细胞学检查

(1) 骨髓增生减低。

(2) 粒红比值正常。

(3) 粒系造血细胞减少,原粒以下各期细胞以杆状核、分叶核粒细胞为主。

(4) 红系造血细胞减少,成熟红细胞形态正常。

(5) 全片未见到巨核细胞,血小板少见。

(6) 淋巴细胞明显增多,占有核细胞的 55%。

(7) 粒系细胞、红系细胞、巨核系细胞均未见病态造血。

(8) 可见非造血细胞团。

(9) 肥大细胞、浆细胞和网状细胞易见。

4. 骨髓活检　造血组织均匀减少,脂肪组织增加。

5. 临床化学检查　肝、肾功能、血糖及电解质检查均正常。

6. 尿液检查　无异常。

【思考题】

1. 初步考虑该患者的临床诊断是什么？诊断依据是什么？

2. 应与哪些疾病做鉴别诊断？

3. 根据临床及实验室资料,该患者的最后诊断是什么？

二、选择题

2-1-4. 下列与缺铁性贫血不相符的是

    A. 小细胞低色素性贫血　　　　　　　B. MCV、MCH、MCHC 皆降低

    C. RDW 降低　　　　　　　　　　　　D. 缺铁是主要病因

    E. 网织红细胞计数正常

2-1-5. 下列不符合溶血性贫血的是

    A. 总胆红素升高　　　　　　　　　　B. MCV、MCH、MCHC 皆正常

    C. 非结合胆红素明显升高　　　　　　D. 血清结合珠蛋白升高

    E. 尿胆原明显升高

2-1-6. 有助于诊断血管内溶血的是

    A. 血浆游离血红蛋白明显升高　　　　B. 红细胞渗透脆性升高

    C. 网织红细胞增高　　　　　　　　　D. 胎儿血红蛋白增高

    E. 尿胆原明显升高

2-1-7. Rous 试验阳性主要提示

    A. 慢性血管外溶血　　B. 慢性血管内溶血　　C. 红细胞酶缺陷

    D. 急性溶血性贫血　　E. 血红蛋白病

2-1-8. 遗传性球形细胞增多症贫血见于下列哪种原因

    A. 骨髓造血功能障碍　　B. 铁缺乏　　　　　　C. 叶酸缺乏

    D. 红细胞内在缺陷　　　E. 红细胞以外的因素

2-1-9. 常作为铅中毒诊断的筛选指标

    A. 嗜碱性点彩红细胞　　　　　　　　B. 染色质小体

    C. 有核红细胞　　　　　　　　　　　D. 泪滴红细胞

    E. 靶形红细胞

2-1-10. 自身免疫性溶血性贫血见于下列哪一种原因

    A. 骨髓造血功能障碍　　　　　　　　B. 铁缺乏

    C. 叶酸缺乏　　　　　　　　　　　　D. 红细胞内在缺陷

    E. 红细胞以外因素

2-1-11. 海洋性贫血的红细胞形态异常为

    A. 嗜碱点彩 RBC　　　B. 靶形 RBC　　　　　C. 缗钱状改变

　　　　D. 镰形 RBC　　　　　　　　E. 球形 RBC

2-1-12. 下列哪项组合是正确的

　　　　A. 红细胞大小不等中心淡染——地中海贫血

　　　　B. 红细胞呈靶形——缺铁性贫血

　　　　C. 红细胞排列呈缗钱状——溶血性贫血

　　　　D. 红细胞呈盔形、三角形及碎片——DIC

　　　　E. 红细胞呈小球形——椭圆形红细胞增多症

2-1-13. 巨幼细胞性贫血的病因是

　　　　A. 铁缺乏

　　　　B. 红细胞内在缺陷

　　　　C. 红细胞以外因素

　　　　D. 骨髓造血功能障碍

　　　　E. 叶酸或 / 和 $VitB_{12}$ 缺乏或利用障碍

2-1-14. 哪项试验阳性是阵发性睡眠性血红蛋白尿症的诊断依据

　　　　A. Ham 试验　　　　　　　　B. 蔗糖水溶血试验

　　　　C. Coombs 试验　　　　　　　D. 红细胞渗透脆性试验

　　　　E. 冷溶血试验

2-1-15. 哪种情况外周血不能出现有核红细胞

　　　　A. 急性溶血性贫血　　　B. 红白血病　　　　　　C. 再生障碍性贫血

　　　　D. 髓外造血　　　　　　E. 骨髓转移癌

2-1-16. 以下哪项可作为贫血治疗疗效判定的指标

　　　　A. 白细胞　　　　　　　B. 网织红细胞　　　　　C. 血小板

　　　　D. 单核细胞　　　　　　E. 淋巴细胞

2-1-17. 缺铁性贫血的原因是

　　　　A. 骨髓造血功能障碍　　B. 叶酸缺乏　　　　　　C. RBC 内在缺陷

　　　　D. RBC 以外因素　　　　E. 铁缺乏或利用障碍

2-1-18. 下列哪一项可认为有贫血

　　　　A. 男性 HB<135g/L, 女性 HB<120g/L

　　　　B. 成年男性 HB<135g/L, 成年女性 HB<120g/L

　　　　C. 男性 HB<130g/dL, 女性 HB<115g/dL

　　　　D. 男性 HB<135g/dL, 女性 HB<115g/dL

　　　　E. 成年男性 HB<130g/L, 成年女性 HB<115g/L

2-1-19. 红细胞平均生存时间是

　　　　A. 90 天　　　B. 100 天　　　C. 130 天　　　D. 120 天　　　E. 125 天

2-1-20. 多发性骨髓瘤时常见哪种红细胞形态异常

　　　　A. 靶形 RBC　　　　　　　B. 镰形 RBC　　　　　　C. RBC 缗钱状形成

　　　　D. 球形 RBC　　　　　　　E. 嗜碱点彩 RBC

2-1-21. 网织红细胞增多不能见于

　　　　A. 急性溶血性贫血　　　B. 缺铁性贫血　　　　　C. 巨幼细胞性贫血

　　　　D. 再生障碍性贫血　　　E. 急性出血

2-1-22. 诊断缺铁性贫血最好的指标为

　　A. 血清铁　　　　　　　　B. 血清铁蛋白　　　　　　　C. 血清总铁结合力

　　D. 血清转铁蛋白　　　　　E. 转铁蛋白饱和度

2-1-23. 关于网织红细胞,正确的是

　　A. 胞浆中残存脱氧核糖核酸等嗜碱性物质

　　B. 胞浆中残存核糖核酸等嗜酸性物质

　　C. 胞浆中残存核糖体、核糖核酸等嗜碱性物质

　　D. 胞浆中残存脱氧核糖核酸等嗜酸性物质

　　E. 不能直接反映骨髓红细胞生成能力

2-1-24. 骨髓纤维化最多见的是哪种红细胞

　　A. 棘形红细胞　　　　　　B. 镰形红细胞　　　　　　　C. 泪滴形红细胞

　　D. 新月形红细胞　　　　　E. 口形红细胞

2-1-25. 病理性贫血不包括

　　A. 缺铁性贫血　　　　　　B. 再生障碍性贫血　　　　　C. 自身免疫性溶血性贫血

　　D. 妊娠中、后期贫血　　　E. 巨幼细胞贫血

2-1-26. 患者,女性,Hb 65g/L,MCV 110fl,MCH 35pg,该患者属于下列哪一种贫血

　　A. 再生障碍性贫血　　　　B. 肾性贫血　　　　　　　　C. 巨幼细胞贫血

　　D. 溶血性贫血　　　　　　E. 缺铁性贫血

2-1-27. 对于溶血性贫血,下列哪项是不正确的

　　A. 网织红细胞明显增高　　　　　　　B. 间接胆红素及尿胆原增加

　　C. 游离血红蛋白增多　　　　　　　　D. 血浆结合珠蛋白降低

　　E. 骨髓幼红细胞减少

2-1-28. 巨幼细胞贫血时,血液血红蛋白测定和红细胞计数变化如下

　　A. 血红蛋白↓,红细胞计数↓　　　　B. 血红蛋白↓↓,红细胞计数↓

　　C. 血红蛋白↓,红细胞计数↓↓　　　　D. 血红蛋白↓↓,红细胞计数↓↓

　　E. 血红蛋白↑,红细胞计数↓

　　(↓减低,↓↓明显减低)

2-1-29. 不属于血红蛋白继发性增多的疾病是

　　A. 慢性肺源性心脏病　　　　　　　　B. 肺源性心脏病

　　C. 真性红细胞增多症　　　　　　　　D. 某些肿瘤患者

　　E. 发绀型先天性心脏病

2-1-30. 卡波环现认为可能是

　　A. 细胞膜病理改变　　　　　　　　　B. 纺锤体残余物或脂蛋白变性

　　C. 色素沉着　　　　　　　　　　　　D. 血红蛋白聚集

　　E. 胞质发育异常

三、名词解释

2-1-31. 贫血(Anemia)。

2-1-32. 红细胞平均值参数(Even Peremid)。

2-1-33. 网织红细胞(reticulocyte,RC)。

四、简答题

2-1-34. 直接 Coombs test 及其临床意义。

2-1-35. 试述 Ham 试验及 CD55、CD59 阴性红细胞、中性粒细胞检测的临床意义。

附:习题答案

一、病案与分析

2-1-1

【病案分析】

1. 本病例的初步诊断考虑为:溶血性贫血。根据如下:

(1) 病史及临床症状:乏力,食欲缺乏,偶有恶心、心悸和腰痛,反复排酱油色或浓茶色尿半年余(提示有贫血和血红蛋白尿),且多在晨起时或睡醒后出现(注意 PNH);无发热,无腹痛和腹泻(注意有无腹腔静脉血栓形成),无尿频、尿急、排尿困难和排尿痛等症状,提示非泌尿系统疾病。

(2) 体征:巩膜及皮肤轻度黄染(提示黄疸),睑结膜苍白(提示贫血),皮肤黏膜未见瘀点、瘀斑(未见出血体征),胸骨无压痛(无急性白血病体征)。肝肋下 1cm,无触痛(注意肝脏和血液疾患)。

(3) 实验室检查

1) RBC $3.18×10^{12}$/L,Hb 93g/L,Hct 0.29,均降低,有轻度贫血;MCV 91fl,MCH 29pg,MCHC 320g/L,均在正常范围,提示该贫血为正细胞性贫血。PLT $80×10^9$/L,有血小板减少(PNH 常伴有血小板减少)。

2) ALT 34U/L、AST 32U/L,TP 75g/L,ALB 46g/L,GLB 29g/L,均正常。提示无肝细胞损伤;ALP(56U/L)也正常,提示无胆汁淤积。以上均提示该患者肝脏功能正常,其黄疸为非肝细胞性黄疸和非胆汁淤积性黄疸。

3) STB 68μmol/L,CB 5μmol/L,都有增高,为显性黄疸;其增高是以非结合胆红素增高为主,CB/STB=0.07<0.2 提示为溶血性黄疸,血清胆红素增高是由溶血引起。

4) 尿液胆红素(−)、尿胆原(+++)也支持该患者的黄疸是溶血性黄疸,尿呈酱油色,为血红蛋白尿,提示血管内溶血。

以上均符合血管内溶血性贫血。

2. 为了进一步明确诊断,还应做下列检查:

(1) 网织红细胞计数、红细胞形态观察、溶血的筛选实验(包括 Rous 试验、Ham 试验、Coombs 试验),可以帮助诊断溶血的病因。

(2) 如 Ham 试验阴性,用流式细胞仪检测 CD55 和 CD59 阴性的红细胞和中性粒细胞,此为目前诊断 PNH 较直接和敏感的方法。

(3) 骨髓细胞学检查,除外再生障碍性贫血(本病与再生障碍性贫血关系密切,可以互相转化)。

3. 本例进一步的检查结果为:

(1) Ret 3.5%(溶血性贫血时升高);血涂片未见异型红细胞。

（2）Rous 试验（+）（其阳性主要见于慢性血管内溶血 -PNH）。

（3）Ham 试验（+）（其阳性主要见于 PNH）。

（4）Coombs 试验（-）（其阳性主要见于自身免疫性溶血性贫血、SLE、新生儿溶血病等）。

（5）血浆游离血红蛋白 70mg/L（血管内溶血时明显增高，正常 <40mg/L）。

（7）结合珠蛋白 0mg/L（由于溶血，结合珠蛋白被大量消耗，其参考值为 500~1500mg/L）。

以上进一步检查的结果与前面的检查结果相一致，明确提示本例为溶血性贫血，阵发性睡眠性血红蛋白尿症（PNH）。

【最后诊断】　根据病史、临床体征及实验室检查结果，该患者的最后诊断为：阵发性睡眠性血红蛋白尿症（PNH）。

2-1-2

【病案分析】

1. 结合临床及实验检查，初步诊断考虑为：溶血性贫血。根据如下：

（1）有贫血的临床症状和黄疸表现：乏力、头晕、活动后气短（提示贫血）、发热、眼睛发黄（提示有黄疸，溶血？ ）。

（2）临床体征：巩膜、皮肤黄染、脾大（提示黄疸），睑结膜苍白（提示贫血），皮肤黏膜未见瘀点、瘀斑（未见出血体征），胸骨无压痛（无急性白血病体征）。双肺呼吸音清及全腹软、无压痛（提示无呼吸道和腹部阳性体征）。

（3）实验室检查：

1）RBC $3.2×10^{12}$/L、Hb 88g/L、Hct 0.27，提示有中度贫血，MCV 84fl、MCH 27.5pg、MCHC 326g/L，提示其贫血为正细胞性贫血（急性溶血性贫血为正细胞性贫血）。

2）WBC 和 PLT 检查都正常，不支持再障及白血病性贫血。

3）ALT、AST 和 TP、ALB、GLB 均正常，提示肝脏功能正常，不支持肝细胞性黄疸；ALP 正常，提示无胆汁淤积，不支持阻塞性黄疸。

4）STB 85μmol/L、CB 8μmol/L，表明是以间接胆红素（非结合胆红素）升高为主，尿液检查胆红素（-）、尿胆原（+++），支持溶血性黄疸。

2. 为了进一步明确诊断，还应做下列检查：

（1）血细胞形态、网织红细胞计数、Rous 实验、Ham 试验、Coombs 试验等溶血实验，可以帮助进一步判断贫血和溶血的原因和性质。

（2）骨髓穿刺及细胞学检查。

3. 如果该患者的最后诊断是自身免疫性溶血性贫血，可能的检查结果为：

（1）外周血可见有核红细胞和 Howell-Jolly 小体（染色质小体），网织红细胞计数和血浆游离血红蛋白明显增高，结合珠蛋白明显减少，骨髓有核细胞增生活跃，红系增生旺盛。均支持急性溶血性贫血。

（2）Rous 试验（-），Ham 试验（-），除外 PNH。

（3）直接 Coombs 试验（+），支持自身免疫性溶血性贫血。

【最后诊断】　根据病史、临床症状与体征及所有实验检查结果，本例目前的诊断考虑是：自身免疫性溶血性贫血；待【病案分析】2. 所述的各项检查结果出来后，方可作出最后诊断。

2-1-3

【病案分析】

1. 初步考虑该患者的诊断为：慢性再生障碍性贫血。诊断依据是：

(1) 有贫血的临床症状和体征:乏力、头晕、活动后气短;贫血貌,睑结膜苍白。

(2) 有出血的临床症状和体征:齿龈出血,周身皮肤有散在的出血点。

(3) 无急性白血病及溶血的体征:无胸骨压痛,全身浅表淋巴结及肝、脾无肿大;皮肤、巩膜无黄染;可初步排除急性白血病和溶血性贫血。

(4) 有长期(10年)接触苯类化学物质(大力胶)的职业接触史,苯类化学物质是导致再生障碍性贫血的最可能病因。

(5) 实验室检查:

1) 血液一般检查结果支持再生障碍性贫血:①外周血三系血细胞均减少(RBC 2.8×10^{12}/L,Hb 80g/L;WBC 3.0×10^9/L;PLT 20×10^9/L。为全血细胞减少),淋巴细胞比例增高,粒细胞减少(L 0.50,Sg 0.48,St 0.02)。②为正常细胞性贫血(MCV、MCH和MCHC均正常)。③网织红细胞计数减低(Ret0.4%)。④外周血涂片检查:视野中血细胞明显减少,血小板少见,血细胞形态大致正常。

2) 骨髓细胞学检查符合再生障碍性贫血:①骨髓增生减低;②粒红比值正常;③骨髓中三系造血细胞均减低(粒系、红系、巨核系造血细胞均减少,血细胞形态正常;巨核细胞全片见到巨核细胞2个,血小板散在可见);④淋巴细胞系明显增多,占55%;⑤非造血细胞增多(肥大细胞、浆细胞和网状细胞易见),可见非造血细胞团。

3) 肝肾功能检查均正常,可以排除肝、肾疾病引起的贫血。

以上病史、症状、体征及实验室检查结果,均符合慢性再生障碍性贫血。

2. 本例应与以下疾病做鉴别诊断:

(1) 阵发性睡眠性血红蛋白尿症(PNH)。

(2) 骨髓增生异常综合征。

(3) 低增生性白血病。

【最后诊断】 根据病史、临床症状、体征及所有实验检查,本例的最后诊断是:慢性再生障碍性贫血。

二、选择题答案

2-1-4. C;	2-1-5. D;	2-1-6. A;	2-1-7. B;	2-1-8. D;	2-1-9. A;
2-1-10. E;	2-1-11. B;	2-1-12. D;	2-1-13. E;	2-1-14. A;	2-1-15. C;
2-1-16. B;	2-1-17. E;	2-1-18. E;	2-1-19. D;	2-1-20. C;	2-1-21. D;
2-1-22. B;	2-1-23. C;	2-1-24. C;	2-1-25. D;	2-1-26. C;	2-1-27. E;
2-1-28. C;	2-1-29. C;	2-1-30. B。			

三、名词解释答案

2-1-31. 贫血(Anemia):是指外周血中单位容积血液内的血红蛋白浓度、红细胞计数和红细胞比容低于同性别、同年龄、同地区的参考区间下限。其中以血红蛋白最为重要。

2-1-32. 红细胞平均值参数(Even Peremid):是利用红细胞计数、血红蛋白浓度和红细胞比容三个数值,分别计算出的红细胞的三个平均值参数,即平均红细胞体积(MCV)、平均红细胞血红蛋白量(MCH)和平均红细胞血红蛋白浓度(MCHC),以协助贫血的形态学分类诊断(可将贫血分为正常细胞性贫血,大细胞性贫血,单纯小细胞性贫血和小细胞低色素性贫血)。

2-1-33. 网织红细胞(reticulocyte,RC):是尚未完全成熟的红细胞,是晚幼红细胞脱核后到完全成熟之间的过渡型细胞。胞质内还残存多少不一的核糖体、核糖核酸等嗜碱性物质。在煌焦油蓝或新亚甲蓝活体染色时,胞质中呈现蓝色颗粒或颗粒间的细丝网状结构。

四、简答题答案

2-1-34. 直接 Coombs test:又称直接抗人球蛋白试验,即抗人球蛋白血清与洗涤的待检红细胞相作用,出现红细胞凝集的现象。其原理为:抗人球蛋白血清中有抗人球蛋白抗体(是完全抗体),可与红细胞膜上存在的多个不完全抗体的 Fc 段结合,通过桥接作用而使红细胞出现凝集现象,称为抗人球蛋白试验阳性。直接抗人球蛋白试验阳性,说明病人红细胞表面上结合有不完全抗体。阳性主要见于自身免疫性溶血性贫血、新生儿同种免疫性溶血、SLE、类风湿性关节炎等。

2-1-35. Ham 试验:又称酸溶血试验,阵发性睡眠性血红蛋白尿症(PNH)患者的红细胞由于膜蛋白缺陷,对补体敏感性增高,在酸化的正常血清中,经 37℃孵育,易破坏溶血,其阳性主要见于 PNH;用流式细胞仪检测 CD55 阴性、CD59 阴性的红细胞和中性粒细胞,是目前诊断PNH 特异和敏感的方法,有助于发现常规方法不能确诊的不典型 PNH,由于能定量分析,可用于病情的判断和转归预测,该法优于以补体溶血为基础的实验方法。

(马　明　郭晓临)

第二章　实验室一般检查与白细胞疾病实验诊断

一、病案与分析

2-2-1

【简要病史】　王×,女,33岁,某显示器厂职工。于半年前开始出现头晕,疲倦,乏力,食欲减低,反复上呼吸道感染伴有低热,自行吃治疗感冒药物可改善症状。2个月前受凉后高热,就诊查血常规示 WBC $3.3×10^9$/L,诊断为病毒性上呼吸道感染,后多次复查 WBC 在 $(2.8~3.7)×10^9$/L 之间,此期间出现肢体酸软无力,失眠多梦,偶有心慌、胸闷。遂入院进一步检查治疗。

【体格检查】　T 36.7℃,R 16 次/min,P 78 次/min,BP 14.6/11kPa(110/75mmHg)。一般情况良好,营养中等,发育正常,神志清,精神尚可。全身皮肤黏膜无黄染,无皮下出血点及淤斑,浅表淋巴结未及异常肿大,头颅五官无畸形,眼睑无水肿,结膜无充血和苍白,角膜透明,双侧瞳孔等大等圆,对光以及调节反射灵敏。口唇无发绀,牙龈无出血,颊黏膜无溃疡,咽部无充血,扁桃体不肿大。甲状腺不大、双侧对称。胸廓对称无畸形,心肺无异常。腹平软,肝脾肋下未及,双下肢不肿,神经系统检查无异常。

【实验室检查】

1. 血液一般检查

仪器计数 RBC $4.4×10^{12}$/L,Hb 133g/L,HCT 43%;

WBC $3.3×10^9$/L,Neu 45%,Neu# $1.49×10^9$/L,LY 49%,LY# $1.62×10^9$/L;

PLT $152×10^9$/L。

血涂片检查:WBC 分类计数:Sg 41%,St 6%,L 47%,M 4%,E 1%,B 1%;

中性粒细胞胞浆内可见空泡、核变性,中性颗粒染色浅;

红细胞和血红蛋白无明显变化,血小板形态正常、无聚集。

2. 骨髓象检查　增生活跃,其中原始粒细胞3%,早幼粒细胞占6%,中幼粒细胞5%,各阶段粒细胞胞浆可见空泡、中毒颗粒、核固缩和核退化,胞浆内非特异性颗粒减少,部分细胞染色偏淡;淋巴系统相对增多、形态正常;红系正常;全片见到 13 个巨核细胞,血小板正常。

【思考题】

1. 结合临床表现和实验室检查,该患者的初步诊断是什么?
2. 本例的诊断依据是什么?
3. 病人已入院治疗,为明确诊断,还可做哪些检查?
4. 需要与哪些疾病进行鉴别诊断?

2-2-2

【简要病史】　李×,男,19岁,学生,因咽痛发热一周,进行性吞咽困难就诊。

【体格检查】　T 38.5℃,R 25 次/min,P 110 次/min,BP 16.0/10.6kPa(120/80mmHg)。发育

正常,精神不振;无贫血貌,双眼巩膜黄染。颈部、颌下、腋窝可触及多个 1~3cm 大小淋巴结,有压痛,可移动,其余浅表淋巴结未触及肿大。口唇红润,咽部充血,双侧扁桃体Ⅱ°肿大,有渗出。双肺呼吸音粗,未闻及干湿性啰音,心率 110 次/分,律齐,各瓣膜听诊未闻及杂音。肝脾可触及,肝肋下 2cm、剑下 3cm,质中偏硬,有压痛;脾肋下 3cm,质中。神经系统无阳性体征。

心电图、胸部 X 线检查未见异常,B 超显示肝脾肿大。

【实验室检查】

1. 血液一般检查(仪器分析) WBC $22.7×10^9$/L,Neu 26%,Neu# $5.9×10^9$/L,LY 66%,LY $15.0×10^9$/L,其中异常淋巴细胞占 50%。红系、血小板正常。

2. 肝功能检查 ALT 262U/L,AST 189U/L,TBIL 42.15μmol/L,DBIL 20.00μmol/L,IBIL 22.15μmol/L,TBA 50.9μmol/L。

3. 嗜异性凝集试验 (+),1∶448。

4. 病毒抗体检测 EB 病毒 IgM 抗体(+),1∶140;HAV 抗体、HBV 抗体、HCV 抗体、HEV 抗体均阴性。

5. 咽拭子培养 α-溶血性链球菌。

6. 血培养 阴性。

【思考题】

1. 初步诊断是什么?

2. 诊断依据是什么?请结合本病案进行分析。

3. 应与哪些疾病进行鉴别诊断?

2-2-3

【简要病史】 赵×,男,29 岁,无明显诱因反复齿龈肿胀、出血 1 个月,来我院口腔科就诊。患者自诉睡眠多梦易醒,四肢大关节疼痛,大小便正常。否认肝肾疾病和结核病史。无心血管疾病和糖尿病家族史。

【体格检查】 T 36.6℃,R 14 次/min,P 72 次/min,BP 14.1/9.7kPa(106/73mmHg)。发育正常,贫血貌,精神尚可。可见齿龈肿胀、出血,舌上有一 0.2cm×0.3cm 溃疡。皮肤无黄染,双上肢可见散在皮下出血点,左侧腋窝触及 0.6cm×0.6cm 淋巴结 1 个,可移动、无明显压痛。胸骨无压痛及叩击痛,双肺呼吸音清,未闻及干湿啰音。腹平软,肝脾肋下未及,双下肢无水肿,神经系统检查无异常。

B 超、X 线胸片检查未见异常病变。

【实验室检查】

1. 血液一般检查 RBC $2.6×10^{12}$/L,Hb 75g/L,HCT 0.22;WBC $52.0×10^9$/L;PLT $28×10^9$/L。

2. 血涂片检查 Sg 3%、St 5%、L 9%、M 20%、原始单核和幼稚样单核细胞占 63%。

3. 骨髓象检查 骨髓增生极度活跃。单核细胞显著增生,原始单核细胞 82%,幼稚单核细胞 13%,胞体较大,多形性、有伪足,细胞核染色质疏松、着色浅,胞质中可见空泡,偶见 1~2 根细长的 Auer's 小体;粒系、红系、巨核细胞系三系增生均受抑制,全片仅见 3 个巨核细胞;未见寄生虫及其他特殊异常细胞。

4. 肝功能检查 TP 65.26g/L、ALB 30.13g/L、ALT 63U/L、γ-GT 360U/L。

5. 细胞化学染色 POX、SBB 染色:阴性或弱阳性;PAS 染色:阳性,呈细颗粒状;AS-DNAE 染色阳性或强阳性;α-NAE、α-NBE 染色阳性,被氟化钠抑制。

【思考题】

1. 本例如何诊断? 说明诊断依据。
2. 为确定诊断还应做哪些检查?

二、选择题

2-2-4. 氯乙酸 AS-D 萘酚酯酶染色鉴别急性白血病类型的原理是

    A. 粒细胞各阶段细胞多呈阳性反应,此反应不被氟化钠抑制

    B. 单核细胞各阶段细胞多呈阳性反应,此反应不被氟化钠抑制

    C. 淋巴细胞呈弱阳性反应,此反应不被氟化钠抑制

    D. 粒细胞各阶段细胞多呈阳性反应,单核细胞为阴性反应

    E. 淋巴细胞呈阳性反应,此反应不被氟化钠抑制

2-2-5. 核左移时

    A. 中性分叶核粒细胞(Nsg)增多,大于 70%

    B. 中性分叶核粒细胞(Nsg)减少,小于 5%

    C. 中性杆状核粒细胞(Nst)减少,小于 5%

    D. 中性杆状核粒细胞(Nst)增多,大于 5%

    E. 早幼粒细胞增多,大于 5%

2-2-6. 下列哪一项不是化脓性扁桃体炎血液一般检查的典型改变

    A. 淋巴细胞增多　　　　B. 中性粒细胞增多　　　　C. 空泡变性

    D. 中毒颗粒　　　　　　E. 血红蛋白正常

2-2-7. 患传染性单核细胞增多症时,血涂片可见大量异常细胞,最可能是

    A. 单核细胞　　　　　　B. 异形淋巴细胞　　　　C. 幼稚单核细胞

    D. 幼稚粒细胞　　　　　E. 原始细胞

2-2-8. 类白血病反应,常出现

    A. WBC 明显增高,一般 $>50 \times 10^9/L$

    B. Ph 染色体阳性

    C. BCR-ABL1 融合基因检查阳性

    D. 血涂片中可见各阶段幼稚粒细胞

    E. 中性粒细胞中毒性改变不明显

2-2-9. 诊断急性传染性单核细胞增多症的依据不包括

    A. 咽痛,扁桃体大,颈部淋巴结肿大

    B. 外周血出现大量异形淋巴细胞

    C. 抗 EB 抗体阳性

    D. 嗜异性凝集试验阳性

    E. 骨髓中原始细胞明显增高

2-2-10. DIC 多见于哪种急性白血病

    A. 急性粒单细胞白血病　　　　　　B. 急性早幼粒细胞白血病

    C. 急性单核细胞白血病　　　　　　D. 急性红白血病

    E. B 原淋巴细胞白血病 / 淋巴瘤

2-2-11. 血涂片及骨髓中蓝状细胞多见的白血病是

    A. 慢性髓细胞白血病

    B. 慢性淋巴细胞白血病/小淋巴细胞淋巴瘤

    C. 急性早幼粒细胞白血病

    D. 急性粒单细胞白血病

    E. 急性单核细胞白血病

2-2-12. 急性髓细胞性白血病的免疫学分型中,髓系常见标志为

    A. CD61   B. CD19   C. MPO   D. CD3   E. CD71

2-2-13. 浆细胞淋巴瘤,常见以下特点,但不包括

    A. 红细胞缗钱状形成

    B. 骨髓出现"干抽"现象

    C. 可见骨髓瘤细胞

    D. 分泌大量单克隆免疫球蛋白(M- 蛋白)

    E. 血涂片白细胞分类时常可见淋巴细胞百分率相对增加

2-2-14. 下列哪种形态特点不是中性粒细胞的毒性变化

    A. 巨多分叶核   B. 空泡形成   C. 中毒颗粒

    D. 核固缩   E. 核碎裂

2-2-15. 骨髓增生异常综合征

    A. 骨髓中原始细胞可达 20%   B. 外周血涂片有明显的中毒颗粒

    C. 髓外造血明显   D. 最常见的是 JAK2 V617F 突变

    E. 一系或多系血细胞病态造血

2-2-16. 下列哪项不是慢性髓细胞白血病的典型改变

    A. 可见类戈谢细胞和类海蓝组织细胞

    B. 出现 ph 染色体异常

    C. 血涂片以中幼粒细胞各阶段细胞增生为主

    D. 中性粒细胞碱性磷酸酶(NAP)染色阳性率减低

    E. 外周血 WBC 为 $5.0 \times 10^9/L$

2-2-17. 下列哪项组合是正确的

    A. 前体淋巴细胞肿瘤——可见 Auer 小体

    B. 急性早幼粒细胞白血病——t(15：17)

    C. 成熟型急性髓细胞白血病——NAP 活性增高

    D. 成熟淋巴细胞肿瘤——以幼稚淋巴细胞为主

    E. 骨髓增殖性肿瘤——好发于儿童

2-2-18. 下列哪种疾病是典型的 JAK2 基因突变相关的 MPN

    A. 骨髓异常增生综合征   B. 真性红细胞增多症

    C. 浆细胞骨髓瘤   D. 传染性单核细胞增多症

    E. 慢性髓细胞性白血病

2-2-19. 患者女,42 岁,近 3 月不明原因消瘦,全身多处淋巴结肿大,肝脾大,血常规结果 RBC $3.0 \times 10^{12}/L$,Hb 92g/L,HCT 0.28;WBC $8.0 \times 10^9/L$,Neu% 为 35%,LY% 为 62%;PLT $88 \times 10^9/L$,血沉 40mm/h。骨髓涂片可见 RS 细胞,首先考虑何种疾病

    A. 脾亢   B. 肝癌

　　C. 传染性单核细胞增多症 　　　　D. 恶性淋巴瘤

　　E. 前体淋巴细胞肿瘤

　　2-2-20. 患者男,33 岁,齿龈增生,高热,外周血三系均减少,可见原始细胞。骨髓增生极度活跃,原粒细胞显著增多,占 40%,原单核和幼单核细胞占 35%,异常嗜酸性粒细胞为 15%,MPO(+),非特异性酯酶强阳性,免疫表型 CD14、CD13、CD15、CD33 和 CD34 阳性,融合基因 CBFB-MYH11L 阳性,最可能的是何种疾病

　　A. 骨髓异常增生综合征

　　B. 嗜酸性粒细胞增多症

　　C. 急性髓系白血病伴 t(16;16)(p13.1;q22)

　　D. 恶性淋巴瘤

　　E. 前体淋巴细胞肿瘤

　　2-2-21. 患者女,20 岁,发热,牙龈出血,外周血三系减低,肝脾肿大。对初步诊断意义不大的检查是

　　A. 血涂片检查 　　　　　　　　 B. 骨髓细胞形态学检查

　　C. 骨髓细胞免疫分型 　　　　　　D. 骨髓细胞化学染色

　　E. 肝功能检查

　　2-2-22. 患者男,6 岁,急性起病,高热,贫血,皮肤大片淤斑,颈部淋巴结明显肿大,无压痛,胸骨压痛阳性,肝脾可触及,外周血中 WBC $110×10^9$/L,Hb 70g/L,涂片可见原始细胞,骨髓中原始淋巴细胞 75%,蓝细胞阳性,初步诊断为前体淋巴细胞肿瘤,为进一步明确其来源于 T 系还是 B 系,首先考虑做以下哪种检查

　　A. 染色体核型分析 　　　　　　　B. 细胞化学染色

　　C. 融合基因 　　　　　　　　　　D. 免疫表型分析

　　E. 骨髓活检

　　2-2-23. 患者女性,62 岁,乏力,食欲缺乏 3 月,体检:脾肋下 3.0cm,RBC $4.30×10^{12}$/L,WBC $8.0×10^9$/L,Hb 82g/L,PLT $450×10^9$/L,血涂片可见中幼红细胞、晚幼红细胞、嗜碱性点彩红细胞和泪滴样红细胞;骨穿时多部位抽不出骨髓液,骨髓增生活跃,粒系增生,可见巨核细胞;骨髓活检见到大量网状纤维组织;JAK2 V617F 突变;最可能的是哪种疾病

　　A. 真性红细胞增多症 　　　　　　B. 骨髓增生异常综合征

　　C. 特发性骨髓纤维化 　　　　　　D. 类白血病反应

　　E. 急性巨核细胞性白血病

三、名词解释

　　2-2-24. 环形铁幼粒细胞。

　　2-2-25. 类白血病反应。

　　2-2-26. Ph 染色体。

四、简答题

　　2-2-27. 何为骨髓增殖性肿瘤,主要包括哪些疾病?

　　2-2-28. 简述中性粒细胞毒性变化有哪些?

　　2-2-29. 简述四种常见白血病融合基因的临床诊断意义。

附:习题答案

一、病案与分析

2-2-1

【病案分析】

1. 初步诊断:白细胞减少症。

中性粒细胞减少症。

2. 诊断依据:

(1) 致病因素:在显示器厂工作(工作环境有辐射),理化损伤可能抑制骨髓细胞的有丝分裂,是白细胞减少症的常见原因。

(2) 临床表现典型:先后出现头晕,疲倦,乏力,食欲减低,肢体酸软无力,失眠多梦,偶有心慌、胸闷等症。

(3) 抵抗力相对较差:反复上呼吸道感染伴有低热,并有 2 月前受凉后高热。上述症状与白细胞减少呈正相关。

(4) 白细胞减少症的诊断标准:成人外周血中白细胞低于 $4.0×10^9/L$(儿童≥10 岁低于 $4.5×10^9/L$,<10 岁低于 $5.0×10^9/L$) 称为白细胞减少;成人外周血中性粒细胞绝对值低于 $2.0×10^9/L$(儿童≥10 岁低于 $1.8×10^9/L$,<10 岁低于 $1.5×10^9/L$) 时,称为中性粒细胞减少症;当外周血中性粒细胞绝对值低于 $0.5×10^9/L$ 时,称为粒细胞缺乏。

(5) 实验室检查:血象显示 WBC 持续偏低,且与骨髓象均存在中性粒细胞的毒性变化,骨髓中粒系原始细胞和早幼粒细胞较正常骨髓象略高,属于成熟障碍,淋巴细胞相对增多。

3. 为了进一步明确诊断,还可以做以下检查:

(1) 肾上腺素试验:一般采用 0.1% 肾上腺素 0.1ml 皮下注射后 15 和 30 分钟分别计数粒细胞绝对值,粒细胞上升值一般 <(1~1.5)×10^9/L,如增至原来的一倍,提示由于循环池及边缘池的粒细胞分布异常所致的外周血白细胞减少。应尽量选择白细胞计数最低时进行,伴有心血管疾病患者慎用。

(2) 氢化可的松试验:琥珀酰氢化可的松 200mg 静注,注射前及注射后 3h 各查白细胞总数及分类计数 1 次,正常者中性粒细胞绝对值应上升 >5.0×10^9/L。若低于此值表示骨髓释放功能不佳。

(3) 血清及尿溶菌酶测定:可判断粒细胞的破坏程度,因其假阳性和假阴性较多,临床上较少应用。

4. 鉴别诊断:

(1) 再生障碍性贫血:血象和骨髓象均示三系减少,中性粒细胞减少明显、淋巴细胞比例增高,临床多有出血、贫血表现;但白细胞减少症患者无出血,血小板及网织红细胞均正常,骨髓象仅显示其粒系受抑,成熟障碍。

(2) 传染性单核细胞增多症:少数病例 WBC 可减低、淋巴细胞比例增高、红系和血小板正常,但血象和骨髓象均显示大量异常淋巴细胞,且血清嗜异凝集试验阳性。

(3) 低增生性白血病:有贫血、发热或出血症状,三系减低,血涂片可见原始细胞。骨髓增生减低,但原始粒细胞 >30%。而白细胞减少症无出血,无明显贫血现象,血象中无幼稚细胞。

【最后诊断】

1. 白细胞减少症。

2. 中性粒细胞减少症。

2-2-2

【病案分析】

本病需从哪几方面进行鉴别诊断?

1. 本例初步诊断为传染性单核细胞增多症。

2. 传染性单核细胞增多症的诊断依据是:①典型的临床表现为发热、咽峡炎症状,颈部、颌下淋巴结肿大,肝脾肿大等;②血液外周血中白细胞增多,病程中期以后其分类以淋巴细胞增多为主,并伴有异常淋巴细胞增多超过 10%;③嗜异凝集试验阳性,提示血清中存在嗜异性抗体的可能性很大;④抗 EB 病毒抗体阳性,是急性期重要的诊断指标;⑤其他病毒抗体为阴性。具备①,同时具备②③④项中任何两条,加上⑤,即可诊断传染性单核细胞症。

本例具备上述诊断依据中的:①典型的临床表现;②血液外周血中白细胞增多(WBC 22.7×10⁹/L,WBC 22.7×10⁹/L),且其分类以淋巴细胞增多为主(LY66%),并伴有异常淋巴细胞增多(占 50%)超过 10%;③嗜异凝集试验(+),1∶448;④EB 病毒 IgM 抗体(+);⑤其他病毒抗体为阴性。此外,该患者咽拭子培养:α- 溶血性链球菌阳性。以上各项结果,均符合传染性单核细胞症。

3. 应与以下疾病进行鉴别诊断:

(1) 化脓性扁桃体炎:患者以发热咽痛为主要症状,双侧扁桃体可见渗出物,有颈部淋巴结肿大,需与化脓性扁桃体炎鉴别。一般化脓性扁桃体炎患者颈部淋巴结肿大不会超过 1cm(本例颈部、颌下、腋窝可触及多个 1~3cm 大小淋巴结),血涂片中中性粒细胞增多伴有核左移现象,而本例传染性单核细胞增多症显示淋巴细胞占 66% 以上伴大量异常淋巴细胞(占 50%)。化脓性扁桃体炎时咽拭子培养多为 β- 溶血性链球菌,本例是 α- 溶血性链球菌,属于条件致病菌。

(2) 急性感染性淋巴细胞增多症:多见于幼儿,大多有上呼吸道症状,淋巴结肿大少见,无脾肿大;白细胞总数增多,淋巴细胞比例增高,主要为成熟淋巴细胞,嗜异性凝集试验和 EB 病毒抗体阴性。

(3) 病毒性肝炎:该患者出现巩膜黄染、肝大、转氨酶升高时应与病毒性肝炎鉴别。甲、乙、丙、戊型肝炎病毒均为阴性,可排除。

(4) 急性淋巴细胞性白血病:本例起病急、持续发热、WBC 尤其是淋巴细胞升高明显,需与急淋相区别。急淋多有贫血、血小板减少等症,血涂片中可见幼稚淋巴细胞,嗜异性凝集试者验阴性。本例红系及血小板均正常。

【最后诊断】 传染性单核细胞增多症。

2-2-3

【病案分析】

1. 该患者的症状和实验室检查与急性原单核细胞白血病相符。

其诊断依据是:①年轻人;②临床浸润症状明显:齿龈肿胀、出血,舌上溃疡,双上肢可见散在皮下出血点;③有淋巴结肿大:左侧腋窝可触及 1 个淋巴结;④外周血白细胞明显增多,原、幼单核细胞达到 63%,且红细胞、血红蛋白中度减少,血小板重度减少;⑤骨髓中原始单核细胞 >80%,粒系、红系、巨核细胞系三系增生均受抑制;⑥细胞化学染色:NSE 阳性,氟化钠抑制试验阳性,

α- 丁酸酯酶染色阳性,MPO 多为阴性。以上均符合急性原单核细胞白血病诊断。

2. 为了明确诊断和鉴别诊断,还应进一步检查:

(1) 骨髓白血病细胞免疫分型:单核系标志 CD11b、CD14、CD64 等至少 2 种以上为阳性;髓系 CD33 强阳性,也表达其他髓系标志如 CD13、CD15 等,但 MPO 通常为阴性;干细胞标志 CD34、CD117 和 HLA-DR 阳性。

(2) 遗传学检查:常见染色体缺失和易位,如 t/del(11)(q23)。

(3) 分子生物学检验:t(9∶11)易位致 MLL-AF9 融合基因及 t(11∶19)易位而形成 MLL-ENL 融合基因多见。

急性原单核细胞和单核细胞白血病有急性原单核细胞白血病和急性单核细胞白血病两个亚型,前者骨髓中原单核细胞≥80%,常见于年轻患者;后者骨髓中单核系细胞中主要为幼单核细胞,原单核细胞 <80%,常见于成年患者。此型相当于原 FAB 分型的 AML-M5。

【最后诊断】　急性原单核细胞白血病。

二、选择题答案

2-2-4. D;　　　2-2-5. D;　　　2-2-6. A;　　　2-2-7. B;　　　2-2-8. D;　　　2-2-9. E;

2-2-10. B;　　2-2-11. B;　　2-2-12. C;　　2-2-13. B;　　2-2-14. A;　　2-2-15. E;

2-2-16. E;　　2-2-17. B;　　2-2-18. B;　　2-2-19. D;　　2-2-20. C;　　2-2-21. E;

2-2-22. D;　　2-2-23. C。

三、名词解释答案

2-2-24. 环形铁幼粒细胞:铁染色时,幼红细胞内含有铁颗粒,且含铁颗粒 5 颗以上,并绕核周排列成 1/3 圈以上的铁幼粒细胞称为环形铁幼粒细胞。

2-2-25. 类白血病反应(LR):是指某些因素(如急性感染、中毒、组织损伤和恶性肿瘤等)刺激机体造血组织所致的一种酷似白血病的血液学改变,外周血白细胞常显著升高和(或)出现幼稚血细胞。当原发病治愈,LR 可完全消除。

2-2-26. Ph 染色体:即 t(9;22)(q34;q11.2),是慢性髓细胞白血病(CML)的标志性染色体畸变。

四、简答题答案

2-2-27. 骨髓增殖性肿瘤(MPN):是一组克隆性造血干细胞病,表现为骨髓一系或多系髓系细胞(包括粒系细胞、红系细胞、巨核系细胞和肥大细胞)明显增生,使外周血粒细胞、红细胞和血小板数量增加,常见肝、脾肿大。

主要包括:慢性髓细胞白血病伴 BCR-ABL1 阳性、真性红细胞增多症、原发性骨髓纤维化和原发性血小板增多症等。

2-2-28. 中性粒细胞的毒性变化主要是指:

(1) 中毒颗粒:较正常中性粒细胞颗粒粗大,大小不等,分布不均,染成蓝紫甚至呈黑色,常与空泡变性并存出现。

(2) 空泡形成:胞质中出现一个或多个空泡。因细胞质发生脂肪变性,被染液中的甲醇溶解所致。

(3) 杜勒小体(Döhle bodies):是中性粒细胞胞质因毒性变化而保留的局部嗜碱性区域。呈圆形、梨形或云雾状,界限不清,天蓝或灰蓝色,直径 1~2μm。

(4) 核变性:是中性粒细胞核出现固缩、溶解和破碎的现象。细胞核发生固缩时核染色质凝集成深紫色粗大凝块。细胞核溶解时,则胞核膨胀增大,常伴有核膜破碎,核染色质结构松散或模糊,着色浅淡。

2-2-29. 四种常见白血病融合基因的临床诊断意义如下:

(1) RUNX1-RUNX1T1 融合基因:t(8;21)(q22;q22)导致 RUNX1、RUNX1T1 基因断裂、重排,形成 RUNX1-RUNX1T1(AML1-ETO)融合基因,是急性粒细胞白血病(AML)中最常见的异常基因,主要见于成熟型 AML(相当于 FAB 分类的 AML-M2)。

(2) PML-RARA 融合基因:PML 称为早幼粒细胞白血病基因,染色体 t(15;17)(q22;q12)易位后,导致 PML RAR A 基因重排,形成融合基因,是诊断 APL 的主要标准。

(3) CBFB-MYH11 融合基因:inv(16)(p13.1q22)或 t(16;16)(p13.1q22)形成 CBFB-MYH11 融合基因,主要见于伴有异常嗜酸性粒细胞增多的急性粒单细胞白血病(相当于 FAB 分类的 AML-M4Eo)。

(4) BCR-ABL 融合基因:染色体 t(9;22)(q34;q11.2)导致 ABL1 和 BCR 形成 BCR-ABL1 融合基因,是慢性髓细胞白血病(CML)的诊断标准。

(崔 巍)

第三章 血栓与止血出血、血库与输血性疾病实验诊断

一、病案与分析

2-3-1

【简要病史】 何×,女,22岁。因反复右膝关节血肿9年,右下肢肿胀疼痛6天而入院。患者13岁起无明显诱因出现四肢散在丘疹,伴痛痒,无水泡与溃疡,当地医院以过敏性皮炎对症性治疗后好转;但数月后开始反复出现自发性右膝关节血肿,无发热畏寒,无鼻出血及牙龈出血。

既往史:13岁以前无出血病史。

月经史:13岁月经初潮,月经不规则,周期20~45天不等,经期5~11天,长短不一,月经量多少不均。

家族史:家族中其他人无出血倾向,否认有家族性或遗传性疾病。

【体格检查】 体温36.8℃,脉搏87次/分,呼吸21次/分,血压BP 100/60mmHg。发育正常,营养中等,皮肤及黏膜无黄染。四肢皮肤可见大量暗红色丘疹,伴脱屑与结痂,右膝关节血肿,有压痛,右腿可见肿胀及大片淤斑,触痛明显。心律齐,心尖部可闻及2/6级收缩期杂音。肺、肝、脾及神经系统等未见异常。

【实验室检查】

血液学检查:RBC $3.36×10^{12}$/L,Hb 101g/L;

WBC $5.24×10^9$/L,Sg 0.58,St 0.03,L 0.36,E 0.01,M 0.02;

PLT $370×10^{12}$/L。

临床化学检查:Na 135mmol/L,K 4.3mmol/L,Cl 110mmol/L;

Glu 4.3mmol/L;

肝功能检查结果正常。

凝血检查:APTT 88.5s,PT 15s,TT 13s,Fg 3.2g/L;

交叉复钙不能纠正凝固缺陷。

FVⅢa 2.9%(参考范围:133±35%)

临床免疫学检查:抗Sm抗体、抗核抗体、抗双链DNA抗体均阳性。

其他检查:心电图、超声、胸片均未见异常。

【思考题】

1. 分析本例实验室检查结果。

2. 结合临床表现及实验室检查结果,应考虑为哪方面的疾病? 诊断线索是什么?

3. 本例最可能的疾病是什么?

2-3-2

【简要病史】 李×,男,54岁。于入院前2个月出现背部疼,自觉头昏、乏力,并进行性

加重;经骨髓穿刺及 X 线拍片检查确认为多发性骨髓瘤。入院后,按 VAD 方案化疗月余,查 HGB 后,按医嘱输注 A 型 RBC 悬液 200ml。输注进行 15 分钟(输注 A 型 RBC 悬液 165ml)后,患者出现高热、寒战、心悸、胸闷,同时排尿呈酱油色,遂进行抢救。

【体格检查】 体温 39.8℃,脉搏 97 次/分,呼吸 25 次/分,血压 120/60mmHg。神志清、慢性病容。巩膜轻度黄染,全身皮肤黏膜无皮疹及瘀点。心、肺及四肢无异常。肝脾未触及,腰骶椎有压痛。

【实验室检查】

入院初检查:

RBC $2.28×10^{12}$/L,Hb 76g/L;

WBC $4.1×10^9$/L;PLT $137×10^{12}$/L;

外周血涂片可见 RBC 呈缗钱状排列。

IgG 61g/L,IgA 3.21g/L,IgM 2.01g/L,IgD 0.03g/L,IgE 0.007g/L。

血型 A-Rh 阳性。

尿本周氏蛋白阳性。

骨髓象提示为多发性骨髓瘤。

肝肾功能正常。

抢救时检查:

RBC $2.12×10^{12}$/L,Hb 49g/L,

WBC $7.1×10^9$/L,PLT $117×10^{12}$/L;

外周血涂片见 RBC 呈缗钱状排列;

RC 0.090。

血型 B-Rh 阳性,供者血型 A-Rh 阳性。

盐水介质配血、聚凝胺介质配血主侧凝集 3+,次侧凝集 3+。

抗人球蛋白试验阳性。

尿液检查:血红蛋白阳性,尿胆红素阳性。

血总胆红素 32μmol/L,直接胆红素 8.1μmol/L,间接胆红素 23.9μmol/L。

肾功能正常。

【思考题】

1. 本例的初步诊断是什么?

2. 诊断依据是什么?

3. 说明本例免疫性溶血的发生机理。

2-3-3

【简要病史】 王×,女,42 岁,月经量过多,可见四肢皮肤处出现少量瘀点和淤斑、牙龈轻微渗血半月余。由于症状轻微患者未予以重视,而后除四肢外,躯干部也出现淤斑及瘀点,月经量较之前也明显增多。于是来医院就诊,门诊检查 WBC=$6.5×10^9$/L,HGB=108g/L,PLT=$12×10^9$/L。此患者无特殊病史。

【体格检查】 T 36.3℃,P 75 次/分,R 18 次/分,BP 120/75mmHg。神志清,四肢及躯干处皮肤可见大量淤斑及红色的瘀点。浅表淋巴结果未触及,巩膜无黄染,牙龈可见少量渗血出现,胸骨无压痛,心律齐,腹软无压痛,未触及肝脾,神经系统检查无异常。

【实验室检查】

血液学检查:WBC $6.5×10^9$/L,HGB 108g/L,PLT $12×10^9$/L,

血象:中性粒细胞 70%,淋巴细胞 18%,单核细胞 8%,嗜酸性粒细胞 4%。骨髓象:增生活跃,G/E=2:1,粒系增生,各阶段比例形态大致正常,红系增生,以中、晚幼红细胞为主,成熟红细胞大致正常。全片共见巨核细胞 203 个,其中幼稚巨核细胞 21%、颗粒巨核细胞 73%、裸核 6%,未见到产板巨核,血小板少见。

临床化学检查:肝肾功能正常,白蛋白 22g/L。IgG 19.2g/L,IgA 2.73g/L,IgM 1.59g/L,C3 1.62g/L,C4 0.62g/L,PAIgG 420ng/10^7 血小板。血沉 29mm/h,抗人球蛋白试验阴性,抗核抗体阴性,抗线粒体抗体阴性,抗双链 DNA 抗体阴性,抗 sm 抗体阴性,类风湿因子阴性,抗 SSA 阴性,抗 SSB 阴性,抗 Jo-1 阴性,抗 Scl-70 阴性。

血凝学检查:APTT 36s,PT 12s,TT 16s,3P 试验阴性,D 二聚体 0.47mg/L,Fg 2.8g/L。

其他检查:均正常。

【思考题】

1. 本例的初步诊断是什么?

2. 诊断依据是什么?

3. 免疫性血小板减少症要与哪些继发性疾病加以鉴别?

二、选择题

2-3-4. 通常血小板数在多少以下,患者即有出血症状

　　A. <100×10^9/L　　　　B. <80×10^9/L　　　　C. <60×10^9/L

　　D. <50×10^9/L　　　　E. <30×10^9/L

2-3-5. 对于血友病 A,B 诊断阳性率最高的试验是

　　A. 凝血时间（CT）　　　B. APTT　　　　C. PT

　　D. TT　　　　E. D- 二聚体检测

2-3-6. 引起血小板聚集功能减低的疾病是

　　A. 骨髓增生性疾病　　　B. 静脉性血栓病　　　C. 心肌梗死

　　D. 脑梗死　　　　E. 糖尿病

2-3-7. 下列有关原发性血小板减少性紫癜实验室检查哪一组正确

　　A. 出血时间正常,凝血时间延长,骨髓产血小板型巨核细胞减少

　　B. 出血时间延长,凝血时间正常,骨髓产血小板型巨核细胞增多

　　C. 出血时间延长,凝血时间延长,骨髓产血小板型巨核细胞增多

　　D. 出血时间延长,凝血时间正常,骨髓产血小板型巨核细胞减少

　　E. 出血时间正常,凝血时间正常,骨髓产血小板型巨核细胞增多

2-3-8. 束臂试验阴性,出血时间正常,APTT 延长,血块退缩正常见于

　　A. 原发性血小板减少性紫癜　　　　B. 血友病甲

　　C. 严重 VC 缺乏症　　　　　　　　D. 过敏性紫癜

　　E. 多发性骨髓瘤

2-3-9. 为了证实病人是否为真正 Rh(-)病人,常规需检查哪一项目确证

　　A. 弱 D 鉴定　　　　B. Rh 鉴定　　　　C. Rh 亚型鉴定

　　D. Rh null 试验　　　E. Rh 表型鉴定

2-3-10. 引起血小板增多的疾病是

　　A. 再生障碍性贫血　　　B. 慢性粒细胞性白血病　　　C. 放射病

    D. ITP   E. Bantis 综合征

2-3-11. 引起血浆凝血酶原时间延长的疾病是

    A. 维生素 C、维生素 P 缺乏症   B. 血小板减少性紫癜

    C. 血友病   D. 血管假性血友病（VW 病）

    E. DIC 后期

2-3-12. 作为 DIC 实验室检查，下列哪一项是错误的

    A. PLT<100×10^9/L   B. PT 比正常对照延长 3S 以上

    C. 纤维蛋白原 <2g/L   D. FDP 减少

    E. 血片中破碎细胞增多

2-3-13. ABO 系统抗体中天然抗体类别主要是

    A. IgG   B. IgM   C. IgE   D. IgA   E. IgD

2-3-14. 口服抗凝剂治疗时一般常规监测下列哪一项指标

    A. TT   B. Fg   C. ACT   D. INR   E. FDP

2-3-15. 常规肝素治疗时，下列哪种试验是首选指标

    A. FDP   B. D 二聚体   C. ACT   D. APTT   E. FDP

2-3-16. 下列哪一种凝血因子不属于维生素 K 依赖型凝血因子

    A. Ⅱ   B. Ⅶ   C. Ⅸ   D. Ⅹ   E. Ⅴ

2-3-17. 骨髓检查描述：巨核细胞增生或正常，但成熟障碍。符合这种结论的是哪一种疾病

    A. ITP   B. SLE   C. 脾功能亢进

    D. 感染   E. 妊娠期高血压

  2-3-18. 常规剂量的低分子量肝素使用时不需要进行监测，但大剂量使用时通常也有出血风险，应该监测下列哪项指标

    A. Ⅱa 含量   B. Ⅶ活性   C. APTT

    D. 抗Ⅹa 试验   E. Ⅴ因子检测

三、名词解释

2-3-19. 凝血酶原时间。

2-3-20. 交叉配血。

四、简答题

2-3-21. APTT 测定的临床意义？

2-3-22. 溶血性输血反应的分类？

附:习 题 答 案

一、病案与分析

2-3-1

【病案分析】

1. 本例实验室检查结果表现是：

（1）血细胞分析结果未见明显异常，血小板数量未见减少，说明该患者出现的出血症状与血小板的数量无关。

（2）生化检查：电解质、血糖、肝功能等无异常变化。

（3）凝血功能检查：APTT 试验明显延长（APTT 88.5s），而 PT 延长并不明显（PT 15s），TT 13s，Fg 3.2g/L，均正常，交叉复钙不能纠正凝固缺陷；FVⅢ活性明显减低（FVⅢa 2.9%，参考区间：133±35%）。说明该患者出现了内源性凝血途径障碍。结合 FVⅢa 明显减低，提示该患者的出血可能是由于凝血因子 FVⅢ 的减少导致，附加交叉复钙不能纠正，说明这种 FVⅢ 的减少不是先天因素造成，而是由于血浆可能存在某些抗凝物质所导致，如抗 FVⅢ 抗体等。

（4）抗 Sm 抗体、抗核抗体、抗双链 DNA 抗体均阳性。提示该患者存在结缔组织的疾病。

2. 本例的以下特点可为诊断提供线索：

（1）女性，幼年健康，13 岁出现第一次软组织血肿，之后有反复软组织（特别是膝关节）自发性血肿表现。

（2）无出血性疾病家族史。

（3）APTT 异常，PT、TT、Fg 均正常，交叉复钙不能纠正，FVⅢa 活性降低。提示为内源性凝血途径凝血因子异常，特别是 FVⅢa 活性降低。这些特点都符合血友病 A 的特点。

（4）出血现象与皮疹有关，出血与皮疹同时出现。

（5）多项风湿类抗体阳性（抗 Sm 抗体、抗核抗体、抗双链 DNA 抗体均阳性），说明有风湿性疾病存在的可能。

3. 以上线索提示：该患者可能是血友病和风湿免疫性疾病。

【最后诊断】

1. 获得性血友病 A。

2. 不排除系统性红斑狼疮（应进一步做有关检查）。

2-3-2

【病案分析】

1. 本例的初步诊断是：（1）多发性骨髓瘤。

　　　　　　　　　　　（2）ABO 血型不合输血导致的溶血。

2. 诊断依据：

（1）多发性骨髓瘤的诊断根据是：①经骨髓穿刺周围血涂片及 X 线拍片检查确认为多发性骨髓瘤。②尿液检查本周氏蛋白阳性。③血免疫学检查 IgG 明显增高（IgG61g/L）。④有中度贫血表现。

（2）ABO 血型不合导致的溶血的诊断根据是：①有血型不合输血史（患者血型 B-Rh 阳性，供者血型 A-Rh 阳性；盐水介质配血、聚凝胺介质配血主侧凝集 3+，次侧凝集 3+；抗人球蛋白试验阳性）。②输注 A 型 RBC 悬液 15 分钟后（输注 A 型 RBC 悬液 165ml），患者出现输血反应（高热、寒战、心悸、胸闷，同时排尿呈酱油样）。③尿液检查：出现酱油样尿，血红蛋白阳性，尿胆红素阳性，为溶血之表现。④有贫血急性加重的表现（入院时 RBC 2.28×10^{12}/L，Hb 76g/L；输血后 RBC 2.12×10^{12}/L，Hb 49g/L，均明显下降）。⑤血总胆红素增高（32μmol/L），以间接胆红素增高为主（23.9μmol/L），此为溶血性贫血的特点。

3. 本例为多发性骨髓瘤，治疗中输注了与其 ABO 血型不合的供者的移除了血浆的红细胞悬液，而引起免疫性溶血反应。其发生免疫性溶血的详细机理是：该患者入院查血型时被误定为 A-Rh 阳性，复查后其正确的血型为 B-Rh 阳性；进行输血治疗时，供者血型为 A-Rh 阳性，因血型为 B-Rh 阳性的受者体内存在抗 A 抗体，因此破坏了误输入的血型为 A-Rh 阳性的供者的 A 型红细胞，产生抗原抗体反应，发生凝集，主、次侧配血均为凝集 3+，Coombs 试验阳性。即引起了 ABO 血型不合导致的输血性溶血反应，表现为血管内溶血，出现溶血性贫血。

【最后诊断】

1. 多发性骨髓瘤（IgG 型）。

2. 输血性溶血反应。

2-3-3

【病案分析】

1. 本例的初步诊断是：血小板减少症。

2. 诊断依据：

本病例有以下临床特点：

（1）女性，皮肤黏膜出血（皮肤淤斑，牙龈出血，月经量多）。

（2）实验室检查确认患者为 I 期止凝血障碍（PLT 减少，其余凝血检查均是正常）。

（3）PAIgG 增高。

（4）骨髓象检查，骨髓增生活跃，粒系与红系均正常，巨系未见到产板巨核细胞，血小板少见。

（5）无服用特殊药物及与化学物质接触史。

本案例中，患者反复出现皮肤与黏膜出血的现象，可以诊断为出血性疾病，根据发病机制不同，出血性疾病一般分为血管壁异常、血小板异常、凝血和纤溶异常，而出血性疾病的诊断包括 I 期止血缺陷、II 期止血缺陷、纤溶活性亢进。本病例患者，血小板明显减少，APTT、PT、TT、Fg 均正常，同时 PAIgG 检测结果增高，同时骨髓象结果提示巨核细胞增多，但成熟障碍的特殊改变，可认为是由于血小板减少导致的 I 期止血缺陷性出血性疾病。结合其他免疫性指标，可进一步确诊为血小板减少性紫癜，而非血管性紫癜和凝血机制障碍导致的出血。

目前该病诊断采取排除法诊断：

（1）至少 2 次检测，血小板计数减少，但血细胞正常。

（2）脾脏一般不大。

（3）骨髓象：巨核细胞增生或正常，但成熟障碍。

（4）排除其他 PLT 减少性疾病。

根据上述诊断标准，在其他检测指标大致正常情况下，即可确诊。

3. 采用排除法进行确诊时应该加以鉴别的血小板减少性疾病，假性血小板减少、自身免疫性疾病、甲状腺功能亢进、药物免疫性血小板减少、同种免疫性血小板减少、淋巴细胞增殖性疾病、MDS、再生障碍性贫血、恶性肿瘤、慢性肝病、脾功能亢进、血小板消耗增多症、妊娠期血小板减少和感染等。

【最后诊断】 免疫性血小板减少症（特发性血小板减少性紫癜）。

二、选择题答案

2-3-4. D;	2-3-5. B;	2-3-6. A;	2-3-7. D;	2-3-8. B;	2-3-9. A;
2-3-10. B;	2-3-11. E;	2-3-12. D;	2-3-13. B;	2-3-14. D;	2-3-15. D;
2-3-16. E;	2-3-17. A;	2-3-18. D。			

三、名词解释答案

2-3-19. 凝血酶原时间:是外源性凝血途径的筛选试验。在被检血浆中加入 Ca²⁺ 和组织因子(组织凝血活酶),观察到的血浆凝固时间,就叫凝血酶原时间。有三种表达方式,凝血酶原时间(PT)、凝血酶原时间比值(PTR)和国际正常化比值(INR)。

2-3-20. 交叉配血:是指将受血者与供血者的血清与红细胞交叉混合,观察有无凝集或溶血的现象的试验,其目的是进一步验证供血者与受血者的 ABO 血型鉴定是否正确,交叉配血是保证输血安全的关键措施。

四、简答题答案

2-3-21. APTT 测定的临床意义

(1) 延长主要见于:①内源性凝血途径的筛选试验。②因子XII、XI、IX、VIII、X、II、V、PK、HMWK及 Fg 的缺乏。③严重肝病。④ DIC。⑤应用肝素时的监测。⑥循环抗凝物质的检查与诊断。

(2) 缩短主要见于:血栓性疾病与血栓前状态。

2-3-22. 溶血性输血反应:是由于输血后受血者体内红细胞受到破坏引起的一系列反应,分为急性溶血性输血反应和慢发性溶血性输血反应。

(1) 急性溶血性输血反应:可分为免疫性与非免疫性反应。

1) 免疫性反应:①ABO 血型不合引起的血管内溶血。②Rh 血型不合引起的血管外溶血。③其他血型系统不合引起的溶血。④献血者间血型不合:供血者多人的情况。

2) 非免疫性反应:当低渗液体混入、冰冻或过热等非免疫因素导致的红细胞破坏。

(2) 慢发性溶血性输血反应:血管外溶血,可分为原发性和继发性两种。初次输血时已经致敏产生少量抗体,当二次输血时,体内抗体滴度迅速增高,会使输入的红细胞溶解。多由 ABO 以外血型不合引起,10~15 天左右才出现发热、贫血、黄疸等临床症状。

（郑　军）

第四章　肾脏疾病实验诊断

一、病案与分析

2-4-1

【简要病史】 张××，男，38 岁。受凉后出现发热，咳嗽，咽痛，2 周后出现颜面及双下肢水肿，伴有腰痛、乏力，近一周来尿液中泡沫增加，遂来院就诊。既往无类似病史及相关症状。

【体格检查】 T 36.4℃，P 86 次 / 分，R 20 次 / 分，Bp 145/70mmHg。发育正常，营养中等，精神差，双眼睑水肿，巩膜及全身皮肤无黄染。心肺及腹部均未见异常。双下肢可见凹陷性水肿。神经系统检查未见异常。

【实验室检查】

1. 血液一般检查：

    RBC 3.3×10^{12}/L，Hb 108g/L，HCT 0.328；

    PLT 249×10^9/L；

    WBC 5.7×10^9/L，Sg 0.69，St 0.06，L 0.22，M 0.03。

2. 血清生化检查：

    TP 37.4g/L，ALB 15.3g/L，GLB 22.1g/L，A/G 0.69；

    TG 4.89mmol/L，TC 15.05mmol/L，LDL-C 9.33mmol/L，HDL-C 0.82mmol/L；

    Cr 122μmol/L，SU 9.87mmol/L，UA 225μmol/L。

3. 24 小时尿蛋白定量 3.85g/24h。

4. 尿液检查：

    尿蛋白（+++），潜血（+）；

    红细胞 4/HP，白细胞 1/HP；

    比重 1.022。

【思考题】

1. 根据以上资料，该患者初步考虑为何种诊断？为什么？

2. 该患者实验室检查的主要表现是什么？

3. 为了明确诊断，还应该做哪些检查？

4. 结合临床表现及实验室检查结果，本病例最后诊断是什么？

2-4-2

【简要病史】 刘××，女，40 岁。三年前"感冒"后出现头晕、乏力症状，无尿频、尿急、尿痛症状，无面部红斑、肢体水肿及紫斑。在当地医院测血压 140/90mmHg，尿常规结果显示：PRO3+，BLD2+；肾功能检查显示：Cr 142umol/L；住院 2 个月（具体治疗情况不详）后好转出院。出院后间断服用肾炎康复片及中药汤剂治疗，其间多次尿常规检查显示 PRO2+、BLD2+，肾功能控制亦不理想。近两个月内出现持续肉眼血尿，遂来院就诊。住院期间患者食欲、睡眠均差。

【体格检查】　T 36.4℃,P 86 次 / 分,R 20 次 / 分,Bp 145/100mmHg。发育正常,营养中等,精神不振,颜面部及双下肢均未见水肿,心肺、腹部及神经系统检查等未见异常。

【实验室检查】

1. 血液一般检查:

RBC $2.86×10^{12}$/L,Hb 96g/L;

WBC $9.2×10^9$/L,Sg 0.74,St 0.04,L 0.20,M 0.02。

2. 血清生化检查:

TP 66.5g/L,ALB 34.5g/L,GLB 32g/L;

Cr 152μmol/L,SU 9.87mmol/L。

3. 24 小时尿蛋白定量 2.2g/24h。

4. 尿液一般检查:

尿蛋白(++),潜血(+++);

红细胞 30/HP,白细胞 7/HP,比重 1.024;

管型 1/LP,尿沉渣镜检见大量破碎变形红细胞。

5. 免疫学检查:

血清 IgA 8.2g/L,补体 C3 0.6g/L。

【思考题】

1. 分析该实验室检查结果。

2. 根据以上资料,该患者初步考虑为何种诊断? 为什么?

3. 为了明确诊断,还应该做哪些检查?

4. 结合临床表现及实验室检查结果,本病例的最后诊断是什么?

2-4-3

【简要病史】　张 ××,女,26 岁。近半月来无明显诱因出现间断性发热,胸闷咳嗽,体重下降,头晕乏力,双手散在的网状青斑;半年多来出现间断性膝关节肿胀疼痛,时有口腔溃疡,月经期延长。

【体格检查】　T 38.6℃,P 86 次 / 分,R 20 次 / 分,Bp 120/90mmHg。发育正常,营养中等,精神不振,口腔中可见多处黏膜破溃,双手皮肤可见散在网状青斑。双肺呼吸音粗,可闻及湿啰音,HR 86bpm,律齐,各瓣膜区未闻及病理性杂音;腹部平软,肝脏、脾脏、四肢及神经系统检查未见异常。

【实验室检查】

1. 血液一般检查:

RBC $2.8×10^{12}$/L,Hb 85g/L;

WBC $5.6×10^9$/L,PLT $115×10^9$/L;

ESR 65mm/h;

CRP 16.2mg/L。

2. 临床免疫学检查:

(1) 自身抗体检测:

抗核抗体(+)1:320、抗双链 DNA 抗体(++)、

抗 SS-A 抗体(−)、抗 SS-B 抗体(−)、抗 Sm 抗体(+)、抗 U1-RNP 抗体(++)、

抗 Scl-70 抗体(−)、抗 Jo-1 抗体(−)。

（2）免疫球蛋白、补体及淋巴细胞表面标志检测：

$$IgG\ 18.20g/L, IgM\ 2.87g/L, IgA\ 0.57g/L, IgE\ 12.9IU/mL;$$
$$C3\ 0.52g/L, C4\ 0.21g/L;$$
$$CD3^+\ 63.8\%, CD4^+\ 47.0\%, CD8^+\ 10.3\%,$$
$$CD4^+/CD8^+\ 4.6。$$

3. 尿液检查：

尿蛋白（+），潜血（-），24h 尿蛋白定量 0.21g/24h。

【思考题】

1. 根据以上资料，该患者初步考虑为何种诊断？为什么？
2. 为了明确诊断，还应该做哪些实验室检查？
3. 结合临床表现及实验室检查结果，本病例的最后诊断是什么？

二、选择题

2-4-4. 临床检测肾小球滤过功能时，首选的肾功能试验为

　　A. 酚红排泌试验

　　B. 浓缩稀释试验

　　C. 内生肌酐测定

　　D. 尿渗量

　　E. 血清胱抑素 C 测定

2-4-5. 尿蛋白选择性指数反映了肾小球对蛋白质的选择性的状态，当选择参数 >0.2 时

　　A. 表示高选择性

　　B. 表示非选择性

　　C. 表示选择性不敏感

　　D. 表示选择性非常敏感

　　E. 表示中度选择性

2-4-6. 肾小管重吸收功能检查试验不包括

　　A. 尿 β_2- 微球蛋白测定

　　B. 视黄醇结合蛋白的测定

　　C. 尿滤过钠排泄分数测定

　　D. 葡萄糖最大重吸收量测定

　　E. 酚红排泄试验

2-4-7. 关于肾功能试验与肾单位各部分功能的描述，不正确的是

　　A. 血 β_2 微球蛋白反映肾小球滤过率

　　B. 尿 α_1 微球蛋白反映肾小管重吸收功能

　　C. 对氨基马尿酸最大排泄试验反映远端小管排泌功能

　　D. 氯化铵试验反映肾小管与集合管排泌功能

　　E. 半胱氨酸蛋白酶抑制剂 C 试验反映肾小球滤过功能

2-4-8. 患者尿沉渣镜下所见大型红细胞，胞浆呈葫芦状畸形，多形性变化达 50%，其血尿是由哪种疾病所致

　　A. 急性膀胱炎　　　　　　　　　　B. 急性肾小球肾炎

C. 尿道炎　　　　　　　　　　　D. 肾盂肾炎

E. 原发性血小板减少性紫癜

2-4-9. 关于尿蛋白的叙述,哪项是错误的:

A. 正常人终尿中蛋白质含量很少,一般为 20~80mg/24h 尿

B. 分子量介于 4 万 ~9 万之间蛋白质以白蛋白为主

C. 尿蛋白含量 >100mg/L,蛋白定性试验呈阳性反应称为蛋白尿

D. 蛋白尿的程度与病变部位和性质有关

E. 根据尿中蛋白量可反映肾脏病变程度与预后

2-4-10. 肾源性肾衰竭时,检测全血肌酐通常超过

A. 500mmol/L　　　　　　　　　B. 400mmol/L

C. 300mmol/L　　　　　　　　　D. 200mmol/L

E. 100mmol/L

2-4-11. 尿蛋白定量 1g/ 日以下,白蛋白正常或轻度增多,以 α_2、β_2 微球蛋白增多为主,见于

A. 肾小管性蛋白尿　　　　　　　B. 肾小球性蛋白尿

C. 混合性蛋白尿　　　　　　　　D. 组织性蛋白尿

E. 溢出性蛋白尿

2-4-12. 关于内生肌酐清除率测定,下列哪种说法是错误的

A. 试验前 3 天严格禁食肉类

B. 避免剧烈运动

C. 停用利尿药

D. 仅收集 24h 尿送检

E. 收集 24h 尿并在此期间抽静脉血同时送检

2-4-13. 尿中出现蛋白质,可作为肾小管损伤的早期诊断指标,除外

A. 视黄醇结合蛋白　　　　　　　B. 溶菌酶

C. 转铁蛋白　　　　　　　　　　D. β_2- 微球蛋白

E. 白蛋白

(2-4-14~2-4-16 共用备选答案)

A. 尿中蛋白以白蛋白为主

B. 尿蛋白以 β_2 微球蛋白为主

C. 尿蛋白以 γ 球蛋白为主

D. 尿中出现本周蛋白

E. 尿中出现大量蛋白尿

2-4-14. 肾小球性蛋白尿

2-4-15. 肾小管性蛋白尿

2-4-16. 多发性骨髓瘤

2-4-17. 关于 NK 细胞的叙述正确的是

A. NK 细胞形态具有异质性,所有的 LGL 细胞均为 NK 细胞

B. NK 细胞发源于骨髓干细胞,其发育成熟依赖胸腺微环境

C. 具有特异杀伤作用,有 MHC 限制性

D. 对所有肿瘤细胞均有作用

E. NK 细胞的杀伤效应是由其活化后释放出的毒性分子介导,如穿孔素、颗粒酶和 TNFα(肿瘤坏死因子)等

2-4-18. 属于器官特异性自身免疫病的是

A. 慢性甲状腺炎
B. 恶性贫血
C. 重症肌无力
D. 特发性血小板减少性紫癜
E. 类风湿性关节炎

三、名词解释

2-4-19. RBP。

2-4-20. 血清胱抑素 C。

2-4-21. 肾小球滤过率。

四、简答题

2-4-22. 试述尿红细胞形态检查的临床意义。

2-4-23. 急性肾衰竭的实验室检查有哪些?

2-4-24. 肾小球滤过功能检测的试验有哪些?最常用的试验是什么?

附:习 题 答 案

一、病案与分析

2-4-1

【病案分析】

1. 诊断:结合病史、临床症状、体征(高血压,全身水肿、蛋白尿)及实验室检查结果,初步诊断为肾病综合征。

2. 本例实验室检查结果主要表现是:

(1) 血液一般检查表现为:轻度贫血(RBC 3.3×10^{12}/L,Hb 108g/L)。

(2) 尿液一般检查表现为:大量蛋白尿(24 小时尿蛋白定量大于 3.5g)。

(3) 临床生化检查表现为:①低蛋白血症(总蛋白、白蛋白均降低,A/G 比例倒置),此时,血浆胶体渗透压下降,组织液生成增加,是肾病综合征时全身水肿的重要原因;②高脂血症(血脂代谢紊乱:三酰甘油,总胆固醇,低密度脂蛋白胆固醇均升高,高密度脂蛋白胆固醇降低),是肾病综合征的重要临床表现之一;③血肌酐正常,血尿素略有升高,说明其肾功能尚可代偿。

3. 为了进一步明确诊断,还需做下列检查:

(1) 检测血糖及糖化血红蛋白,排除糖尿病及糖尿病肾病。

(2) 检查血清 cysC、RBP、尿 α_1-MG、β_2-MG、NAG,可提示是否存在早期肾小管器质性病变。

(3) 凝血酶原时间和纤维蛋白原测定,以早期发现是否存在深静脉血栓。

(4) 肾穿刺活检可明确其病理类型。

【最后诊断】 结合临床表现及上述实验室检查结果分析,本病例的最后诊断是:肾病综合征。

2-4-2

【病案分析】

1. 本例实验室检查结果主要表现是：

(1) 血液一般检查表现为：轻度贫血（RBC $2.86×10^{12}$/L，Hb 96g/L）。

(2) 尿液一般检查表现为：尿蛋白（++），潜血（+++），24 小时尿蛋白定量小于 3.5g；尿液沉渣镜检发现有变形红细胞，提示肾小球源性血尿。

(3) 临床生化检查表现为：①血清蛋白轻度下降（总蛋白 66.5g/L，白蛋白 34.5g/L，球蛋白 32g/L）；②血肌酐轻度升高（152μmol/L），处于慢性肾功能不全代偿期。

(4) 免疫学检查表现为：血清 IgA（8.2g/L）明显升高，补体 C3（0.6g/L）下降。

2. 结合病史、体征及实验室检查结果（长期无症状肉眼血尿，少量蛋白尿、血清 IgA 升高等），考虑其初步诊断为 IgA 肾病。

3. 为了进一步明确诊断，还应做下列检查：

(1) 检测 AST、ALT、AFP 水平，进行腹部超声检查，排除因酒精性肝硬化导致的继发性 IgA 沉积。

(2) 复查血象，检查外周血涂片、抗血小板抗体等，以排除过敏性紫癜引起的继发性 IgA 沉积。

(3) 肾穿刺活检可确定病理分型，从而进一步明确诊断。

【最后诊断】　结合临床表现及上述实验室检查结果分析，本例的最后诊断是：

1. IgA 肾病。

2. 慢性肾功能不全代偿期。

2-4-3

【病案分析】

1. 根据该患者的病史、临床表现及体格检查等，考虑本例的初步诊断为：

自身免疫性疾病；结合其实验室检查结果，疑似为系统性红斑狼疮或类风湿性关节炎。

2. 上述诊断的主要根据是：

(1) 根据患者主诉的症状和体格检查所见：年轻女性，间断性发热，双手网状青斑，间断性关节疼痛，口腔溃疡，月经改变等，表现为全身多系统受累，提示患者可能为系统性红斑狼疮（SLE）。

(2) 实验室检查指标的改变也符合 SLE：

1) 血液一般检查表现为：中度贫血。

2) 免疫抗体谱检查显示：抗核抗体（+）1∶320、抗双链 DNA 抗体（++）、抗 SS-A 抗体（-）、抗 SS-B 抗体（-）、抗 Sm 抗体（+）、抗 U1RNP 抗体（++）、抗 SCL-70 抗体（-）、抗 JO-1 抗体（-）。较高特异性的指标抗 Sm 阳性，亦提示为 SLE。

3) 免疫功能检查显示：IgG、IgM 均升高，补体 C3 下降，提示病情处于活动期；CD4/CD8 比值升高，提示免疫功能受损，间接提示本病为免疫性疾病。

4) 尿液一般检查：出现微量蛋白尿，提示已出现肾脏损害。

3. 为了明确诊断，还应该做下列检查：

(1) 影像学检查：X 线片检查肺部有无渗出液，膝关节是否出现骨破坏。

(2) 肾功能检查及肾穿刺活检，确定是否合并有狼疮肾炎。

【最后诊断】　结合临床表现及上述实验室检查结果分析，本例的最后诊断是：系统性红斑狼疮。

二、选择题答案

2-4-4. E;　　2-4-5. B;　　2-4-6. E;　　2-4-7. D;　　2-4-8. B;　　2-4-9. D;

2-4-10. D;　　2-4-11. A;　　2-4-12. D;　　2-4-13. C;　　2-4-14. A;　　2-4-15. B;

2-4-16. D;　　2-4-17. E;　　2-4-18. E。

三、名词解释答案

2-4-19. RBP:即视黄醇结合蛋白,是一种低分子量的亲脂载体蛋白,主要由肝细胞粗面内质网合成,广泛存在于人体血液、尿液及其他体液中,由肾小球滤出,大部分由近端小管上皮细胞重吸收。当肾脏疾患或感染等导致肾小管重吸收功能障碍时,尿中 RBP 浓度升高,血清 RBP 浓度下降。因此尿中 RBP 测定是诊断早期肾功能损伤和疗效判定的敏感指标。

2-4-20. 血清胱抑素 C(cys C):是半胱氨酸蛋白酶抑制蛋白 C 的简称。cys C 是一种低分子量非糖基化碱性蛋白,机体所有有核细胞均可表达,且每日分泌量恒定,分子量仅为 13KDa,故能自由透过肾小球。原尿中的 cys C 在近曲小管几乎全部被上皮细胞摄取并分解,不回到血液中,尿中仅微量排出,而且 cys C 水平不受饮食、身高、体重、年龄、恶性肿瘤等的影响,因此,血清 cys C 水平是反映肾小球滤过功能的一个敏感且特异的指标。

2-4-21. 肾小球滤过率:肾小球滤过是指血液流经肾小球毛细血管网时,血浆中的水、电解质、蛋白、核酸和糖等物质通过滤过膜进入肾球囊形成原尿的过程,单位时间内两肾生成原尿的量称为肾小球滤过率(glomerular filtration rate,GFR)。

四、简答题答案

2-4-22. 尿红细胞形态检查,主要是用相差显微镜观察尿中红细胞的形态,主要用于鉴别血尿的性质。肾小球源性血尿时,由于红细胞通过有病理改变的肾小球基膜时,受到挤压损伤,其后在漫长的各段肾小管中受到不同 pH 和渗透压变化的影响,使红细胞出现大小、形态及血红蛋白含量的变化,见于各类肾小球疾病;而非肾小球源性血尿,主要指肾小球以下部位和泌尿通路上的出血,多与毛细血管破裂出血有关,不存在通过肾小球基膜裂孔,因此形态可完全正常,呈均一型,见于尿路系统炎症、结石、肿瘤等。

2-4-23. 急性肾衰竭的实验室检查主要有:

(1) 尿液检测:①常规:外观多浑浊,颜色较深,蛋白定性多为阳性;②尿比重:少尿期常为 1.010~1.015,多尿期 <1.010;③尿渗量:少尿期 280~300mOsm/L,多尿期 <350mOsm/L;④尿管型:少尿期有血尿、蛋白尿、红细胞管型和颗粒管型,多尿期出现大量肾衰竭管型;⑤尿钠:少尿期常 <30mmol/L,多尿期常 >40mmol/L,FeNa>1。

(2) 肾功能检测:①内生肌酐清除率下降,血肌酐和尿素显著升高;②尿 α_1-MG、β_2-MG、RBP 和 NAG 均可升高,提示肾小管器质性损伤;③代谢性酸中毒:pH 常常低于 7.35,HCO_3^- 浓度减低;④低钠血症、高钾血症。

2-4-24. 肾小球滤过:是指血液流经肾小球毛细血管网时,血浆中的水、电解质、蛋白、核酸和糖等物质通过滤过膜进入肾球囊形成原尿的过程,肾小球滤过功能以肾小球滤过率来表示。

　　肾小球滤过率尚不能够直接检测,只能用一些特殊的内源性或外源性物质的清除率来间接反映,包括内生肌酐清除率和菊粉清除率,其中内生肌酐清除率由于其检测方便,仅需通过尿量、尿液和血液肌酐浓度即可计算,且不需要注射外源性物质,因此是目前临床最为常用的肾小球滤过率检测的试验。

(李　艳)

第五章　糖代谢紊乱，水、电解质失衡及内分泌疾病实验诊断

一、病案与分析

2-5-1

【简要病史】 刘×，男，65岁。既往脑出血病史12年。因多饮、多尿3年，病情加重2日后来医院就诊。患者于3年前出现多饮、多尿，无明显多食及消瘦，诊断为2型糖尿病并口服二甲双胍治疗，但用药及血糖监测欠规律。2d前因情绪波动出现症状加重，伴心悸、气短，无胸痛及夜间阵发性呼吸困难。在当地卫生院诊断为冠心病并予以香丹针静脉滴注和口服二甲双胍治疗，未见好转后转院治疗。

【体格检查】 T 36.8℃，P 100次/min，R 17次/min，BP 135/85mmHg。皮肤干燥，双肺呼吸音清，未闻及干湿啰音。HR 100次/min，心音弱，律齐，肝脾未触及，四肢活动自如。

【实验室检查】

血常规检查：RBC 4.0×10^{12}/L，Hb 140g/L，HCT 0.41，MCV 90fl，
　　　　　　MCH 31pg，MCHC 320g/L，RDW 0.14；
　　　　　　WBC 6.6×10^9/L

尿液检查：比密1.016，pH 7.0，葡萄糖(++++)，蛋白(+++)，
　　　　　胆红素(−)，尿胆原(+)，酮体(+++)，隐血(++)，白细胞(−)，亚硝酸盐(−)。

血生化检查：葡萄糖31.4mmoL/L；
　　　　　　K^+ 5.4mmoL/L，Na^+ 140.5mmoL/L，Cl^- 108mmoL/L，Ca^{2+} 1.32mmoL/L，CO_2-CP
　　　　　　18.7mmoL/L；
　　　　　　cTnI 6.7μg/L，LDH 506U/L，AST 87U/L，
　　　　　　CK 667U/L，CK-MB 102U/L。

【心电图检查】

Ⅱ、Ⅲ、avF导联ST段弓背向上抬高，T波倒置，出现病理性T波。

【思考题】

1. 可能的诊断是什么？

2. 请说明诊断的依据。

3. 分析本例目前状态的可能的病因。

4. 最后诊断是什么？

2-5-2

【简要病史】 陈×，女，35岁，消瘦待诊。有12年神经性厌食病史，并有间断呕吐和自服泻药的情况。近来体重进一步下降而就诊。

【体格检查】 体重39.5kg，血压10.5/6.9kPa，脉搏105次/min，四肢肌肉松软无力体征，肌

腱反射减弱。心、肺、肝、脾功能基本正常。

【实验室检查】

血液一般检查：RBC 4.9×10^{12}/L，Hb 137g/L，HCT 0.45；

　　　　　　　WBC 8.7×10^9/L；

　　　　　　　S 0.64，St 0.05，E 0.02，L 0.28，M 0.01。

血液生化检查：

血浆	结果	参考范围
Alb（g/L）	34	34~48
Urea（mmol/L）	3.9	1.78~7.14
Na^+（mmol/L）	132	135~145
K^+（mmol/L）	1.9	3.5~5.5
Cl^-（mmol/L）	44	96~108
Ca^{2+}（mmol/L）	1.25	1.10~1.34
Mg^{2+}（mmol/L）	0.51	0.60~1.10
Pi（mmol/L）	0.66	0.90~1.34
TCO_2（mmol/L）	45	23~28

尿液检查：pH 5.8，余无异常。

【思考题】

1. 结合病史解释实验室检查结果。

2. 分析本例血钾降低的可能原因是哪些？

3. 根据临床及实验室检查结果分析，本例诊断是什么？

2-5-3

【简要病史】　一位72岁的单身老妇人，在家中处于半昏迷状态被人发现，收入医院重症监护病房。入院时无法采集可靠病史。

【体格检查】　患者体重超重；面部水肿，双脚踝部明显凹陷性水肿。对语音的反应能力正常。血压 14.8/8kPa，心音弱、有房颤存在，呼吸率 16 次/min，直肠温度 31℃。胸部呼吸运动不明显，在右肺底部发现实变。临床上无神经系统定位体征。四肢活动无异常表现，深部腱反射减弱并有延滞，腹部强直，肠鸣音弱。遂进行如下生化检查。

【实验室检查】

血浆	结果	参考范围
Cr（μmol/L）	112	53~115
Na^+（μmol/L）	125	135~145
K^+（μmol/L）	4.9	3.5~5.5
TCO_2（mmol/L）	21	23~28
CK（U/L）	324	26~140
αHBD（U/L）	116	72~182
Amy（U/L）	894	≤220
Glu（mmol/L）	11.6	3.9~6.1

【思考题】

1. 结合病人的临床表现如何解释这些生化检查结果?
2. 你认为明确诊断还应进一步做哪些检查?
3. 根据临床及实验室检查结果分析,本病例诊断是什么?

二、选择题

2-5-4. 葡萄糖直接糖基化血红蛋白的产物是

    A. HbA   B. HbA1a   C. HbA1b   D. HbA1c   E. HbA_0

2-5-5. OGTT 试验 2 小时血糖值在 7.8~11.1mmol/L,表明

    A. 糖耐量正常   B. 糖耐量升高   C. 糖耐量重度下降

    D. 糖耐量中度下降   E. 糖耐量轻度下降

2-5-6. 向血液标本中加入哪种抗凝剂可以抑制糖酵解

    A. 草酸钾 - 氟化钠   B. EDTA-Na_2 C. EDTA-K_2

    D. 肝素   E. 枸橼酸钠

2-5-7. 1 型糖尿病常见的急性并发症是

    A. 酮症酸中毒   B. 非酮症高渗性昏迷   C. 糖尿病性肾炎

    D. 乳酸酸中毒   E. 白内障

2-5-8. 对于成人隐匿性自身免疫糖尿病最好检测

    A. 胰岛素   B. C 肽   C. HbA1c   D. 酮体   E. anti-GAD_{65}

2-5-9. 血浆钠的参考范围是

    A. 125~145   B. 135~145   C. 135~155

    D. 120~140   E. 125~155

2-5-10. 标本溶血可引起

    A. 血钾升高   B. 血钾降低   C. 血钠升高

    D. 血钠降低   E. 血钙升高

2-5-11. 血气分析仪直接测定的参数是

    A. pH,PCO_2,PO_2 B. pH,BE,AB C. pH,TCO_2,TO_2

    D. pH,AB,BB E. pH,CO_2,O_2

2-5-12. 阴离子间隙增高常伴有

    A. 呼吸性酸中毒   B. 呼吸性碱中毒

    C. 代谢性酸中毒   D. 代谢性碱中毒

    E. 呼吸性酸中毒伴有代谢性碱中毒

2-5-13. 血浆 PCO_2 在呼吸性碱中毒时常常

    A. <50mmHg   B. <45mmHg   C. <35mmHg

    D. >35mmHg   E. >50mmHg

2-5-14. 原发性甲状腺功能低下时

    A. TSH、T3、T4 升高   B. TSH、T3、T4 降低

    C. TSH 降低,T3、T4 升高   D. TSH 升高,T3、T4 下降

    E. 仅有 TSH 降低

2-5-15. 儿童生长激素过度分泌可导致

A. 侏儒症　　　　　　　　B. 巨人症　　　　　　　　C. 肢端肥大症

D. 库欣综合征　　　　　　E. 肾上腺皮质功能不全

2-5-16. 尿 3- 甲氧基 -4- 羟苦杏仁酸（VMA）升高见于

A. 嗜铬细胞瘤　　　　　　　　　　B. 库欣综合征

C. 先天性肾上腺皮质增生症　　　　D. 甲状腺功能亢进

E. 醛固酮增多症

2-5-17. 库欣综合征的主要特征是

A. 皮质醇升高　　　　　B. 皮质醇降低　　　　　C. 雌二醇升高

D. 雌二醇降低　　　　　E. ACTH 降低

2-5-18. 原发性醛固酮增多症时

A. 血钾升高　　　　　　B. 血钠正常或轻度升高　　　C. 代谢性酸中毒

D. 高血肾素活性　　　　E. 皮质醇升高

三、名词解释

2-5-19. 空腹血糖受损（impaired fasting glucose，IFG）。

2-5-20. 糖耐量减退（impaired glucose tolerance，IGT）。

2-5-21. 胰岛素抵抗（insulin resistance，IR）。

2-5-22. 阴离子间隙（anion gap，AG）。

2-5-23. 血氧饱和度（oxygen saturation）。

2-5-24. 异位激素（ectopic hormone）。

四、简答题

2-5-25. 与糖尿病相关的生化检测指标有哪些？它们的临床意义有何不同？

2-5-26. 何谓高血钾症？引起高血钾常见原因有哪些？

2-5-27. 临床上检测血清 TSH，标本采取时应注意些什么？

附：习　题　答　案

一、病案与分析

2-5-1

【病案分析】

1. 本例可能的诊断是：2- 型糖尿病酮症酸中毒和急性下壁心肌梗死并存。

2. 诊断依据主要是：

（1）有糖尿病史，血糖升高。

（2）尿酮体阳性，电解质紊乱，CO_2-CP 降低，说明存在酮症酸中毒。

（3）由于 ECG 的 Ⅱ、Ⅲ、avF 导联 ST 段抬高，T 波倒置，出现病理性波型，而且 cTnI 及心肌酶异常，均提示存在急性下壁心肌梗死。

3. 分析本例目前状态的可能原因有：

（1）既往糖尿病控制不良，导致心血管损伤，冠状动脉硬化或狭窄。

（2）长期高血糖导致代谢紊乱,血黏滞性增高。

（3）酮症酸中毒时脱水导致血液浓缩,增加血液黏稠度。

（4）凝血机制增强、纤溶功能异常、血小板功能异常、血管内皮损伤及功能缺陷等易导致血栓形成。

4. 最后诊断是:2-型糖尿病、酮症酸中毒、心肌梗死。

2-5-2

【病案分析】

1. 本例实验室检查结果表现是:

血浆 Alb、Urea、K^+、Cl^- 明显降低,钠轻度降低,Ca^{2+}、Mg^{2+}、Pi 降低;TCO_2 明显增高,表现为电解质紊乱;尿液检查:pH 5.8,为酸性尿。

2. 患者血浆钾和氯显著降低,TCO_2 明显增高且伴有酸性尿,是典型的重度低钾性代谢性碱中毒。血浆镁和无机磷偏低,还有轻度低钠血症。

3. 临床上多种原因可导致低钾血症。结合病史,该患者的低钾血症的原因可能包括:钾摄入减少,每天摄入量低于排出量,长时间处于负钾平衡;患者还有间断呕吐和自服泻药的情况,增加了从胃肠丢失钾的量。本例可能的诊断为低钾血症、电解质紊乱。

最后诊断为神经性厌食引起重度低钾血症。

2-5-3

【病案分析】

1. 在没有临床病史及定位性神经系统症状存在的情况下,必须排除代谢性原因引起的知觉丧失。虽有几项生化检查结果异常,但无一项是可决定诊断的特异性检查。

尽管血浆淀粉酶活力有所增高,但仍未高至急性胰腺炎的诊断水平。由于在临床上很多急腹症都有血浆淀粉酶活力轻度增高,如溃疡穿孔、急性胆囊炎、肠梗阻、阑尾炎等,只是其活性一般不超过参考值上限的 4 倍。只有当淀粉酶活性高至参考范围上限约 5 倍,且其他可能性原因亦被排除后,方能诊断急性胰腺炎。此外,在伴有高血脂的急性胰腺炎者血浆淀粉酶活力也可正常。

血浆 CK 活力的增高通常只发生于骨骼肌和心肌的损伤。仅靠这一化验结果并不足以诊断该患者为心肌梗死,由于心肌梗死的诊断还应结合临床表现及心电图的指征。同时,CK 活力的改变也可因其他导致肌肉组织损伤的原因引起,如药物注射、术后、体力活动及甲状腺机能低下时,均可出现 CK 增高。

血糖浓度有增高,但增高不是十分严重。并可计算得血浆渗量约为 $290mOsm/kg \cdot H_2O$。这就排除了高渗非酮症昏迷和糖尿病酮症酸中毒素可能。

血浆中的低钠浓度提示该患者患有稀释性低钠血症,但其病因从临床表现或生化检查结果均难确定。在考虑诊断为 ADH 分泌异常之前,其他能导致此类结果的原因诸如明显的血容量减少,甲状腺机能低下或阿狄森病等疾病必须先排除掉。故此还应做进一步检查。

2. 基于该病例的以下重要特点:

（1）老年妇女在冬季被发现处于半昏迷状态。

（2）直肠温度 31℃。

（3）没有定位性神经系统病变指征。

（4）患者体重超重;面部水肿,双脚踝部明显凹陷性水肿。

这些异常生化检查结果及临床表现,在很大程度上可以联系到体温过低或严重的甲状腺机能低下。所以，进一步的检查必须包括并优先考虑甲状腺功能试验。检查结果如下：

血清	结果	参考范围
T_3(nmol/L)	0.36	1.34~2.73
T_4(nmol/L)	12.7	78.4~157.4
TSH(mIU/L)	87	0.2~7.0

血清 T_3、T_4 浓度非常低，而在 TSH 浓度又很高，由于总 T_4 反映的甲状腺的机能状况，水平低说明甲状腺功能低下。而 TSH 测定的主要用途是了解甲状腺功能调节状况，大多数原发性甲状腺机能低下病人的 TSH 浓度升高，而垂体性或下丘脑性甲状腺机能低下患者 TSH 浓度正常或偏低。该患者 TSH 浓度增高，首先应考虑为原发性。结合临床表现及其他相关检查结果，该患者可被诊断为原发性甲状腺机能减退。

3. 最后诊断为原发性甲状腺机能减退。

二、选择题答案

2-5-4. D；　2-5-5. E；　2-5-6. A；　2-5-7. A；　2-5-8. E；　2-5-9. B；
2-5-10. A；　2-5-11. A；　2-5-12. C；　2-5-13. C；　2-5-14. D；　2-5-15. B；
2-5-16. A；　2-5-17. A；　2-5-18. B。

三、名词解释答案

2-5-19. 空腹血糖受损(impaired fasting glucose, IFG)：是指空腹血浆葡萄糖浓度高于 5.6mmol/L 而低于 7.0mmol/L。IFG 反映了基础状态下糖代谢稳态的轻度异常。

2-5-20. 糖耐量减退(impaired glucose tolerance, IGT)：当内分泌失调等因素引起糖代谢失常时，口服或注射一定量的葡萄糖后，血糖急剧升高(可明显升高或升高不明显)，但在短时间不能降至原有水平。OGTT 2 小时血糖(2h-PG)值在 7.8mmol/L 与 11.1mmol/L 之间。

2-5-21. 胰岛素抵抗(insulin resistance, IR)：是指机体对一定量胰岛素的生物效应减低，主要指机体胰岛素介导的葡萄糖摄取和代谢能力减弱，包括胰岛素的敏感性下降和反应性下降。在 IR 状况下，为维持血糖稳定，胰岛 β 细胞不得不代偿性分泌更多胰岛素，导致高胰岛素血症。

2-5-22. 阴离子间隙(anion gap, AG)：是指血浆中未测定的阴离子(UA)与未测定的阳离子(UC)浓度间的差值，即 AG=UA–UC。该值可根据血浆中常规可测定的阳离子(Na^+)与常规测定的阴离子(Cl^- 和 HCO_3^-)的差算出，即 AG=$[Na^+]-([Cl^-]+[HCO_3^-])$，波动范围是 12 ± 2mmol/L。目前一般认为 AG>16mmol/L 为判断是否有 AG 增高代谢性酸中毒的界限。

2-5-23. 血氧饱和度：血液中 HbO_2 量与 Hb 总量(包括 HbO_2 与 Hb)之比称为血氧饱和度。监测动脉血氧饱和度(SaO_2)可以对肺的氧合和血红蛋白携氧能力进行估计。正常人体动脉血的血氧饱和度为 98%，静脉血为 75%。

2-5-24. 异位激素(ectopic hormone)：是指正常情况下不能生成激素的那些细胞，转化为肿瘤细胞后所产生的激素，或者是那些能分泌激素的细胞癌变后，分泌出的是其他内分泌细胞所产生的激素。

四、简答题答案

2-5-25. 与糖尿病相关的生化指标及其临床意义，大致可分成以下几类：

（1）与诊断有关的指标：血糖，包括随机血糖、空腹血糖、口服葡萄糖耐量试验。

（2）1,2 型糖尿病鉴别诊断指标：血酮体、尿酮体；自身抗体：ICA、IAA、GAD 等；胰岛素和 C 肽。

（3）糖尿病的监控指标：短期监控：血糖、尿糖；长期监控：糖化血红蛋白、果糖胺等。

（4）反映糖尿病慢性并发症的指标：渐进性糖基化终产物（AGEs）、细胞因子、脂谱测定、尿微量白蛋白等肾功能指标。

2-5-26. 高血钾症：是指血清钾高于 5.5mmol/L，为高血钾。

引起高血钾症的最常见的原因有：

（1）输入过多。

（2）排泄障碍：如少尿或无尿、急性肾衰竭。

（3）细胞内钾向细胞外转移：如大面积烧伤、代谢性酸中毒。

2-5-27. 临床上检测血清 TSH，标本采取时应注意以下两点：

（1）严格取样时间：TSH 的分泌存在昼夜节律，每日分泌高峰出现在 2~4 时，低谷则在下午 5~6 时。一般在清晨起床前采血。但新生儿出生后的第三天，因面对与母体内截然不同的环境，处于高度应激状态，血中 TSH 水平急剧升高，约 4~7 天后始趋于一较稳定水平。故应在分娩时取脐血或出生 7 天后采血，以避开此应激期。

（2）注意其他应激状态的影响：因住院和穿刺采血引起的紧张恐惧、寒冷、运动、其他疾患等所致的应激状态，可通过大脑皮质等途径导致 TSH 分泌迅速显著增加，应注意避免。

（徐克前）

第六章　肝脏疾病、血清脂质代谢紊乱与心脏疾病实验诊断

一、病案与分析

2-6-1

【简要病史】　王×,男,32岁,公司职员。因乏力,食欲缺乏,恶心,肝区不适2周而来诊。既往健康,否认肝炎接触史。

【体格检查】　T 36.7℃,P 60次/分,R 26次/分,Bp 120/80mmHg。一般状况尚可,巩膜及皮肤黄染。心肺未见异常。腹软,无压痛,肝右肋下2.0cm,质地稍韧,触痛(+),脾未触及。四肢及神经系统检查无异常。

【实验室检查】

血液一般检查:RBC 4.7×10^{12}/L, Hb 135g/L, HCT 0.46;

WBC 8.5×10^9/L, S 0.62, St 0.04, E 0.02, L 0.27, M 0.06。

临床化学检查:TP 70g/L, ALB 46g/L, GLB 24g/L;

ALT 880U/L, AST 90U/L, GDH 20U/L;

STB 160μmol/L, CB 60μmol/L。

尿液检查:色黄,尿胆红素定性(+),尿胆原 3.0μmol/L。

【思考题】

1. 根据以上资料,该患者初步应考虑为何种诊断? 为什么?

2. 为了明确诊断,还应该做哪些检查?

2-6-2

【简要病史】　吴×,女,65岁,退休教师。近两年来自觉记忆力明显减退,时有头迷头晕,但无心悸、气短、呼吸困难等。以前体检时曾提示过高血压,但未予注意,也从未服药治疗。家族中母亲曾有"心脏病"。

【体格检查】　体温36.7℃,呼吸18次/分,脉搏75次/分,Bp 170/100mmHg。体型肥胖。一般状态较好。心、肺、肝、脾、四肢及神系统未见异常。

【实验室检查】

血常规检查:RBC 4.0×10^{12}/L, HGB 140g/L, HCT 0.40, MCV 90fl, MCH 31pg, MCHC 320g/L, RDW 0.14;

WBC 6.2×10^9/L, Sg 0.63, St 0.03, E 0.02, B 0.01, L 0.28, M 0.03。

尿液检查:比密1.018,pH 7.0,葡萄糖(−),蛋白(±),胆红素(−),尿胆原 弱(+),酮体(−),隐血(−),白细胞(−),亚硝酸盐(−)。

临床化学检查:TP 72g/L, ALB 45g/L, ALT 40U/L, γ-GT 35U/L, ALP 75U/L;

TC 6.7mmol/L, TG 2.1mmol/L, LDL-C 4.0mmol/L, HDL-C 0.7mmol/L。

【思考题】

1. 结合临床资料本例诊断应该从哪几方面考虑?

2. 本例实验室检查结果应如何分析?

3. 根据临床及实验室检查结果分析,本例诊断是什么?

2-6-3

【简要病史】 任 ×,男,56 岁,干部。一天前自觉乏力、胸部不适、活动时心悸、气促,未予注意;今晨起床后突感胸骨后压缩性疼痛并向左肩背部放散,舌下含硝酸甘油片疼痛略有缓解,但反复加重。遂于当日晚我院急诊就诊。有高脂血症及动脉粥样硬化病史近 20 年。

【体格检查】 体温 38.2℃,呼吸 26 次/分,脉搏 120 次/分,Bp 90/60mmHg。急性病容,体型肥胖。心脏中等增大,听诊心率 120 次/分,心尖区第一心音减弱,可闻及奔马律;双肺无异常;腹部平软,肝、脾未触及;四肢及神系统未见异常。

【心电图检查】

Ⅱ、Ⅲ、aVF 导联有宽而深的 Q 波,ST 段抬高。

【实验室检查】

血液一般检查:RBC 4.5×10^{12}/L,HGB 150g/L,HCT 0.44,MCV 90fl,MCH 30pg,MCHC 340g/L,
　　　　　　 RDW 0.14;

　　　　　　 WBC 16.2×10^{9}/L,Sg 0.73,St 0.09,L 0.18。

尿液检查:比密 1.018,pH 7.0,葡萄糖(−),蛋白(±),胆红素(−),尿胆原 弱(+),酮体(−),隐血(−),白细胞(−),亚硝酸盐(−)。

临床化学检查:CK 800U/L,CK-MB 28.3%,TnT 0.9μg/L;
　　　　　　 TC 8.5mmol/L,TG 2.3mmol/L,
　　　　　　 LDL-C 5.4mmol/L,HDL-C 0.7mmol/L。

【思考题】

1. 结合临床资料及实验室检查结果,本例应考虑为哪方面疾病?

2. 应如何分析本例实验室检查结果?

3. 根据临床及实验室检查结果分析,本例诊断是什么?

二、选择题

2-6-4. 反映肝细胞损伤常用的酶学指标是

    A. MAO、pH　　　　　　B. ALP、GGT　　　　　　C. ALT、AST

    D. AFU、5′-NT　　　　　E. AMY、LPS

2-6-5. 可以反映胆汁淤滞的酶学指标是

    A. MAO、pH　　　　　　B. ALP、GGT　　　　　　C. ALT、AST

    D. AFU、5′-NT　　　　　E. AMY、LPS

2-6-6. 下列中作为反映肝脏合成功能灵敏指标的是

    A. MAO　　　B. GGT　　　C. ALT　　　D. 5′-NT　　　E. ChE

2-6-7. 下列中用于肝细胞癌与其他肝占位性病变鉴别诊断指标的是

    A. ALT　　　B. GGT　　　C. AST　　　D. AFU　　　E. ChE

2-6-8. 下列哪些情况符合出现血清白蛋白减低结果,除外

A. 营养不良　　　　　　　B. 急性肝细胞损害　　　　C. 恶性肿瘤

D. 肾病综合征　　　　　　E. 蛋白丢失性肠病

2-6-9. 下列符合溶血性黄疸的是

A. 总胆红素升高　　　　　　　　B. 结合胆红素升高

C. 非结合胆红素明显升高　　　　D. 尿胆原明显升高

E. 以上均是

2-6-10. 下列符合梗阻性黄疸的是

A. 总胆红素升高　　　　　　　　B. 结合胆红素明显升高

C. 非结合胆红素升高　　　　　　D. 尿胆红素阳性

E. 以上均是

2-6-11. 对黄疸的诊断和鉴别诊断最有价值的项目是

A. 血清蛋白电泳

B. AFP

C. STB、CB、UCB、尿胆原和尿胆红素

D. ALT、AST、ALP、GGT

E. TP、ALB、GLB、A/G 比值

2-6-12. 年轻男性与朋友聚餐后，半夜上腹不适、恶心并伴有刀割样疼痛，该患者应首先选取的检查项目是

A. MAO、pH　　　　　B. ALP、GGT　　　　　C. ALT、AST

D. AFU、5′-NT　　　　E. AMY、LPS

2-6-13. 有助于诊断原发性肝癌首选的指标是

A. ALT、AST　　　　　　　　　B. AFP

C. STB、CB、UCB　　　　　　　D. AMA

E. TP、ALB、GLB、A/G 比值

2-6-14. 诊断慢性肝病的下列检查项目除外

A. ALT、AST　　　　　　　　　B. ALP、GGT

C. TAG、A/G 比值、蛋白电泳　　D. PA

E. STB、CB、UCB

2-6-15. 下列属于肝病型的血清蛋白电泳图形为

A. 单克隆 γ 球蛋白增高

B. 白蛋白及 γ 球蛋白减低，α_2 及 β 球蛋白增高

C. 白蛋白减低，γ 球蛋白增高

D. α_1、α_2 及 β 三种球蛋白均增高

E. γ 球蛋白减低

2-6-16. 下列中除哪项外均可见血清 Lp(a)水平增高

A. 心肌梗死　　　　　　　　B. 急性炎症

C. 缺血性心脑血管疾病　　　D. 肾病综合征

E. 肝癌

2-6-17. 急性胰腺炎时血清浓度最早出现变化的指标是

A. LPS　　　B. ALP　　　C. ALT　　　D. AFU　　　E. AMY

2-6-18. 下列检查结果,病毒复制活跃并有强传染性的是

	HBsAg	抗-HBs	HBeAg	抗-HBe	抗-HBc
A	+	–	–	–	–
B	+	–	–	–	+
C	+	–	+	–	+
D	–	–	–	–	+
E	–	+	–	+	+

2-6-19. 冠心病危险因素除外下列中哪项
    A. 高 TC   B. 高 LDL-C   C. 高 HDL-C   D. 高 TG   E. 高血压

2-6-20. 下列哪种脂蛋白具有抗动脉粥样硬化的作用
    A. Lp(a)   B. LDL   C. ox-LDL   D. VLDL   E. HDL

2-6-21. 对于 AMI 诊断特异性和灵敏性均高的项目是
    A. Mb   B. CK-MB   C. FABP   D. TnT/TnI   E. BNP

2-6-22. 发病早期阴性可除外 AMI 的检查项目是
    A. Mb   B. CK-MB   C. FABP   D. TnT/TnI   E. BNP

三、名词解释

2-6-23. 高密度脂蛋白胆固醇(high density lipoprotein cholesterol,HDL-C)。

2-6-24. 心肌肌钙蛋白(cardiac troponin,cTn)。

2-6-25. 血清前白蛋白(prealbumin,PAB)。

四、简答题

2-6-26. 简述何为代谢综合征。

2-6-27. 试述 BNP 或 NT-pro-BNP 检测的临床意义。

2-6-28. 简述肝胆胰疾病临床常用的诊断酶及其分类。

附:习 题 答 案

一、病案与分析

2-6-1
【病案分析】
1. 考虑本例的初步诊断为:急性黄疸性肝炎。该患者被诊断为急性黄疸型肝炎的根据是:
(1) 病史和临床症状(乏力,食欲缺乏,恶心,肝区不适 2w)及体征(肝右肋下 2.0cm,质地稍韧,触痛(+))。
(2) 实验室检查
1) 蛋白质检查:TP、ALB、GLB 及 A/Gb 比值均正常,说明不是慢性肝脏损伤;此与病程只有两周是完全符合的。

2）酶学检查：ALT、AST、GDH 均升高，表明有肝实质（肝细胞）的损伤。

3）肝脏损伤的细胞病理学定位：ALT（880U/L）明显升高，AST（90U/L）及 GDH（20U/L）虽也有升高，但其升高不如 ALT 升高明显，表明是以 ALT 升高为主。说明损伤主要在肝细胞质，但同时有线粒体损伤（GDH 是线粒体损伤的标志酶，GDH20U/L，也有升高）。

4）血胆红素（STB 160μmol/L，CB 60μmol/L）及尿液检查结果（尿液色黄，尿胆红素定性阳性，尿胆原定量正常），提示为肝细胞性黄疸。

2. 为了进一步明确肝炎的病原和性质，还应做下列各项检查：

（1）肝炎病毒血清免疫学标志物（查明病原、病因）。

（2）ALP、GGT（了解有无胆汁淤滞）

【诊断】 急性黄疸型肝炎。

本例根据肝炎病毒血清免疫学标志物检查的结果，才可以进一步确定是否为病毒性肝炎及其分型（甲型？乙型？丙型？戊型？），才可做出最后诊断。

2-6-2

【病案分析】

1. 结合临床资料本例诊断应从以下几方面考虑：

（1）高血压。

（2）血脂异常（高血脂）。

2. 本例实验室检查结果主要表现是：

（1）血常规正常，可以排除贫血。

（2）尿常规除尿蛋白（±）外均正常，尿蛋白（±）可能与高血压和动脉粥样硬化所引起的肾动脉硬化有关。

（3）肝肾功能及酶学检查均正常。

（4）血脂检查明显异常，表现为脂质代谢紊乱（TC 6.7mmol/L，TG 2.1mmol/L，LDL-C 4.0mmol/L，均增高；HDL-C 0.7mmol/L，降低）。

【最后诊断】 根据临床及实验室检查结果分析，本例最后诊断是：

1. 脂质代谢异常（高脂血症）。

2. 高血压（还需要进一步观察血压及做有关检查）。

2-6-3

【病案分析】

1. 临床症状、体征、心电图改变及既往史，都提示本例为心血管疾病；实验室检查结果提示为高脂血症及急性心肌损伤（AMI）。

2. 实验室检查结果分析：

（1）RBC 及 HGB 检查正常。

（2）WBC 总数及中性粒细胞计数均增高并有明显核左移（N = Sg 0.73+St 0.09 = 0.82，>70%；St 0.09>0.06），此与本例心肌梗死（心肌损伤）的发生有密切关系。

（3）AMI 的早期标志物 CK 及 CK-MB 升高（CK-MB 28.3%，已 >5%），AMI 的确诊标志物 TnT 也明显升高（TnT 0.9μg/L，已 >0.5μg/L），提示本例已发生了心肌梗死。该患者这些心肌损伤标志物的时相变化与该患者的就诊时间也是相符的（早起发病，当晚就诊，发病已超过 6 小时，病程约为 12h 左右）。因为 AMI 时 CK 及 CK-MB 分别在 AMI 发作 4~10h 和 3~6h 时开始升高，分别在发病后 36h 和 24h 内达峰值；TnT 会在 AMI 发作 6h 内开始升高，在发病 12h 内达峰值。

（4）本例血脂四项检查亦明显异常，表现为脂质代谢紊乱（TC 8.5mmol/L，TG 2.3mmol/L，LDL-C 5.4mmol/L，均明显升高；HDL-C 0.7mmol/，降低），均超过了我国高脂血症的诊断标准。

【最后诊断】 根据临床症状、体征、心电图检查及实验室检查结果分析，本例诊断是：

1. 急性下壁心肌梗死。
2. 动脉硬化。
3. 脂质代谢异常（高脂血症）。

附（表 2-6-1）：

表 2-6-1　AMI 时心肌损伤标志物的时相变化

	标志物	开始升高时间	达峰值时间	回复正常时间
早期	Mb	3~6h	6~12h	18~30h
	CK-MBmass	3~8h	9~30h	48~72h
确诊	TnT	3~6h（60%~80%） 6~12h（100%）	10~24h	10~15d
	TnI	同上	14~20h	5~7d

注：目前临床已逐步开展高敏肌钙蛋白的检测（hs-TnI/hs-TnT），能更好地提示早期和微小的心肌损伤。

二、选择题答案

2-6-4. C；　2-6-5. B；　2-6-6. E；　2-6-7. D；　2-6-8. B；　2-6-9. E；
2-6-10. E；　2-6-11. C；　2-6-12. E；　2-6-13. B；　2-6-14. D；　2-6-15. C；
2-6-16. E；　2-6-17. E；　2-6-18. C；　2-6-19. C；　2-6-20. E；　2-6-21. D；
2-6-22. A。

三、名词解释答案

2-6-23. 高密度脂蛋白：是血清中颗粒最小密度最大的一组脂蛋白，被视为人体内具有抗动脉粥样硬化作用的脂蛋白；大量的流行病学资料表明，血清高密度脂蛋白胆固醇（HDL-C）水平与冠心病发病呈负相关，因而 HDL-C 被称为"好胆固醇"。

2-6-24. 心肌肌钙蛋白（cardiac troponin，cTn）：是肌钙蛋白复合体中与心肌收缩功能有关的一组蛋白，由肌钙蛋白 T（TnT）、肌钙蛋白 I（TnI）和肌钙蛋白 C（TnC）三种亚单位组成。当心肌损伤或坏死时，可因心肌细胞通透性增加和（或）TnT、TnI 从心肌纤维上降解下来而导致血清 cTn 增高，前者呈迅速而短暂性升高，后者呈持续性升高。因此，血清 cTn 浓度可反映心肌损伤的情况，是心肌损伤的特异性标志。

2-6-25. 血清前白蛋白：由肝细胞合成，分子量比白蛋白小，醋酸纤维膜电泳时向阳极泳动速度比白蛋白快，电泳图谱上位于白蛋白前方，为一染色很浅淡的区带。其血清浓度明显受营养状况和肝功能改变的影响。其减低见于：①营养不良、慢性感染、恶性肿瘤晚期；②肝胆系统疾病（肝炎、肝硬化、肝癌及阻塞性黄疸）。因其半寿期短，其减低早于其他血清成分，对早期肝炎和急性重症肝炎有特殊诊断价值。

四、简答题答案

2-6-26. 代谢综合征:是指高胰岛素血症、高甘油三酯血症、低 HDL-C 血症和高血压等多种心血管疾病危险因素同时集聚于同一个体,这些危险因素可相互作用、相互促进,加快动脉粥样硬化的形成。其临床以腹型肥胖、动脉粥样硬化性血脂异常、高血压、胰岛素抵抗、血栓形成及炎症状态等为特征。

2-6-27. BNP 或 NT-pro-BNP 检测的临床意义主要是:①用于心衰的诊断、分级和预后的判断、治疗监测、病情观察的指标;②用于呼吸困难鉴别:心源性呼吸困难时增高,肺源性呼吸困难时不增高;③是心肌梗死后心功能的监测和预后判断的指标;④用于左室肥厚、肥厚梗阻性心肌病和扩张性心肌病的判断;⑤可用于对心脏手术病人的术前、术后心功能评估,帮助临床选择最佳手术时机;⑥用于高危人群(肥胖、高血压、糖尿病、冠心病)心血管风险早期发现。

2-6-28. 肝胆胰疾病临床常用的诊断酶,按其临床意义可归为以下五大类:①反映肝细胞损害为主的酶:ALT、AST、GLD 或 GLDH、LDH 及同工酶、CHE。②反映胆汁淤滞为主的酶:ALP、r-GT 或 GGT。③反映肝脏纤维化为主的酶:MAO、pH、collagenase。④协助诊断肝细胞癌的酶:AFP 等。⑤反映胰腺疾病的酶:AMY/AMS、LPS/LIP、LAP。

(吉阳涛 张丽霞)

第七章　浆膜腔积液、分泌物与排泄物检查及实验诊断

一、病案与分析

2-7-1

【简要病史】　孙×,女,36岁,工人。反复腹痛、脓血便2年,加重一周。2年来反复腹痛、腹泻,糊状或黏液便,每日2~3次;严重时黏液脓血便伴里急后重,并有腹胀、腹痛、食欲缺乏、乏力等症状。虽经抗感染治疗,但未见好转。近一周来排便频繁,多为黏液脓血便,里急后重症状明显加重。既往无其他疾病。

【体格检查】　T 37℃,R 22次/分,P 86次/分,Bp 110/70mmHg。一般状况较差,消瘦,皮肤黏膜干燥,轻度贫血貌。心肺未见异常。腹软,肝脾肋下未触及,左下腹压痛(+),肠鸣音活跃。

【实验室检查】

血常规检查:RBC 2.9×10^{12}/L,Hb 88g/L;

WBC 11.5×10^9/L,St 0.07,Sg 0.72,L 0.18,M 0.02,E 0.01;ESR 34mm/1h 末。

血生化检查:Na^+ 126mmol/L,Cl^- 89mmol/L,K^+ 3.2mmol/L,TP 58g/L;

ALB 26g/L,GLB 30g/L。

粪便检查:外观为黏液脓血便,RBC>20/HP,WBC 7~10/HP,可见巨噬细胞;反复多次检查未见到阿米巴包囊和滋养体;

粪便细菌培养未见痢疾杆菌生长。

【思考题】

1. 该患者应考虑为哪些疾病?

2. 结合临床及实验室检查结果,本例最可能的诊断是什么? 为什么?

3. 为了明确诊断还应该做哪些检查?

2-7-2

【简要病史】　徐×,男,54岁,农民。近一个月腹胀、乏力、周身不适;最近一周皮肤瘙痒,皮肤及眼睛发黄。既往有慢性肝炎20余年,时好时坏。没有进行系统检查和治疗。

【体格检查】　T 37.8℃,R 24次/分,P 86次/分,Bp 110/68mmHg。一般状况较差,消瘦,皮肤干燥、发暗无光泽,面部及上胸部可见蜘蛛痣,皮肤及巩膜黄染。腹部膨隆,腹水征阳性;肝脾触诊不满意。心、肺、四肢及神经系统检查无明显异常。

【实验室检查】

血液一般检查:RBC 3.8×10^{12}/L,Hb 99g/L;HCT 0.37;

WBC 14.5×10^9/L,St 0.07,Sg 0.75,L 0.15,M 0.03;

PLT 90×10^9/L。

腹水检查:比重1.020,蛋白31g/L,细胞数 600×10^{12}/L,N 0.89,L 0.11;

癌细胞(+)

临床化学检查:TP 50g/L,ALB 20g/L,GLB 30g/L;

蛋白电泳 ALB 0.40,α_1 0.03,α_2 0.07,β 0.15,γ 0.35;

ALT 243U/L,AST 186U/L,ALP 470U/L,GGT 98U/L,MAO 120U/L;

STB 180mmol/L,CB 85mmol/L

免疫学检查:HBsAg(+),抗 HBs(−),HBeAg(+),抗 HBe(−),抗 HBc(+);AFP(+)。

【思考题】

1. 结合病史及临床检查,应考虑为哪方面的疾病?

2. 根据临床及实验室检查结果,该患者的初步诊断是什么?为什么?

3. 你认为还需要增加哪些实验室检查项目?

2-7-3

【简要病史】 苏 × ,女,26 岁,农民。半年来,头痛、不规则发热、消瘦;2 个月前,曾于当地医院就诊,以"结核性脑膜炎"抗结核治疗 2 个月,效果不满意;近一周来,上述症状加重,高热,伴恶心、呕吐。遂转入我院诊治。患者自述于半年多以前曾做过一次人工流产,术后未注意营养及休息。此外无其他既往病史。

【体格检查】 T 39.4℃,R 26 次 / 分,P96 次 / 分,Bp 110/70mmHg。一般状况较差,消瘦,慢性病容,轻度贫血貌,但皮肤及黏膜无黄染及出血点等。双眼视力减退;神经系统检查:颈强直(+)、Kernig 征(+),Babinski(+);心、肺未见明显异常,腹软,肝脾肋下未触及。

【实验室检查】

血常规检查:RBC 2.9×10^{12}/L,Hb 88g/L;

WBC 16.5×10^9/L,Sg 0.65,St 0.07,L 0.25,M 0.02,E 0.01;

PLT 102×10^9/L;

ESR 30mm/h 末。

血生化检查:Na^+ 126mmol/L,Cl^- 89mmol/L,K^+ 3.2mmol/L,TP 58g/L;

ALB 32g/L,GLB 26g/L。

尿液及粪便检查:未见异常。

脑脊液检查:压力 3.5kPa,外观微浊,无凝块;

蛋白定性(Pandy 试验)(++),蛋白定量 0.8g/L,

葡萄糖定量 1.2g/L,

氯化物 105mmol/L,

细胞总数 70×10^6/L,单个核细胞 60%,多个核细胞 40%。

X 线胸部平片检查:心、肺均未见异常。

【思考题】

1. 结合病史及实验室检查资料,该患者应考虑为哪种疾病?为什么?

2. 为了进一步明确诊断,还需要做哪些检查?理由是什么?

3. 结合临床及实验室检查结果,本例最后诊断是什么?

二、选择题

2-7-4. 白陶土样便见于

A. 伪膜性肠炎 　　　　　B. 过敏性肠炎 　　　　　C. 细菌性痢疾

D. 胆道梗阻　　　　　　　　　E. 直肠癌

2-7-5. Rivalta test 用于鉴别

A. 渗出液和漏出液　　　　　　　B. 细菌性痢疾和阿米巴痢疾

C. 肺结核和肺癌　　　　　　　　D. 溃疡性结肠炎和便秘

E. 过敏性肠炎和胆道梗阻

2-7-6. 男性患者,35 岁,因发热、呕吐伴抽搐 3 天入院。脑脊液检查结果:中度混浊、中性粒细胞 85%、蛋白质 0.92g/L、糖 1.12mmol/L、氯化物 90mmol/L,最可能的诊断是

A. 脑肿瘤　　　　　　　　B. 隐球菌性脑膜炎　　　　　　C. 病毒性脑膜炎

D. 结核性脑膜炎　　　　　E. 化脓性脑膜炎

2-7-7. 下列疾病中,脑脊液中氯化物下降最明显的疾病是

A. 结核性脑膜炎　　　　　B. 病毒性脑膜炎　　　　　　　C. 隐球菌性脑膜炎

D. 阿米巴性脑膜炎　　　　E. 急性细菌性脑膜炎

2-7-8. 柏油样便是

A. 上消化道大量出血引起　　　　B. 下消化道大量出血引起

C. 阿米巴痢疾引起　　　　　　　D. 消化道炎症引起

E. 痔疮出血所致

2-7-9. 下列哪种因素可造成化学法大便隐血试验假阳性

A. 生食蔬菜　　　　　　　　　　B. 进食肉类食品

C. 进食含动物血的食品　　　　　D. 服用维生素 C

E. 服用某些刺激性药物

2-7-10. 暗红色果酱样便见于

A. 伪膜性肠炎　　　　　　B. 过敏性肠炎　　　　　　　　C. 细菌性痢疾

D. 阿米巴痢疾　　　　　　E. 直肠癌

2-7-11. 前列腺炎时前列腺液检查所见下列哪种是错误的

A. 前列腺液量减少　　　　　　　B. 白细胞多且成堆出现

C. 可见红细胞　　　　　　　　　D. 卵磷脂小体增多

E. 上皮细胞增多

2-7-12. 阴道清洁度检查不包括下列哪项

A. 杆菌　　　B. 球菌　　　　C. 上皮细胞　　　D. 红细胞　　　E. 白细胞

2-7-13. 米泔样便见于

A. 肛裂　　　　　　　　　B. 溃疡性结肠炎　　　　　　　C. 上消化道出血

D. 直肠癌　　　　　　　　E. 重症霍乱

三、名词解释

2-7-14. 黏蛋白。

2-7-15. 隐血。

四、简答题

2-7-16. 脓性及脓血便常见于哪些疾病?

2-7-17. 简述隐血试验对消化道出血鉴别诊断的意义?

附:习 题 答 案

一、病案与分析

2-7-1

【病案分析】

1. 该患者应考虑的疾病是:

(1) 慢性细菌性痢疾。

(2) 阿米巴痢疾。

(3) 溃疡性结肠炎。

2. 本例最可能的诊断是:溃疡性结肠炎。依据是:

(1) 临床表现为慢性肠道炎症(2 年来反复腹痛、腹泻,糊状或黏液便,严重时黏液脓血便伴里急后重;有消瘦、贫血)。

(2) 实验室检查符合慢性溃疡性结肠炎。

1) 血常规检查 WBC 及 N 增高,ESR 增快。

2) 粪便检查:外观为黏液脓血便,镜检 RBC>WBC(RBC>20/HP,WBC 7~10/HP),且见到巨噬细胞;反复多次检查未见到阿米巴包囊和滋养体;粪便细菌培养未见痢疾杆菌生长。

3) 有电解质紊乱及低蛋白血症。

(3) 可以除外慢性细菌性痢疾和阿米巴痢疾:

1) 无急性菌痢史,便细菌培养阴性,镜检 RBC>WBC,不符合慢性细菌性痢疾。

2) 虽临床表现可以考虑为阿米巴痢疾,但反复多次检查都没有发现阿米巴包囊及滋养体,故也可以除外阿米巴痢疾。

(4) 在除外慢性细菌性痢疾和阿米巴痢疾后,最可能的诊断就是慢性溃疡性结肠炎。

3. 为了明确诊断和除外肠道肿瘤(特别是除外恶性肿瘤),还应该补做以下检查:

(1) 结肠镜检查(如见到肿物应取标本送病理检查)。

(2) 肿瘤标志物检查(CA19-9、CEA 等)。

【最后诊断】　目前最可能的诊断是:慢性溃疡性结肠炎。结合结肠镜和肿瘤标志物检查结果可以做出最后诊断。

2-7-2

【病案分析】

1. 该患者应考虑是肝胆系统的疾病。

2. 本例的初步诊断考虑为:慢性乙型病毒性肝炎。

肝硬化。

肝癌。

腹水症。

诊断依据是:

(1) 临床病史、症状、体征及有 20 余年慢性肝炎的既往史,均符合上述诊断(腹胀、皮肤瘙痒、皮肤及眼睛发黄;有蜘蛛痣;腹部膨隆、腹水征阳性)。

(2) 有贫血和感染的血象(RBC、HGB、HCT 均减低;WBC、St 和 Sg 升高,有轻度核左移)。

(3) 临床化学检查提示为肝实质损伤并有胆汁淤积及黄疸(TP 和 ALB 减低，A/G 比值倒转；ALT、AST、ALP、γ-GT 和 MAO 均升高；STB 和 CB 升高)，均符合慢性肝病及肝硬化。

(4) 肝炎免疫学血清标志物检查结果表明为乙型病毒性肝炎，有很强的传染性。

(5) 腹水检查结果是渗出液(比重、蛋白、细胞数及分叶核粒细胞都增高；并查到了癌细胞)，提示很可能是在乙型肝炎和肝硬化基础上又发生了肝癌；同时提示合并感染。

3. 为了进一步明确诊断，还应该补查以下实验室检查项目：

(1) 尿胆红素和尿胆原(对黄疸类型的诊断和鉴别诊断有帮助)。

(2) CEA(排除转移性肝癌)。

(3) AFP 亚型(明确 AFP 升高是由于肝癌引起还是肝硬化引起的)。

(4) 复查腹水时可以再补做黏蛋白定性试验和腹水的细菌学检查。

【最后诊断】

1. 慢性乙型病毒性肝炎。

2. 肝硬化。

3. 肝癌。

4. 腹水症合并感染。

2-7-3

【病案分析】

1. 结合病史及实验室检查资料，该患者应考虑的疾病是：

(1) 结核性脑膜炎。

(2) 新隐球菌脑膜炎。

本例考虑为上述疾病的根据是：

(1) 临床症状：半年多来头痛、不规则发热、体重减轻；2 个月前，曾于当地医院就诊，诊断为"结核性脑膜炎"，进行过抗结核治疗；近一周来，上述症状加重，高热，伴恶心、呕吐。

(2) 临床体征：T 39.4℃，一般状况较差，消瘦，慢性病容，轻度贫血貌，颈强直(+)、Kernig 征(+)，Babinski(+)。提示为神经系统病变，符合脑膜炎诊断。

(3) 实验室检查

1) 血常规检查白细胞总数及中性粒细胞增高，ESR 增快。

2) 脑脊液检查：外观微浊，无凝块；蛋白含量增高〔定性(++)，定量 0.8g/L〕；葡萄糖(1.2g/L)和氯化物(105mmol/L)减少；细胞总数(70×10^6/L)增高，但以单个核细胞为主(60%)。不支持化脓性脑膜炎，也不支持脑肿瘤，比较支持结核性脑膜炎和新型隐球菌脑膜炎，但为了确诊还需要做进一步检查。

2. 为了明确诊断，还需要做脑脊液的抗酸杆菌和新型隐球菌检查，因为：

(1) 该患者虽然做过脑脊液检查，但是没有检查脑脊液中的抗酸杆菌和新型隐球菌。

(2) 临床上结核性脑膜炎比新型隐球菌脑膜炎更为常见，但二者之临床表现很相似，必须予以鉴别。

(3) 结核性脑膜炎是由结核杆菌所引起，脑脊液抗酸杆菌检查可阳性；而新型隐球菌脑膜炎是由新型隐球菌所引起，脑脊液墨汁染色时，可见其菌体周围有一圈折光性很强的夹膜。上述病原体检查是结核性脑膜炎和新隐球菌脑膜炎鉴别的重要实验室依据。

(4) 新型隐球菌侵袭常发生在机体抵抗力和免疫力低下时。该患者曾在半年多前做过一次人工流产，术后未能注意饮食及休息，很可能在机体免疫力低下的情况下，诱发了新型隐球菌感染。

（5）本例曾于当地医院诊断为"结核性脑膜炎"，抗结核治疗 2 个月，效果不满意，也提示本例很可能不是结核性脑膜炎。

3. 该患者注入我院后，再次检查脑脊液，查到了新型隐球菌，未查到抗酸杆菌。予以克霉唑等综合性治疗后，病情明显好转。

【最后诊断】　结合临床及实验室检查结果，本例最后诊断是：新型隐球菌脑膜炎。

二、选择题答案

2-7-4. D；　　　2-7-5. E；　　　2-7-6. E；　　　2-7-7. A；　　　2-7-8. A；　　　2-7-9. D；
2-7-10. D；　　　2-7-11. D；　　　2-7-12. D；　　　2-7-13. E。

三、名词解释答案

2-7-14. 黏蛋白：是一种酸性糖蛋白，等电点为 pH 3~5，可在酸性溶液中出现白色沉淀。浆膜上皮细胞在炎性反应刺激下黏蛋白分泌量增加，黏蛋白定性试验（Revalta test）可对渗出液与漏出液进行鉴别，渗出液阳性，漏出液阴性。

2-7-15. 隐血：是指消化道少量出血，红细胞被消化破坏，粪便外观无异常变化，肉眼和显微镜均不能证实的出血。隐血检查对消化道出血的筛查和鉴别有重要意义。

四、简答题答案

2-7-16. 脓性及脓血便常见于细菌性痢疾、溃疡性结肠炎、局限性肠炎、结肠或直肠癌、结核等。

2-7-17. 隐血试验主要应用于消化道出血的筛查和鉴别。隐血试验对消化道出血鉴别诊断的主要意义是：消化性溃疡隐血试验呈间断性阳性，治疗后好转，即可转阴；消化道恶性肿瘤隐血试验呈持续性阳性。

（宋鉴清）

第八章　感染性疾病的实验诊断及病原学检查

一、病案与分析

2-8-1

【简要病史】 高×,女,20岁,学生。一天前吃过未洗干净的水果,今日出现急性腹泻(已腹泻3次),里急后重、排黏液脓血便,伴有发冷、发热、腹痛。自述既往健康。

【体格检查】 痛苦面容。T 38.7℃,P 75次/分,R 26次/分,Bp 120/80mmHg。一般状况尚可,全腹压痛、左下腹压痛明显,无肌紧张及反跳痛。心、肺、肝、脾等未见异常。

【实验室检查】

血液一般检查:WBC 10.5×10^9/L,Sg 0.82,St 0.04,L 0.16。

　　　　　　　RBC检查正常。

粪便常规检查:外观为黏液脓血便;

　　　　　　　镜检有大量脓细胞、红细胞与巨噬细胞。

【思考题】

1. 根据以上资料,该患者初步应考虑为何种诊断? 为什么?

2. 为了明确诊断,还应该做哪些检查?

2-8-2

【简要病史】 杨×,女,38岁。1天前开始出现尿频、尿急、尿痛、排尿不适等症状。自觉发热、腰部及周身不适、乏力。既往健康。

【体格检查】 体温37.7℃,呼吸18次/分,脉搏75次/分,Bp 120/80mmHg。一般状态较好。双肾区叩痛(−),输尿管压痛(−)。心、肺无异常,腹部平软,肝、脾未触及,四肢及神系统未见异常。

【实验室检查】

血常规检查:RBC 4.0×10^{12}/L,HGB 140g/L,HCT 0.40;

　　　　　　WBC 10.2×10^9/L,Sg 0.75,St 0.03,E 0.02,L 0.18,M 0.02。

尿液检查:比密1.018,pH7.0,葡萄糖(−),蛋白(−),胆红素(−),

　　　　　尿胆原 弱(+),酮体(−),隐血(−),白细胞(−),

　　　　　亚硝酸盐(+),WBC 20~25个/LP。

临床化学检查:BUN 3.5mmol/L,Cr 56μmol/L。

【思考题】

1. 本例实验室检查结果应如何分析?

2. 为明确诊断还应该做哪些检查?

3. 根据临床及实验室检查结果分析,本例诊断是什么?

2-8-3

【简要病史】　周×,男,28岁,公司职员。3天前到娱乐场所并与三陪小姐发生性关系。1天前尿道口红肿、发痒及轻微刺痛,有稀薄黏液流出,排尿有不适感。今天上述症状加剧,龟头红肿,分泌物由稀薄黏液转变为深黄色的脓液,出现尿频、尿痛、排尿困难、行动不便。既往健康,无泌尿生殖系统疾病。

【体格检查】　T 37.7℃,呼吸 18 次 / 分,脉搏 75 次 / 分,Bp 120/80mmHg。一般状态尚好,两侧腹股沟淋巴结红肿并有触压痛。心、肺、肝、脾、四肢及神系统未见异常。

【实验室检查】

血常规检查:RBC 4.3×10^{12}/L,HGB 150g/L,HCT 0.42;

　　　　　　WBC 12.5×10^9/L,Sg 0.78,St 0.03,L 0.17,M 0.02。

尿液检查:比密 1.018,pH 7.0,葡萄糖(−),蛋白(−),胆红素(−),

　　　　　尿胆原弱(+),酮体(−),隐血(−),白细胞(−),

　　　　　亚硝酸盐(−),WBC 21~25 个 /LP。

尿道分泌物涂片细菌检查:在分叶核中性粒细胞内外见到肾形、凹面相对的革兰阴性双球菌。

【思考题】

1. 根据以上资料,该患者初步应考虑为何种诊断？为什么？

2. 为了明确诊断,还应该做哪些实验检查？

2-8-4

【简要病史】　郭×,男,40岁,外企公司职员。全身起红斑、手足心起褐色斑点 1 周,不痛、不痒。患者于 2 个月前阴茎包皮远端至冠状沟处曾起一指甲盖大暗红色结节,不痛,自行破溃,外用红霉素眼药膏 3 周后愈合。近 1 周来躯干、四肢相继出现红斑,双手、足心出现蚕豆大褐色斑,不痒。曾服抗过敏药物治疗无效。原无手足癣史。近 1 个月来无全身用药史。已婚,发病前 3 个月左右有冶游史。性伴侣及爱人情况不清。

【体格检查】　T 36.2℃,呼吸 18 次 / 分,脉搏 60 次 / 分,Bp 120/70mmHg。一般状态尚好。躯干、四肢可见泛发蚕豆大淡红斑,表面无脱屑,压之退色;双手、双足掌跖处散发蚕豆大褐色角化斑,表面有少量脱屑。阴茎末端包皮与冠状沟连接处可见一指甲盖大瘢痕。右侧腹股沟可触及一个直径 2cm 大小的淋巴结,无压痛。生殖器其他部位、肛门、口腔未见异常。心、肺、肝、脾及神系统未见异常。

【实验室检查】

1. 梅毒螺旋抗体试验(TPPA 及 ELISA)和反应素试验均阳性。

2. 血常规检查:RBC 4.5×10^{12}/L,HGB 145g/L,HCT 0.42;

　　　　　　　WBC 10.5×10^9/L,Sg 0.58,St 0.02,E 0.02,L 0.36,M 0.02。

【思考题】

1. 该患者应考虑为哪方面的疾病？

2. 应考虑何种诊断？根据是什么？

3. 列举梅毒诊断的实验室检查项目有哪些？

二、选择题

2-8-5. 细菌内毒素的成分是

　　　A. H 抗原　　　B. 肽聚糖　　　C. O 抗原　　　　D. 荚膜多糖　　　E. 脂多糖

2-8-6. 关于正常菌群的叙述,正确的是
    A. 一般情况下,正常菌群对人体有益无害
    B. 肠道内的双歧杆菌产生大量的碱性物质,能拮抗肠道细菌感染
    C. 口腔中的正常菌群主要为需氧菌,少数为厌氧菌
    D. 即使是健康胎儿,也携带正常菌群
    E. 在人的一生中,正常菌群的种类和数量保持稳定

2-8-7. 细菌由局部侵入血流,在血中繁殖,产生大量毒性物质,而引起人体中毒,称为
    A. 毒血症   B. 脓毒血症   C. 病毒血症
    D. 败血症   E. 菌血症

2-8-8. 青霉素抗菌作用的机理是
    A. 干扰细菌蛋白质的合成   B. 抑制细菌的核酸代谢
    C. 抑制细菌的酶活性   D. 破坏细胞壁中的肽聚糖
    E. 破坏细胞膜

2-8-9. 下列哪种细菌不适合做革兰染色
    A. 葡萄球菌   B. 白假丝酵母菌   C. 结核分枝杆菌
    D. 破伤风杆菌   E. 霍乱弧菌

2-8-10. 以下哪项是 HIV 感染诊断的金标准
    A. HIV 病毒载量检测   B. HIV 基因型耐药检测   C. HIV p24 抗原检测
    D. HIV 抗体检测   E. HIV 的分离培养

2-8-11. 培养下列哪种细菌不需要对标本进行保温
    A. 肺炎链球菌   B. 金黄色葡萄球菌   C. 流感嗜血杆菌
    D. 脑膜炎奈瑟菌   E. 淋病奈瑟菌

2-8-12. 下列哪种细菌易产 AmpC 酶
    A. 阴沟肠杆菌   B. 大肠埃希菌
    C. 铜绿假单胞菌   D. 嗜麦芽窄食单胞菌
    E. 变形杆菌

2-8-13. 关于 HIV 病毒载量检测的哪种说法是错误的
    A. 病毒载量检测有助于 HIV 感染的早期辅助鉴别诊断
    B. 病毒载量检测有助于 HIV 感染者判断预后
    C. 病毒载量检测有助于判定 HIV 感染者治疗效果
    D. 病毒载量检测结果不可单独用于 HIV 感染诊断
    E. 病毒载量检测结果低于最低检测限可认为该患者未感染 HIV

2-8-14. 下列哪条不是 ESBLs 的特点
    A. 对三代头孢菌素敏感   B. 质粒介导
    C. 对碳青霉烯类抗菌药物敏感   D. 对酶抑制剂敏感
    E. 对头霉素敏感

2-8-15. 下列哪种细菌在血培养中是污染菌
    A. 大肠埃希菌   B. 金黄色葡萄球菌   C. 微球菌
    D. 铜绿假单胞菌   E. 伤寒沙门菌

2-8-16. 关于 MRSA 感染下列哪项是错误的

A. 可以应用三代头孢菌素治疗　　B. 可以应用万古霉素治疗

C. 对碳青霉烯类抗菌药物耐药　　D. 对酶抑制剂耐药

E. 对头霉素耐药

2-8-17. 诊断大肠埃希菌引起的尿路感染时,采集的清洁中段尿,菌量达到多少具有诊断意义

A. 10CFU/ml　　B. 10^2CFU/ml　　C. 10^3CFU/ml

D. 10^4CFU/ml　　E. 10^5CFU/ml

2-8-18. 下列说法哪种是正确的

A. 正常人血液是无菌的,所以血培养只要生长细菌,就应该治疗

B. 白细胞≥25 个/LP 视野、上皮细胞≤10 个/LP 视野为合格痰

C. MRSA 只引起医院感染,不引起社区感染

D. 产 ESBL 的菌株对酶抑制剂复合制剂不敏感

E. 抽取血培养标本时皮肤消毒用碘伏即可

2-8-19. 内源性医院感染的原因是

A. 病人自身抵抗力增加,对本身固有的细菌感受性降低

B. 病人自身抵抗力降低,对本身固有的细菌感受性增加

C. 病人自身抵抗力降低,对本身固有的细菌感受性降低

D. 病人自身抵抗力增加,对本身固有的细菌感受性增加

E. 病人自身抵抗力不变,对本身固有的细菌感受性增加

三、名词解释

2-8-20. 败血症(septicemia)。

2-8-21. 医院感染(hospital infection)

四、简答题

2-8-22. 简述病原学检查标本采集的基本原则?

2-8-23. 常见的临床感染类型有哪些?

附:习 题 答 案

一、病案与分析

2-8-1

【病案分析】

1. 本例的初步诊断考虑为:急性痢疾。根据:

(1) 1 天前有不洁饮食史(生食未洗干净的水果)。

(2) 急性腹痛、腹泻,伴有发冷、发热、里急后重,排黏液脓血便,左下腹有压痛。

(3) 血常规检查为感染的血象:白细胞总数和中性粒细胞增加(WBC 10.5 × 10^9/L,Sg 0.82,St 0.04,L 0.16)。

(4) 粪便常规检查:黏液脓血便,镜检有大量脓细胞、红细胞与巨噬细胞。

2. 为了进一步明确痢疾的病原和性质,还应做粪便的细菌培养,以明确是否是痢疾杆菌

感染,并进一步明确痢疾杆菌的型别。

【最后诊断】 急性细菌性痢疾。

2-8-2

【病案分析】

1. 本例实验室检查结果主要表现是:

(1) 血常规 WBC 总数及中性粒细胞分类计数增高(WBC 10.2×10^9/L,Sg 0.75,St 0.03),为感染的血象,可能与感染有关。

(2) 尿常规检查亚硝酸盐(+),WBC 20~25 个/LP,为尿路感染的表现。

(3) 肾功能检查正常。

2. 为了进一步明确诊断和有的放矢的进行治疗,还应该做尿液细菌培养和活菌计数。

【初步诊断】

根据临床及实验室检查结果分析,本例初步诊断是:急性尿路感染。

2-8-3

【病案分析】

1. 本例的初步诊断考虑为:淋菌性尿道炎。根据:

(1) 有不洁性交史。

(2) 1 天前尿道口红肿、发痒及轻微刺痛,有稀薄黏液流出,排尿不适。今天症状加剧,龟头红肿,分泌物由稀薄黏液转变为深黄色的脓液,出现尿频、尿痛、排尿困难、行动不便。

(3) 体格检查:体温 37.7℃,两侧腹股沟淋巴结红肿并有触压痛;血常规检查白细胞总数及中性粒细胞分类计数增高。均表明有感染。

(4) 实验室检查:发现尿道脓性分泌物中在分叶核细胞内外有肾形、凹面相对的革兰阴性双球菌。常提示为淋病奈瑟菌。

2. 为了确诊,必须明确病原体,故应进一步做尿道分泌物的淋菌培养。

【初步诊断】

淋菌性尿道炎。

2-8-4

【病案分析】

1. 根据病史、临床表现、体格检查等应考虑为性传播疾病。

2. 该患者可诊断为早期梅毒或二期梅毒。诊断依据主要是根据其病史、临床症状体征及实验室检查:

(1) 病史:发病前 3 个月左右有冶游史,2 个月前阴茎包皮远端至冠状沟处曾起一指甲盖大暗红色结节,不痛,自行破溃;近 1 周全身起红斑、手足心起褐色斑点,不痛、不痒。

(2) 体检:躯干、四肢可见泛发蚕豆大淡红斑,表面无脱屑,压之退色;双手、双足掌跖处散发蚕豆大褐色角化斑,表面有少量脱屑;阴茎末端包皮与冠状沟连接处可见一指甲盖大瘢痕;右侧腹股沟可触及一个直径 2cm 大小的淋巴结,无压痛。

(3) 实验室检查:梅毒螺旋抗体试验(THPA 及 ELISA)和反应素试验均阳性。

3. 梅毒诊断的实验室检查项目主要有:

(1) 特异性梅毒螺旋抗体试验:FTA-ABS、THPA、TPPA、TP 及 ELISA 等。

(2) 非特异性梅毒螺旋抗体试验(反应素试验):RPR、TRUST 等。

【最后诊断】 早期(或二期)梅毒。

二、选择题答案

2-8-5. E；　　2-8-6. A；　　2-8-7. D；　　2-8-8. D；　　2-8-9.C；　　2-8-10. D；

2-8-11. B；　　2-8-12. A；　　2-8-13. E；　　2-8-14. A；　　2-8-15. C；　　2-8-16. A；

2-8-17. E；　　2-8-18. B；　　2-8-19. B。

三、名词解释答案

2-8-20. 败血症：是指细菌进入血液循环，并在其中生长繁殖、产生毒素而引起的全身性严重感染。临床表现为发热、严重毒血症状、皮疹瘀点、肝脾肿大和白细胞数增高等。分革兰阳性球菌败血症、革兰阴性杆菌败血症和脓毒败血症。

2-8-21. 医院感染：是指患者在入院时既不存在，也不处于潜伏期，而在医院内发生的感染，包括在医院获得而于出院后发病的感染。医院工作人员在医院内获得的感染也属于医院感染。

四、简答题答案

2-8-22. 病原学检查标本采集的基本原则是：

（1）根据各种病原体所致感染的病程确定标本采集的时间、部位和种类。

（2）所有标本都要进行无菌采集。

（3）所有采集的标本均置于无菌或清洁容器中，不能接触消毒剂和抗菌药物。

（4）标本必须注明姓名、性别、年龄、采集日期、临床诊断、检验项目等。

（5）标本采集后应按要求处理，立即送往病原学实验室，对于烈性传染病材料的运送需专人护送。

2-8-23. 常见的临床感染类型有：血液感染、呼吸系统感染、中枢神经系统感染、泌尿生殖系统感染、眼部感染、耳部感染、腹部感染、皮肤软组织感染、胃肠道感染等。

（褚云卓　尚红）

第九章　免疫性疾病实验诊断

一、病案与分析

2-9-1

【简要病史】　王×,女,21岁,大学生。因不规则发热1年余,面颊出现红斑1个月来诊,伴疲倦,膝关节疼痛,体重下降。近1年来,上述症状时而出现,又自行缓解。1个月前两颊部出现红斑,患者自认为是阳光照射所致,未介意,近来面部红斑明显加重,来院求治。既往健康,否认肝炎、结核病史,无家族遗传性疾病史。

【体格检查】　T 38.2℃,P 90次/分,R 21次/分,Bp 120/80mmHg。一般状况尚可,两颊部可见蝶形红斑,表面有鳞屑,略凸出于皮肤表面,边缘不清楚。膝关节未见明显肿胀。

【实验室检查】

血液一般检查:RBC 3.15×10^{12}/L,Hb 90g/L,WBC 4.8×10^9/L;

　　　　　　　PLT 120×10^9/L;

　　　　　　　血沉 70mm/h 末。

临床化学检查:ALT 90U/L、AST 58U/L、ALP 56U/L;

　　　　　　　Urea 12.4mmol/L,Cr 220μmol/L。

尿液检查:尿蛋白(++)。

免疫学检查:血清 ANA 阳性(均质型),抗 dsDNA 抗体阳性,

　　　　　　　抗 Sm 抗体阳性。血清 C3 0.73g/L,IgG 18.8g/L。

【思考题】

1. 根据以上资料,初步考虑该患者为何种疾病?为什么?

2. 尿蛋白是否阳性能说明什么?

3. 血清 C3 水平降低说明什么?

4. 血清 IgG 水平高达 18.8g/L,如何解释?

2-9-2

【简要病史】　林×,女,61岁,退休工人。因上腹部疼痛伴食欲减退1月余入院。右上腹呈阵发性疼痛,与进食无关,自觉有包块,大便不规则,余无异常。既往健康,否认肝炎、结核病史,无家族遗传性疾病史。

【体格检查】　T 37.2℃,P 88次/分,R 20次/分,Bp 120/70mmHg。一般情况尚好,消瘦。腹软,右上腹可触及条状包块,压痛(+),肝脾肋下未触及,余无异常发现。

【实验室检查】

1. 血液一般检查:RBC 3.6×10^{12}/L,Hb 92g/L,Hct 0.34;PLT 211×10^9/L;

　　　　　　　WBC 9.2×10^9/L;

　　　　　　　N 81%,L 14%,M 3%,E 2%。

2. 肝功能检查:TP 73.3g/L,ALB 42.6g/L,GLB 30.7g/L,A/G 1.39,STB 15.9μmol/L,CB 5.2μmol/L,

ALT 24U/L,AST 28U/L,ALP 106U/L,r-GT 42U/L。

3. 肿瘤标志物检查:AFP 3μg/L,CEA 32μg/L,CA19-9 45 000U/L。

4. 大便检查:黄色软便,RBC(-),WBC 0~2/HP,吞噬细胞(-),
便隐血(+)。

5. 尿液检查:未见异常。

6. 其他检查:胃镜:充血性胃炎,未见占位性病变。
彩超:肝、胆、脾、胰及双肾未见明显异常。

【思考题】

1. 根据以上资料,初步考虑该患者为何种疾病?为什么?

2. 是否可以根据肿瘤免疫标志物检测结果对肿瘤做出确定性诊断或是排除性诊断?为什么?

3. 为了更明确诊断和有利于治疗,还应进一步做哪些检查?

2-9-3

【简要病史】 王×,女性,48岁,工人。因食欲下降3个月,上腹部不适1月余就诊。病人3个月前无明显诱因出现食欲下降,偶有上腹痛,腹痛与进食无明显关系,可自行缓解,近1个月来自觉上腹部不适,伴腹胀乏力,余无异常。既往健康,否认肝炎、结核病史,无家族遗传性疾病史。

【体格检查】 T 36.8℃,P 72 次/分,R 16 次/分,Bp 120/70mmHg。消瘦,一般状态尚好。腹软,肝大肋下 2cm,剑突下 6cm,质硬有压痛。余未见异常。

【实验室检查】

1. 血液一般检查:WBC 6.2×10^9/L。

2. 血清生化检查:ALT 215U/L,AST 228U/L,ALP 116U/L,r-GT 185U/L。

3. 肿瘤标志物检查:AFP 450μg/L,CEA 5.8μg/L。

4. 其他检查:彩超显示:肝内占位性病变;
肝脏 CT 及增强扫描显示:在肝左叶见 10cm×11cm 肿块,诊断为肝癌,未发现转移灶;另发现肝右叶脂肪肝,脾大。

入院后,采用化疗(主要用药为氟尿嘧啶和顺铂),同时予以 IL-2、LAK 细胞疗法,期间多次检查 WBC 均在正常范围内。经治疗病情稳定,同意出院康复治疗。

【思考题】

1. 根据以上资料,初步考虑该患者为何种疾病?为什么?

2. 实验诊断在肝癌早期诊断中有何作用?

3. 结合本病例的临床及实验室检查,说明肿瘤标志物的实验室检查在肿瘤诊断中的特点和作用。

4. 患者经过化疗后,为监测免疫系统损伤,应该检测哪些实验室指标?患者病情稳定出院后应注意进行哪些实验室检查?

二、选择题

2-9-4. 主要存在于血液中,分子量最大的球蛋白是

    A. IgA   B. IgD   C. IgE   D. IgG   E. IgM

2-9-5. 人体含量最多和最主要的免疫球蛋白是

A. IgA   B. IgD   C. IgE   D. IgG   E. IgM

2-9-6. 链球菌溶血素"O"是一种

A. 抗体   B. 急性时相反应蛋白   C. 菌体抗原

D. 细菌毒素   E. 具有溶血活性的蛋白质

2-9-7. 血清补体 C3 含量升高见于

A. 传染病早期   B. 急性链球菌感染后肾小球肾炎

C. 营养不良   D. 大面积烧伤

E. 慢性肝病

2-9-8. 若 ASO 检测阳性,最可能感染的病原体是

A. 金黄色葡萄球菌   B. 肺炎支原体   C. 化脓性链球菌

D. 柯萨奇 B 组病毒   E. 沙门氏菌

2-9-9. 下列诊断风湿活动的指标,错误的是

A. 链球菌培养   B. ASO   C. Widal 反应

D. CRP   E. ESR

2-9-10. 下列哪种情况 CRP 升高不明显

A. 严重组织损伤   B. 病毒感染   C. 细菌感染

D. 风湿活动   E. 心肌梗死

2-9-11. 类风湿因子是

A. 一种针对人或动物 IgG Fc 片段抗体决定簇的抗原

B. 一种针对人或动物 IgG Fc 片段抗原决定簇的抗体

C. 一种针对人或动物 IgD Fc 片段抗体决定簇的抗原

D. 一种针对人或动物 IgD Fc 片段抗体决定簇的抗体

E. 一种针对人或动物 IgE Fc 片段抗体决定簇的抗体

2-9-12. 测定 B 细胞表面标志的试验是

A. SmIg 测定   B. CD4$^+$ 细胞测定   C. CD8$^+$ 细胞测定

D. E 玫瑰花形成试验   E. 淋巴细胞转化试验

2-9-13. 测定淋巴细胞功能的试验是

A. SmIg 测定   B. CD4$^+$ 细胞测定   C. CD8$^+$ 细胞测定

D. E 玫瑰花形成试验   E. 淋巴细胞转化试验

2-9-14. SLE 中主要的自身抗体是针对

A. 白细胞   B. 红细胞   C. 核抗体

D. 造血细胞表面抗原   E. 神经细胞表面抗原

2-9-15. 参与 SLE 发病机制特异的自身抗体是

A. 抗 SSB 抗体   B. 抗 dsDNA 抗体   C. 类风湿因子

D. 抗心磷脂抗体   E. 抗 PCNA 抗体

2-9-16. 以下对免疫缺陷病的主要临床特点的描述不正确的是

A. 多伴发自身免疫病   B. 无遗传倾向

C. 反复感染   D. 临床表现和病理损伤复杂多样

E. 肿瘤发生率高

2-9-17. 下列疾病中其发病机制属于 I 型超敏反应的是

    A. 结核病　　　B. 花粉症　　　C. ABO 溶血　　D. SLE　　　E. 以上都是

2-9-18. 可用于确定Ⅰ型超敏反应变应原的检测指标是

    A. IgE　　　　　　　　B. 特异性 IgE　　　　　　C. IgA

    D. IgG　　　　　　　　E. IgM

2-9-19. PSA 阳性主要见于

    A. 肝癌　　　B. 结肠癌　　C. 前列腺癌　　D. 肺癌　　　E. 胰腺癌

2-9-20. 下列选择的肿瘤标志物中针对小细胞肺癌的是

    A. AFP　　　B. CA125　　C. PSA　　　D. NSE　　　E. CEA

2-9-21. 下列选择的肿瘤标志物中针对乳腺癌的是

    A. AFP　　　B. CA125　　C. CA153　　D. NSE　　　E. CEA

2-9-22. 下列组合中能用于前列腺和胚胎细胞肿瘤筛查的肿瘤标志物为

    A. CEA 和 AFP　　　　　B. PSA 和 CA153　　　　C. PSA 和 AFP

    D. CA125 和 CEA　　　　E. CA125 和 AFP

2-9-23. 下列组合中,符合"在多发性骨髓瘤患者的尿中常发现","其本质是肿瘤细胞分泌的"是

    A. 本周氏蛋白,白蛋白　　　　　　B. 本周氏蛋白,免疫球蛋白轻链

    C. 沉淀蛋白,免疫球蛋白轻链　　　D. 本周氏蛋白,免疫球蛋白重链

    E. 沉淀蛋白,免疫球蛋白重链

三、名词解释

2-9-24. 抗核抗体(antinuclear antibody,ANA)。

2-9-25. 肿瘤标志物(tumor marker,TM)。

2-9-26. 移植排斥反应。

四、简答题

2-9-27. 什么是 ASO？简要叙述 ASO,CRP 两者作为临床常用的测定项目,其临床意义的异同点？

2-9-28. 青霉素引起的过敏性休克属于哪一型超敏反应？简述青霉素引起的过敏性休克发病机制。

附:习 题 答 案

一、病案与分析

2-9-1

【病案分析】

1. 本病例的初步诊断考虑为:系统性红斑狼疮(SLE)。根据如下:

(1) 病史及临床症状:年轻女性;长期发热;关节疼痛症状。

(2) 体征:面部有典型蝶形红斑。

(3) 实验室检查:

1）抗核抗体阳性。

2）抗双链 DNA 抗体阳性。

3）血清 C3 减低。

4）贫血。

5）血沉加快。

6）多脏器损害如肝脏和肾脏。

以上均符合系统性红斑狼疮。

2. 尿蛋白阳性说明该患者已发展为继发性肾炎（肾小球肾炎），肾小球基底膜通透性增加，血浆内的大分子蛋白质滤过，使尿蛋白阳性；如果尿蛋白检查阴性说明该患者尚未发展为肾炎。

3. 补体 C3 可与抗原抗体免疫复合物结合而被消耗，在 SLE 中常下降，故 C3 水平可反映 SLE 活动程度。

4. 血清 IgG 水平为 18.8g/L，提示 IgG 水平已增高。因为 SLE 患者中，由于 B 细胞经常受自身抗原的刺激而发生增殖，从而大量合成和分泌免疫球蛋白。

2-9-2

【病案分析】

1. 本病例的初步诊断考虑为：消化道肿瘤可能性大。根据如下：①61 岁老年人，为肿瘤的多发年龄；②右上腹疼痛伴食欲减退，自觉有包块；③右上腹可触及条状包块，压痛（+）；④大便检查：WBC 0~2/HP，大便隐血（+）；⑤红细胞、血红蛋白检查，属轻度贫血，白细胞检查，中性粒细胞增多；⑥肿瘤标记物 CEA 阳性、CA19-9 阳性，可初步诊断是消化道肿瘤。

但该病例中：①无肝炎病史；肝、脾不大；AFP（−），可初步排除肝癌。②胃镜检查：充血性胃炎，未见占位性病变，可初步排除胃癌。③彩超检查：肝、胆、胰未见明显异常，ALT、AST、ALP、r-GT 无明显升高，可排除胆囊、胰腺病变。根据右上腹条状包块，大便隐血（+），CEA、CA19-9 阳性，考虑结肠癌可能性大。

2. 临床上不可以根据肿瘤免疫标志物检测结果对肿瘤做出确定性诊断或是排除性诊断。因为现今所知道的肿瘤标志物，绝大多数不仅存在于肿瘤组织，也存在于正常组织，特异性不强，难以进行肿瘤的有效筛选。并且单凭某一种标志物的测定，可能会因为方法的敏感性而只在该标志物含量高的患者体内检出，使含量低的患者漏诊；同时，一种肿瘤免疫标志物与多种肿瘤相关，单凭肿瘤免疫标志物检测结果很难判定是何种肿瘤。

3. 为了进一步明确诊断，还应做下列检查：X- 线检查，钡灌肠和结肠镜检并同时取材做病理检查。本例上述检查结果如下：

X 线检查：心肺未见明显异常。

结肠镜检查：进镜至结肠近肝曲部位见一大小约 3cm×4.5cm 新生物，表面不平，取 3 块病理组织送病理学检查；直肠黏膜点状溃烂；肛门见外痔。

病理诊断：（右半结肠）管状腺癌（中度分化）。

2-9-3

【病案分析】

1. 本病例的初步诊断考虑为：原发性肝癌。根据如下：①食欲减退，伴有上腹疼痛、腹胀乏力的症状；②查体见肝大，质硬，有压痛；③临床化学检查提示肝实质损伤并有胆汁淤积（ALT、AST、ALP、GGT 均升高）；④AFP 强阳性，且高于诊断值 400μg/L；⑤彩超显示：肝内占位性病变；

⑥肝脏 CT 及增强扫描显示:在肝左叶见 10cm×11cm 肿块,诊断为肝癌。

2. 血清 AFP 水平检测是肝癌的早期诊断的重要途径,是早期诊断原发性肝癌的最敏感、最特异的指标。如果成人血 AFP 值 >400μg/L,或含量不断增高,应高度警惕原发性肝癌。AFP 含量显著升高一般提示原发性肝细胞癌,67.8%~74.4% 的原发性肝细胞癌患者有 AFP 升高。越是肿瘤晚期,AFP 含量升高越明显,但阴性并不能排除原发性肝癌。

AFP 水平在一定程度上反映了肿瘤的大小,其动态变化与病情有一定的关系,其含量上升提示病情恶化;AFP 水平也是显示治疗效果和预后判断的一项敏感指标,AFP 值异常增高一般提示预后不佳;通常肝癌手术切除后 2 个月,AFP 值应降至 20μg/L 以下,若降的不多或降而复升,提示切除不彻底或有复发、转移的可能。在转移性肝癌中,AFP 值一般低于 350~400μg/L。AFP 水平升高也见于其他情况:妇产科的生殖腺胚胎瘤、卵巢内胚窦癌中,AFP 也会明显升高;酒精性肝硬化、急性肝炎以及 HBsAg 携带者 AFP 也常见中度升高;某些消化道癌也会出现 AFP 升高现象;孕妇血清或羊水 AFP 升高提示胎儿脊柱裂、无脑症、食道闭锁或多胎,AFP 降低(结合孕妇年龄)提示婴儿 Down's 综合征的危险。尽管在其他情况下 AFP 也可以升高,但是如按照 AFP 的标准去诊断肝细胞癌,假阳性率只有 2%。在肝癌的早期诊断中,实验室诊断有着非常重要的临床意义。血清 AFP 水平检测肝癌,其特异性仅次于病理检查,并且 AFP 一般可在症状出现前 6~12 个月做出诊断,故 AFP 是目前肝脏肿瘤早期诊断的重要检测指标。此外,影像学检查,彩超和 CT 检查(可以检测出直径 1cm 的小肝癌),也是早期发现和早期诊断肝脏肿瘤的重要途径。

3. 实验室检查诊断肿瘤的作用和特点是主要检测血清肿瘤标志物,如本病例中检测血清 AFP 水平。少数肿瘤标记物有助于肿瘤的早期诊断,通常早于临床症状出现数个月;绝大多数肿瘤标志物含量变化的速率和程度与肿瘤体积大小、分化程度高低、临床分期等有一定的相关性;绝大多数肿瘤标志物是反映临床病情变化、治疗效果监测及预后判断的敏感指标,并有助于检测出亚临床期复发与转移。

在肿瘤的诊断中,肿瘤标志物的实验室检查和影像学检查是相辅相成、互相补充的,在临床上要注意多种诊断手段的联合应用,以减少肿瘤的漏诊率。

4. 肿瘤患者的免疫系统功能状态评估包括 T 细胞及其亚群、NK 细胞和吞噬细胞等的数目和功能,以及血清抗体、补体和某些细胞因子的水平等。

患者出院后应定期检测血清 AFP 水平,因其与肝癌的复发有密切关系,有助于检测出亚临床期肝癌的复发与转移。此外,也应检测患者的免疫功能状态等。

二、选择题答案

2-9-4. C;   2-9-5. D;   2-9-6. E;   2-9-7. A;   2-9-8. C;   2-9-9. C;
2-9-10. B;   2-9-11. B;   2-9-12. A;   2-9-13. E;   2-9-14. C;   2-9-15. B;
2-9-16. B;   2-9-17. B;   2-9-18. B;   2-9-19. C;   2-9-20. D;   2-9-21. C;
2-9-22. C;   2-9-23. B。

三、名词解释答案

2-9-24. 抗核抗体(antinuclear antibody,ANA):是指抗细胞核抗原成分的自身抗体的总称,现广义的概念是指一组抗真核细胞内所有抗原成分自身抗体的总称(包括抗核酸和核蛋白所有细胞成分抗体的总称)。主要类型为 IgG,也有 IgM、IgA、IgD 和 IgE,其可与不同来源的细胞核成分起反应,无器官和种属特异性。是诊断自身免疫病的重要指标。

2-9-25. 肿瘤标志物(tumor marker,TM):是指在恶性肿瘤的发生和增殖过程中,由肿瘤细胞的基因表达而合成分泌的,或是由机体对肿瘤细胞反应而异常产生和(或)升高的,反映肿瘤存在和生长的一类物质,包括蛋白质、激素、酶(同工酶)、多胺及癌基因产物等,存在于病人的血液、体液、细胞或组织中。

2-9-26. 移植排斥反应:是针对移植抗原产生免疫应答,从而导致移植物功能丧失或受者机体损害的过程。排斥反应有两种类型:宿主抗移植物反应和移植物抗宿主反应,临床上多见是前者。根据排斥反应发生的时间、免疫损伤机制和临床表现等,排斥反应可分为超急性排斥反应、急性排斥反应和慢性排斥反应。

四、简答题答案

2-9-27. 链球菌的代谢产物链球菌溶血素"O"具有抗原性,能刺激机体产生对应的抗体,称为抗链球菌溶血素"O"(ASO)。

ASO 和 CRP 都对风湿活动有很好的诊断价值,但:①ASO 主要协助诊断链球菌感染和链球菌感染后的相关疾病,而各种细菌性感染 CRP 都升高;②ASO 阳性持续时间较长,即使链球菌感染已控制,而 CRP 在细菌感染控制后很快下降,是观察疗效的良好指标;③除细菌性感染的炎症外,CRP 对组织损伤、心肌梗死、恶性肿瘤、器官移植后发生排斥反应等多有较好的诊断价值,而 ASO 则比较单一,只针对链球菌感染。

2-9-28. 青霉素引起的过敏性休克属于Ⅰ型超敏反应。发病机制为:青霉素本身无免疫原性,但其降解产物可与体内组织蛋白共价结合形成完全抗原,可刺激机体产生特异性 IgE 抗体,使肥大细胞和嗜碱性粒细胞致敏。当机体再次接触青霉素时,其降解产物与组织蛋白的复合物可通过交联结合靶细胞表面特异性 IgE 分子而触发过敏反应,重者可发生过敏性休克甚至死亡。

(马　明)

第十章　个体化医疗与分子诊断

一、病案与分析

2-10 -1

【简要病史】　王×,女,4岁。咳嗽,呼吸困难,喘憋,头痛,全身酸痛,乏力伴发热4天入院,常规抗菌药物治疗疗效不佳。

【体格检查】　皮肤黏膜黄疸,双肺闻及哮喘音,肝脾肿大。

【实验室检查】

血液学检测：RBC 4.58×10^{12}/L,Hb 128g/L,HCT 0.37,MCV 89.7fL,

MCH 30.8pg,MCHC 344.0g/L,RDW-CV 12.7%,

WBC 3.1×10^9/L,NEUT 0.25,LYMpH 0.706,MONO 0.02,

EO 0.02,BASO 0.004,PLT 225×10^{12}/L,PDW 11.9,

MPV 10.5fL,PCT 0.34。

生化检测：Na^+ 138mmol/L,K^+ 3.6mmol/L,Cl^- 104mmol/L,

HCO_3^- 30mmol/L,Urea 24.0mmol/L,Creatinine 0.2μmol/L,

Ca^{2+} 2.89mmol/L,$PO4^{3-}$ 1.42mmol/L,TP 110g/L,

ALB 26g/L,ALP 188U/L,ALT 45U/L,AST 36U/L,

TBil 43.7μmol/L,DBil 17.9μmol/L。

免疫学检测：风疹病毒抗体 IgG 阴性,流感病毒抗体 IgG 阴性,

单纯疱疹病毒抗体 IgG 阴性,巨细胞病毒抗体 IgG 阳性,

呼吸道合胞病毒抗体 IgG 阴性,腺病毒抗体 IgG 阴性。

分子生物学检测：巨细胞病毒 DNA 1.5×10^5copies/mL,

风疹病毒 RNA$<1.0 \times 10^3$copies/mL,

呼吸道合胞病毒 RNA 阴性,

流感病毒 RNA 阴性。

微生物学检测：痰涂片可见散在细菌及大量有核细胞,

痰细菌培养未见致病菌。

胸部 X 线检查：双肺纹理增多,呈斑点状、片状阴影,提示双肺肺炎。

【思考题】

1. 该患儿应考虑为何种诊断?

2. 最常用的定量检测病毒核酸的方法是什么?

2-10-2

【简要病史】　高×,男,41 岁。因咳嗽、胸痛、低热(午后为著)、盗汗、乏力、食欲缺乏、消瘦 3 个月,偶有咳嗽、咳痰、咯血、不同程度胸闷或呼吸困难,痰中带血 2 周而来诊。

【体格检查】　体温 37.7℃,双侧颈后可触及多个活动、质软的淋巴结;右上肺可闻及湿啰

音,叩诊呈浊音,语颤增强,肺泡呼吸音弱和湿啰音。余未见明显异常。

【实验室检查】

血液学检测:Hb 126g/L,WBC 6.6×10^9/L,PLT 205×10^{12}/L。

生化检测:Na^+ 141mmol/L,K^+ 4.6mmol/L,Cl^- 109mmol/L。

微生物学检测:痰涂片抗酸染色,显微镜下找到红色的抗酸阳性分枝杆菌。

结核菌素试验:强阳性。

胸部 X 线检查:右上肺云雾状阴影,边缘模糊。

【思考题】

1. 该患者最可能的诊断是什么?

2. 为了明确诊断,可进行哪些实验室检查?

3. 患者用利福平、异烟肼等四联抗结核药物治疗 6 个月后,疗效不佳,疑为利福平耐药。应进行哪种耐药基因的检测?

2-10-3

【简要病史】 颜 ×,男,6 岁。智力低下、生长发育迟缓、常有兴奋不安、多动和异常行为,语言发育障碍,反复发作的抽搐。抽搐时神志不清,双眼球向侧凝视,头及颈向右侧转动。每次抽 3~5 分钟,抽后不明白约 30 分,有时伴舌咬伤及尿失禁。每月发作 1~2 次,有时 2~3 天发作一次,发作前无明显诱因与先兆。

【体格检查】 身高 98cm,体重 17kg。口齿不清,眼珠转动不灵活,目光呆滞。听觉能力弱,听到声音没有反应。注意力很难集中,多动。皮肤白,毛发颜色浅。有湿疹、皮肤抓痕征及色素脱失和尿有鼠气味等特征。肌张力增高,反射亢进。心肺及腹部检查无异常发现。

【实验室检查】

血浆苯丙氨酸 1.22mmol/L(参考区间:0.06~0.18mmol/L)。

脑电图检查:棘慢波。

【思考题】

1. 该患者最可能的诊断是什么?

2. 为了明确诊断,可进行哪些实验室检查?

3. 该病的发病机制是什么?

二、选择题

2-10-4. 聚合酶链反应是一种

    A. 体外特异转录 RNA 的过程   B. 体外翻译蛋白质的过程

    C. 体外特异复制 DNA 的过程   D. 体内特异复制 DNA 的过程

    E. 体内特异转录 RNA 的过程

2-10-5. 以下技术中不适用于检测 PCR 扩增产物的技术是

    A. RFLP   B. SSCP   C. PAGE 电泳

    D. Western blot   E. Sequencing

2-10-6. 下列哪项不是多重 PCR 的特点

    A. 可扩增同一靶基因的多个不同序列

    B. 经济、简便

    C. 各对引物间的扩增效率差别大

D. 可扩增多个不同的靶基因

E. 高效

2-10-7. 反转录 PCR 的检测对象是

A. 双链 DNA　　　　B. RNA　　　　　　C. cDNA

D. 单链 DNA　　　　E. 蛋白质

2-10-8. 检测基因表达水平变化采用的生物芯片是

A. DNA 芯片　　　　B. RNA 芯片　　　　C. SNP 芯片

D. 突变芯片　　　　E. 表达谱芯片

2-10-9. 与家族性乳腺癌发生相关的抑癌基因是

A. Rb　　　　　　　B. P53　　　　　　　C. BRCA1 和 BRCA2

D. K-ras　　　　　　E. N-ras

2-10-10. 关于乙型肝炎病毒,下列说法不正确的是

A. 属嗜肝 DNA 病毒科　　　　B. 基因组为不完全双链环状 DNA

C. 基因组为完全双链环状 DNA　　D. 与肝细胞癌的发生发展密切相关

E. 我国以 B 型和 C 型为主

2-10-11. 检测 HBV 耐药性的主要位点是

A. 前 C/C 区的 C 基因　　　　B. 前 S/S 区的 S 基因

C. P 区的 DNA 聚合酶 P 基因　　D. X 区的 X 基因

E. DR1 基因

2-10-12. 苯丙酮尿症的致病基因是

A. 苯丙氨酸转氨酶　　B. 苯丙氨酸激酶　　　C. 苯丙氨酸羟化酶

D. 苯丙氨酸羧化酶　　E. 苯丙氨酸解氨酶

2-10-13. 以下哪种情况可用基因连锁检测方法进行遗传病的基因诊断

A. 基因片段缺失　　　B. 基因片段插入　　　C. 基因结构变化未知

D. 表达异常　　　　　E. 点突变

2-10-14. 关于核酸分子杂交技术说法正确的是

A. 不同来源的单链核酸分子在合适条件下通过碱基互补配对形成双链杂交体

B. 特异性差

C. 不受反应体系中的离子浓度影响

D. 要求两条单链的碱基完全互补

E. 根据碱基互补配对原则,碱基间通过磷酸二酯键结合

2-10-15. 影响核酸分子杂交的因素不包括

A. 核酸片段大小　　　　　B. 核酸分子中 GC 含量

C. 核酸浓度　　　　　　　D. 杂交溶液的离子强度和 pH 值

E. 环境温度

2-10-16. 临床上检测 HBV DNA 最常用的方法是

A. 核酸测序技术　　　B. 支链 DNA 技术　　　C. 核酸分子杂交技术

D. 荧光定量 PCR 技术　E. 基因芯片技术

2-10-17. 不能用于检测基因序列异常的技术是

A. 等位基因特异的单核苷酸探针杂交　　B. 限制性片段长度多态性分析

  C. 核酸测序   D. 单链构象多态性分析

  E. 脉冲场凝胶电泳

2-10-18. 已明确的宫颈癌的主要病因是

  A. 持续高危型 EBV 感染   B. 持续高危型 HCMV 感染

  C. 持续高危型 HCV 感染   D. 持续高危型 HPV 感染

  E. 持续高危型 HSV Ⅱ 感染

三、名词解释

2-10-19. 反转录 PCR。

2-10-20. 核酸分子杂交。

四、简答题

2-10-21. 若 HBeAg 或 HBsAg 转阴,是否代表 HBV 被清除或复制水平降低?

2-10-22. 简述乳腺癌个体化靶向治疗的基因检测。

附:习 题 答 案

一、病案与分析

2-10-1

【病案分析】

1. 该患者最可能的诊断是病毒性肺炎。

根据:①患儿的临床症状:咳嗽,呼吸困难,喘憋,头痛,全身酸痛,乏力伴发热,常规抗菌药物治疗疗效不佳;②体征:双肺闻及哮喘音,肝脾肿大;③实验室检测结果:WBC 3.1×10^9/L,NEUT 0.25,LYM pH 0.706;痰涂片可见散在细菌及大量有核细胞,痰细菌培养未见致病菌;巨细胞病毒抗体 IgG 阳性和巨细胞病毒 DNA 1.5×10^5copies/mL;④胸部 X 线检查:双肺纹理增多,呈斑点状、片状阴影,提示双肺肺炎。

2. 最常用的定量检测病毒核酸的方法是荧光定量 PCR。

【最后诊断】 巨细胞病毒肺炎。

2-10-2

【病案分析】

1. 该患者最可能的诊断考虑为肺结核。

根据:①微热(体温 37.7℃),双侧颈后可触及多个活动、质软的淋巴结,听诊时呼吸音减低;右上肺可闻及湿啰音,叩诊呈浊音,语颤增强,肺泡呼吸音弱和湿啰音。②胸部 X 线显示为片状、絮状阴影,边缘模糊。③结核菌素试验强阳性,痰涂片抗酸染色,显微镜下找到红色的抗酸阳性分枝杆菌。

2. 为了明确诊断,可进行痰结核分枝杆菌培养、检测 PPD-IgG、TB DNA 或 TB RNA。结核分枝杆菌的常规检验方法包括痰涂片找抗酸杆菌、培养、结核分枝杆菌 DNA、RNA 检测等。痰涂片阳性率低,培养法是诊断的金标准,但结核分枝杆菌生长缓慢,耗时长,不利于临床及时诊断和治疗。血清学试验检测抗 PPD-IgG 特异性不强,因分枝杆菌属各菌之间的抗原有广泛的交叉。TB DNA 检测灵敏,快速,特异,适用于早期、快速诊断。检测 TB RNA 可检测活的结核分枝杆菌。

3. 患者疑为利福平耐药,应进行 *rpoB* 基因检测。利福平是抗结核治疗的关键药物,对该药产生耐药性的分子基础是 RNA 聚合酶的改变,突变主要集中在 *rpoB* 基因的 81bp 区域。

【最后诊断】　肺结核。

2-10-3

【病案分析】

1. 考虑该患儿的初步诊断为苯丙酮尿症(phenylketonuria,PKU)。

根据:①患儿的临床症状智力低下、生长发育迟缓、常有兴奋不安、多动和异常行为,语言发育障碍;②体征:有湿疹、皮肤抓痕征及色素脱失和尿有鼠气味,肌张力增高,反射亢进等特征,均符合苯丙酮尿症的临床表现;③实验室检测结果:血浆苯丙氨酸 1.22mmol/L(参考区间:0.06~0.18mmol/L);④脑电图检查结果为棘慢波,以上均支持苯丙酮尿症的诊断。

2. 为了明确诊断,可进行苯丙氨酸羟化酶(phenylalanine hydroxylase,PAH)基因多位点突变,常用的检测方法有 STR 连锁分析、SSCP、多重等位基因特异性 PCR(allele specific PCR,ASPCR)和 DGGE 等,其中 STR 连锁分析的诊断率最高,其根据扩增片段的长度多态性变异即可对 PKU 进行诊断,诊断率可达 66.2%。SSCP 一般用于第 3 外显子区域的突变检测。多重 ASPCR 是直接检测已知基因突变的方法,针对中国人常见的 20 多种 PAH 突变基因设计正常引物和突变引物,经多重 PCR 扩增后电泳,可同时对几种突变作出明确诊断。DGGE 法常针对 PAH 基因外显子 6、7、12 的突变进行检测,是 PKU 家系产前基因诊断的首选方法。因 PKU 的遗传具有明显的异质性,每个患者都可能有其独特的基因突变类型,为避免漏诊,应联合应用多种方法进行该病的基因诊断。

3. 苯丙酮尿症的发病机制是由于编码 PAH 的基因发生突变,致使 PAH 活性降低或丧失,导致苯丙氨酸不能转变为酪氨酸,使大量的苯丙氨酸和苯丙酮酸在体内堆积,导致患儿智力发育异常,为常染色体隐性遗传病。

【最后诊断】　苯丙酮尿症。

二、选择题答案

2-10-4. C;　　2-10-5. D;　　2-10-6. C;　　2-10-7. B;　　2-10-8. E;　　2-10-9. C;

2-10-10. C;　　2-10-11. C;　　2-10-12. C;　　2-10-13. C;　　2-10-14. A;　　2-10-15. E;

2-10-16. D;　　2-10-17. E;　　2-10-18. D。

三、名词解释答案

2-10-19. 反转录 PCR:反转录 PCR(reverse transcription PCR,RT-PCR)是扩增 RNA 分子的方法。其原理是以 mRNA 为模板通过反转录酶合成互补 cDNA,再以此 cDNA 为模板进行 PCR 反应。RT-PCR 是检测基因表达变化及 RNA 病毒的常用方法。

2-10-20. 核酸分子杂交:两条异源单链核酸分子(包括 DNA-DNA、DNA-RNA、RNA-RNA)在一定条件下,通过碱基互补形成相对稳定的异质双链的过程,称为核酸分子杂交。该过程遵循碱基互补配对原则(即 A＝T 与 G≡C),具有高度的特异性。

四、简答题答案

2-10-21. HBeAg 或 HBsAg 转阴,不一定代表 HBV 被清除或复制水平降低。因为:①HBV 基因组 pre-C 区点突变可能导致 HBeAg 的表达提前终止,形成 HBeAg 阴性的前 C 区突变株,使受感染的细胞不能被抗 HBe 及相应的细胞免疫所识别而清除,从而使变异株仍大量复制。此时 HBeAg 阴性并不代表 HBV 被清除或复制水平降低。②HBV 基因组 pre-S/S 区突变往往引起 HBsAg 的抗原性发生改变,导致免疫逃逸和 HBsAg 的漏检,此时变异株仍大量复制。

2-10-22. NCCN 发布的《乳腺癌临床实践指南》指出,乳腺癌患者应根据需要检测 *Her-2*、*PI3KCA*、*BRCA1* 和 *BRCA2* 等基因。

(1) *Her-2* 基因过表达检测:①*Her-2/neu* 原癌基因编码产生一种跨膜的酪氨酸激酶受体,具有刺激生长的活性,在调节细胞生长、生存和分化中起重要作用。*Her-2/neu* 基因的过度表达可导致细胞过度增殖和表型恶性转化。②*Her-2/neu* 基因过表达与治疗效果密切相关,具有预测疗效的作用。③临床实践中,应用经甲醛固定、石蜡包埋的乳腺癌肿瘤组织检测 *Her-2* 基因。④明确评估 *Her-2* 基因状态是乳腺癌患者判断预后和制订治疗方案的先决条件。⑤*Her-2* 基因过表达的患者也未必一定从靶向治疗中受益,这可能是由于检测结果出现假阳性,也可能是 *Her-2* 基因的信号通路中还有其他突变位点。

(2) *PI3KCA* 基因突变检测:磷脂酰肌醇 -4-5- 二膦酸盐 -3- 激酶催化亚单位 a(*PI3KCA*)是一种癌基因,可在多个外显子中出现点突变,常见于第 9 和 20 号外显子突变。乳腺癌患者中 *PI3KCA* 基因突变率高达 40%。

(3) *BRCA1* 和 *BRCA2* 基因突变检测:*BRCA1* 基因和 *BRCA2* 基因有多种突变形式,包括移码突变、错义突变、无义突变等。NCCN 颁布的《乳腺癌临床实践指南》中指出,通过检测这两个基因的突变,能评价乳腺癌患病风险,采用预防措施、降低乳腺癌的发病率。

(黄　彬　尹一兵)

第十一章 急重症实验诊断

一、病案与分析

2-11-1

【简要病史】 张×,男,65岁,发现昏迷6小时。患者独居平房,6小时前家人去探望发现其昏迷,未见呕吐物,房间内有一煤火炉,昨晚与家人通电话时正常。未见异常药瓶。家人呼叫120护送来诊,途中一直予以鼻导管吸氧。120人员转述,接诊病人时口唇樱桃红色。既往有高血压病史5年,平日仅常规服用降压药物,未用其他药物;无肝、肾和糖尿病史,无药物过敏史。

【体格检查】 T 36.8℃,P 98次/分,R 24次/分,Bp 160/90mmHg,昏迷,呼之不应,皮肤黏膜无出血点,浅表淋巴未触及,巩膜无黄染,瞳孔等大,直径3mm,对光反射灵敏,颈软,无抵抗,甲状腺(−),心界不大,心率98次/分,律齐,无杂音,肺叩清,无啰音,腹平软,肝脾未触及,克氏征(−),布氏征(−),双巴氏征(+),四肢肌力对称。

【实验室检查】

血常规:Hb 135g/L,WBC 10.8×10⁹/L,PLT 205×10⁹/L。

尿常规:阴性。

临床生化检查:ALT 38U/L,TP 68g/L、Alb 38g/L;

TBIL 18umol/L、DBIL 4umol/L;

Scr 98μmol/L,BUN 6mmol/L;

血 K⁺ 4.0mmol/L、Na⁺ 140mmol/L、Cl⁻ 98mmol/L;

Glu 6.8mmol/L。

血气分析:pH 7.38,PCO₂ 41mmHg,PO₂ 78mmHg,lac 3.2mmol/L;

碳氧血红蛋白含量:8%。

【思考题】

1. 该病例诊断及诊断依据是什么?

2. 应与哪些疾病做鉴别诊断?

3. 应进一步做哪些检查?

4. 应采取何种治疗措施?

2-11-2

【简要病史】 于×,女,23岁,口服敌敌畏一小时,昏迷40分钟。患者1个小时前因与家人吵架,自服敌敌畏半瓶,后自行告知家人,家人发现后病人出现腹痛、恶心,并呕吐数次,吐出物有大蒜味,逐渐神志不清,由120送入外院急诊,洗胃后转入我院急诊。病后大小便失禁,多汗。既往体健,无肝、肾、糖尿病史,无药物过敏史,月经史、个人史及家族史无特殊。

【体格检查】 T 36.5℃,P 60次/分,R 30次/分,Bp 100/50mmHg,平卧位,神志不清,呼之不应,压眶尚有反应,皮肤湿冷,肌肉颤动,巩膜不黄,瞳孔针尖样,对光反射弱,口腔流涎,肺叩清音,两肺较多哮鸣音和散在湿啰音,心界不大,心率 60 次/分,律齐,无杂音,腹平软,肝脾未触及,下肢不肿。

【实验室检查】

血常规:WBC $17.4 \times 10^9/L$,NE% 88%,Hb 125g/L,PLT $156 \times 10^9/L$。

血气分析:pH 7.30,PCO_2 62mmHg,PO_2 54mmHg,lac 3.5mmol/L。

全血胆碱酯酶活力测定:0.3KU/L(参考区间:5.3~12.9KU/L)。

【思考题】

1. 本病例的诊断及诊断依据是什么?

2. 需进一步完善的检查有哪些?

3. 治疗原则是什么?

2-11-3

【简要病史】　刘 ×,男性,65 岁,以腹痛、腹泻、发热、呕吐 3 天为主诉入院。患者于入院前 3 天开始出现腹痛,腹泻伴呕吐胃内容物,腹痛部位不固定,腹泻为稀便,未见血性便,呕吐物为黄绿色,未见血性物。体温 37~38.5℃。未正规治疗。半天前出现少尿,神志不清来急诊。既往健康,否认高血压,糖尿病,冠心病等慢性病。

【体格检查】　T 38.7℃,P 130 次/分,BP 80/40mmHg,全身皮肤无黄染,无出血点及皮疹,浅表淋巴结不大,眼睑无水肿,结膜无苍白,巩膜无黄染,颈软,甲状腺不大,心界大小正常,心率 130 次/分,律齐未闻及杂音,双肺清,未闻干湿啰音,腹平,肝脾未及,无包块,全腹压痛明显,拒按。

【实验室检查】

血常规:Hb 110g/L,WBC $28.8 \times 10^9/L$,NE% 90%,PLT $33 \times 10^9/L$。

肝功能:ALT 154U/L,Alb 22g/L,TBIL 43umol/L,DBIL 27umol/L。

肾功能:Scr 608umol/L,BUN 51mmol/L。

血离子:K^+ 5.8mmol/L,Na^+ 140mmol/L,Cl^- 101mmol/L。

其他生化检查:Glu 12.8mmol/L,AMS 170U/L;LPS 400U/L。

血气分析:pH 7.20,PCO_2 24mmHg,PO_2 65mmHg,lac 4.2mmol/L。

其他检查:腹部 CT 示阑尾及盲肠炎症可能性大。

【思考题】

1. 本病例的诊断及诊断依据是什么?

2. 还需要进一步做什么检查?

3. 治疗原则是什么?

二、选择题

2-11-4. 急重症具有发病急、病情重、变化快的特点,临床除了持续检测生命指征外,还需要持续动态检测下列哪些检测项目

A. 血、尿常规

B. 肝肾功能

C. 水、电解质

D. 血气分析

    E. 以上均包括

2-11-5. 急性重症感染的病人,血常规白细胞检查可见

    A. 白细胞 $>20 \times 10^9$/L,中性粒细胞 $>90\%$

    B. 中性粒细胞可见中毒性改变

    C. 白细胞总数正常或降低,中性粒细胞杆状核增高

    D. 类白血病反应

    E. 以上均可见

2-11-6. 急性重症感染的病人,血常规检查可见

    A. 白细胞总数升高伴中性粒细胞增加

    B. 白细胞总数正常或降低伴中性粒细胞增高

    C. 严重贫血或进行性红细胞、血红蛋白下降

    D. 血小板减少、可见破碎红细胞

    E. 以上均可见

2-11-7. 下列哪项是重症休克病人最常用的重要监测指标

    A. 每小时尿量

    B. 尿酮体

    C. 尿 pH

    D. 尿红细胞、白细胞

    E. 以上都是

2-11-8. MODS 常有急性肝功能损伤,下列哪项指标与其肝损伤严重程度成正比

    A. 血 ALT、AST

    B. 血清胆红素

    C. 血清总蛋白、白蛋白

    D. 血清前白蛋白

    E. 血 r-GT

2-11-9. 下列哪项指标对诊断肝功能衰竭有重要意义

    A. 血 ALT

    B. 血 AST

    C. 血清胆红素

    D. 血清总蛋白、白蛋白

    E. 凝血酶原时间

2-11-10. 下列哪项不是危急值项目

    A. 血液白细胞

    B. 血小板

    C. 血清钾离子

    D. 血清白蛋白

    E. 血糖

(以下是 2-11-11~2-11-15 的备选答案)

    A. 血胆碱酯酶活性

B. 血乳酸检测

C. 血碳氧血红蛋白

D. 血气分析

E. 肝功能（ALT、AST）

2-11-11. 判断一氧化碳中毒首选哪项检查？

2-11-12. 判断有机磷中毒首选哪项检查？

2-11-13. 判断乳酸中毒首选哪项检查？

2-11-14. 高原病首选哪项检查？

2-11-15. 中暑、热射病首选哪项检查？

2-11-16. 动态监测哪些检测项目，对 MODS 的诊治更为重要？

A. 血 ALT、AST、血胆碱酯酶活性

B. Hb、WBC、尿量、血清胆红素、血胱抑素 C、血气

C. Hb、WBC、血清总蛋白、白蛋白

D. 碳氧血红蛋白、血清前白蛋白、血肌酐

E. 血沉、血 WBC、尿量

2-11-17. 下列哪项正确？

A. 血胆碱酯酶活性测定有助于诊断有机磷中毒

B. 尿有机磷代谢产物有助于诊断有机磷中毒

C. 诊断有机磷中毒，接触史很重要

D. 呼吸有大蒜味，瞳孔缩小

E. 以上都正确。

2-11-18. 下列哪项不正确？

A. 碳氧血红蛋白（COHb）是判断一氧化碳中毒的重要指标，检测结果阴性不能诊断一氧化碳中毒

B. 吸氧后，可使 COHb 检测呈阴性结果

C. CO 中毒症状与 COHb 浓度相关

D. COHb 导致机体组织乏氧

E. 动脉血 COHb>2% 可引起神经系统症状。

三、名词解释

2-11-19. 危急值 举例说明。

2-11-20. MODS 及常用检测指标。

四、简答题

2-11-21. 举出 6 项用于 MODS 诊治的常用检测项目及临床意义。

2-11-22. 中暑常见的实验室项目及检测结果有哪些？应与哪些疾病做鉴别诊断？

附:习题答案

一、病案与分析

2-11-1

【病案分析】

1.本例的诊断是:昏迷待查,急性一氧化碳中毒可能性大。

诊断依据:患者突发昏迷,被发现时见口唇樱桃红色,无肝、肾和糖尿病病史及服用安眠药等情况,其独居的房间内有一煤火炉,有一氧化碳中毒来源,无其他中毒证据,且来诊后碳氧血红蛋白含量:8%(参考区间为0~2%),虽然小于诊断标准中的10%,但不除外是由于来诊途中吸氧而降低了碳氧血红蛋白浓度。

2.应与以下疾病进行鉴别诊断:

(1)脑血管病。

(2)其他急性中毒:安眠药等中毒。

(3)全身性疾病致昏迷:肝性脑病,尿毒症昏迷,糖尿病酮症酸中毒昏迷及低血糖昏迷等。

3.为明确诊断,应进一步做脑CT,以排除脑血管病,评估颅内情况。

4.应尽早行高压氧治疗,对症支持治疗,预防并发症。

2-11-2

【病案分析】

1.本例诊断:急性有机磷农药中毒(重度,经口服),Ⅱ型呼吸衰竭。

诊断依据:

(1)病史明确,自服敌敌畏。

(2)临床症状明显:呕吐物有大蒜味是有机磷农药中毒的特点,临床表现腹痛、恶心、呕吐、大汗等,并迅速神志不清。

(3)临床体征典型:肌肉颤动,瞳孔呈针尖样,流涎,两肺哮鸣音和湿啰音,心率慢等毒蕈碱样表现和烟碱样表现;

(4)实验检查支持:全血胆碱酯酶活力降低:0.3KU/L(参考区间:5.3~12.9KU/L)。患者血气分析 PO_2 :54mmHg<60mmHg,PCO_2 :62mmHg>50mmHg,符合Ⅱ型呼吸衰竭诊断标准。

2.需进一步完善的检查有　肝肾功能、血糖、血电解质、血淀粉酶、血脂肪酶,明确是否存在多脏器功能受累。

3.治疗原则:

(1)对症治疗:包括维持血压,机械通气保持呼吸道通畅改善呼吸衰竭,维持生命体征。

(2)洗胃(已在外院完成),导泻,补液,加速毒物从体内排除。

(3)立即应用特效解毒剂胆碱酯酶复活剂:解磷定;抗胆碱药:阿托品;必要时可进行血液净化治疗。

2-11-3

【病案分析】

1.本例的诊断:腹痛待查,急性阑尾炎可能性大,感染性休克,多脏器功能不全待除外(呼吸,肾脏,肝脏,胰腺,血液,循环,脑)。

诊断依据：

(1) 患者有腹痛,腹泻及恶心呕吐等腹部症状病史,且有发热。

(2) 查体见患者腹部存在明显腹膜炎表现。

(3) 患者腹部 CT 所见支持阑尾炎,辅助检查:血常规 WBC 总数(28.8×10^9/L)及 NE%(90%)均明显升高,为典型的化脓菌感染血象。

2. 需进一步完善凝血功能检测,明确是否存在 DIC;完善尿常规,心肌酶谱,心电图,头 CT 等检查,以评估相关脏器功能是否有损伤及损伤情况。

3. 治疗原则应该是:积极抗感染,补液,维持基本生命指标,纠正离子紊乱,监测脏器功能指标,必要时予以血液净化治疗改善肾衰,病情允许情况下外科手术干预。

二、选择题答案

2-11-4. E;　　2-11-5. E;　　2-11-6. E;　　2-11-7. A;　　2-11-8. B;　　2-11-9. E;

2-11-10. D;　　2-11-11. C;　　2-11-12. A;　　2-11-13. B;　　2-11-14. D;　　2-11-15. E;

2-11-16. B;　　2-11-17. E;　　2-11-18. A。

三、名词解释答案

2-11-19. 危急值(critical value):是指某些检验结果出现异常(过高或过低),可能危及患者生命的检验数值。如血糖、血钾等过高或过低可危及生命的检测结果。

各医院制定的危急值不尽相同,不同科室相同检测项目的危急值也可能不一样,主要由临床科室的病种决定。如:对于一般临床科室,将血小板低于 50×10^9/L 设定为危急值,而对于血液内科,将血小板低于 20×10^9/L 设定为危急值。

2-11-20. 多器官功能障碍综合征(multiple organ dysfunction syndrome,MODS):是指急性疾病过程中两个或两个以上的器官或系统同时或序贯发生功能障碍,如急性呼吸窘迫综合征(ARDS)、急性肾衰竭(ARF)、急性肝衰竭(AHF)、心功能衰竭(HF)等。MODS 也可由非感染性疾病诱发,如果得到及时合理的治疗,仍有逆转的可能。

常用的实验室检测包括血尿常规、动脉血气分析、动脉血乳酸、心功能、肺功能、肝、肾功能、凝血功能等相应检测和检查。

四、简答题答案

2-11-21. (1)血细胞计数:了解机体的感染状况及有无 DIC 可能。

(2) 动脉血气分析:有助于早期发现和处理低氧血症。

(3) 肝功能检查:判断有无肝脏损伤。如血 ALT、AST、LDH 及胆红素水平等,特别胆红素水平与肝损伤和 MODS 的严重程度成正比。

(4) 肺功能检查:了解肺功能。Ⅰ级:PaO_2>60mmHg,$PaCO_2$<33mmHg;Ⅱ级:PaO_2<60mmHg;Ⅲ级:PaO_2<50mmHg,$PaCO_2$ 升高。

(5) 肾功能检查:判断有无肾功能损伤。如出现少尿 / 无尿、BUN 和尿 Na^+ 升高、水电解质和酸碱平衡失常等。血肌酐可判断肾功能损伤的分级。

(6) 凝血功能检查:判断有无 DIC 出现。观察有否进行性的 PLT 和 Fg 降低,APTT 和 PT 延长,FDP 和 D-D 升高等。

2-11-22. 中暑常见的实验室检测:包括血尿常规、血生化、动脉血气分析、水电解质、肝肾功能和心肌酶等。

常见的检测结果有：血液浓缩（血细胞比容增高）、血钠、血钾、血氯降低，轻度氮质血症或肝功能异常。严重病例常出现肝、肾、胰和横纹肌损伤的实验室指标改变。横纹肌溶解可出现急性肾衰竭引起高钾血症，可出现尿浓缩、蛋白尿、管型尿、肌红蛋白尿等。严重病例也可出现DIC的表现。

应注意与脑炎、脑膜炎、脑血管意外、脓毒血症、甲状腺危象、伤寒及抗胆碱能药物中毒相鉴别。

（郭晓临）

第三部分　常用临床检验仪器简介

实验检查项目的检测结果为临床医生和患者提供了真实可靠的实验数据,对疾病的诊断、治疗、病情监测、预后判断和健康评估等发挥着重要作用。近年来,由于对临床诊断、治疗、预后监测和医学研究的诸多需要,医学检验方法的进展十分迅速。随着数学方法和统计学方法、电子技术和计算机技术向检验医学的广泛渗透,临床检验仪器得到了前所未有的发展,临床检验仪器向着精密化、自动化、简易化和综合化的方向发展,从单项目检测逐步转变成为用系统检测,实现了实验室自动化和系统化。对常用临床检验仪器的了解和应用,不仅是检验工作者的专业知识和技术,也是临床工作的基本需要。

本部分将对常用临床检验仪器进行简要介绍。包括血细胞分析仪、血液凝固分析仪、尿液分析仪、尿沉渣分析仪、全自动生化分析仪、自动血培养仪、微生物自动鉴定和药敏分析系统、全自动免疫分析仪(酶免疫分析仪,发光免疫分析仪)、流式细胞仪和基因扩增仪等。

第一章　血细胞分析仪

血细胞分析仪(blood cell analyzer,BCA)是指对一定体积全血内血细胞异质性进行自动分析的常规检验仪器,其主要功能是血细胞计数、白细胞分类、血红蛋白测定、相关参数计算等。血细胞分析仪种类很多,按自动化程度可分为半自动血细胞分析仪、全自动血细胞分析仪、血细胞分析工作站、血细胞分析流水线;按检测原理可分为电容型、光电型、激光型、电阻抗型、联合检测型、干式离心分层型、无创型;按对白细胞的分类水平可分成二分群、三分群、五分群、五分群 + 网织红细胞血细胞分析仪。目前国内大多使用的是以电阻式原理为基础的血细胞计数仪。

(一)血细胞分析仪工作原理

1. 电阻式血细胞计数仪细胞计数原理　由库尔特(W.H.Coulter)发明,于 1953 年获得美国发明专利的电阻抗法分析原理(也称为库尔特原理)是电阻式血细胞计数仪的基本原理。血细胞与等渗的电解质溶液相比为相对的不良导体,血细胞悬浮于导电的电解质溶液(稀释液)中,当它们在负压的吸引下穿过一个小孔时,由于细胞的导电性质比稀释液低,会引起通过微孔的恒定电流发生变化,由于该瞬间的电阻变化而引起的电压变化导致脉冲信号出现,此脉冲信号经过电子放大器被放大,脉冲信号数等于通过的细胞数,计数器进行数据处理,得到血细胞计数结果。脉冲信号的大小与细胞体积的大小成正比,即细胞体积越大,产生的脉冲振幅越高。根据欧姆定律,在恒电流电路上,电压变化与电阻变化成正比,电阻值又同细胞体积成正

137

比,因此在对细胞进行计数的同时,细胞的体积同时也被记录下来。各种大小不同细胞产生的脉冲信号分别送入仪器内电脑的各个通道(channel),经运算得出各种细胞参数(白细胞、红细胞、血小板计数及相关参数)。由检测器产生的脉冲信号,经计算机处理以后以体积直方图(histogram)显示特定细胞群中的细胞体积和细胞分布情况(图4-9-1)。

2. 白细胞分类计数原理　电阻抗法是根据经过溶血剂处理后的白细胞体积大小将白细胞分群(小细胞群、中间细胞群、大细胞群),是较粗的白细胞分类筛选方法。

血细胞悬液加溶血剂后,红细胞被溶解,溶血作用压缩白细胞膜引起细胞质渗出,使细胞脱水,细胞膜皱缩,围绕在细胞核和细胞质颗粒周围,由胞体内有形物质的多少决定了白细胞体积大小。仪器将白细胞体积从30~450fl(随仪器厂家设计不同有差异)分为256个通道,每个通道1.64fl,依据体积大小分别将其放在不同的通道中,可得白细胞体积分布图。其中第一群是小细胞区,主要是淋巴细胞,体积在35~90fl;第二群是单个核细胞区,也称为中间细胞群,体积在90~160fl,包括单核细胞、嗜酸性粒细胞、嗜碱性粒细胞、核左移白细胞、原始或幼稚阶段白细胞;第三群为大细胞区,主要是中性粒细胞,它分叶多,颗粒多,体积可达160fl以上。各种仪器型号及试剂的不同,体积分类所划分的标准可不一致。

联合检测型血细胞分析仪的细胞计数原理是以流式技术为基础,再联合使用流式、激光、射频、电导、电阻抗、细胞化学染色等多项技术进行较为准确的白细胞"五分类"。它克服了电阻抗法的不足,其共有特点是均使用了流式细胞技术,形成流体动力聚焦的流式通道,使单细胞流在鞘液的包裹下通过流式通道,将重叠限制到最低限度(详见本部分流式细胞仪)。

3. 血红蛋白测定原理　任何类型、档次的血细胞分析仪,血红蛋白测定的原理都是相同的。被稀释的血液加入溶血剂使红细胞溶解,释放的血红蛋白与溶血剂中有关成分结合形成血红蛋白衍生物。根据在特定波长(一般在530~550nm)下比色,吸光度的变化与液体中血红蛋白含量成正比,仪器进行比色后,换算成血红蛋白浓度显示出来。

不同型号血细胞分析仪配套的溶血剂配方不同,形成血红蛋白衍生物也不同,吸收光谱也有差异,但最大吸收峰都接近540nm。国际血液学标准化委员会(ICSH)推荐的氰化高铁(HiCN)法的最大吸收峰在540nm,仪器血红蛋白的校正必须以HiCN值为准。

4. 网织红细胞检测原理　采用激光流式细胞分析技术与细胞化学荧光染色技术联合对网织红细胞进行分析,即利用网织红细胞中残存的嗜碱性物质RNA在活体状态下与特殊的荧光染料(新亚甲蓝、氧氮杂芑750、碱性槐黄O等)结合;激光激发产生荧光,荧光强度与RNA含量成正比;用流式细胞技术检测单个的网织红细胞的大小和细胞内RNA的含量及血红蛋白的含量;由计算机数据处理系统综合分析检测数据,得出网织红细胞计数及其他参数。

(二)血细胞分析仪基本结构

各类型血细胞分析仪原理、功能不同,结构亦不相同。主要由机械系统、电子系统、血细胞检测系统、血红蛋白测定系统、计算机和键盘控制系统以不同形式的组合而构成。

1. 机械系统　包括机械装置(如全自动血细胞分析仪有进样针、分血器、稀释器、混匀器、定量装置等)和真空泵,用于样本的定量吸取、稀释、传送、混匀,以及将样本移入各种参数的检测区。此外,机械系统还兼有清洗管道和排除废液的功能。

2. 电子系统　包括主电源、电子元器件、控温装置、自动真空泵电子控制系统,以及仪器的自动监控、故障报警和排除等。

3. 血细胞检测系统　国内常用的血细胞分析仪,使用的检测系统主要为电阻抗检测系统。它由检测器、放大器、甄别器、阈值调节器、检测计数系统和自动补偿装置组成。这类检测系统主要应用于"二分群、三分群"仪器中。

(三)血细胞分析仪检测项目

以下各参数的参考值与临床意义详见教材;正常、异常直方图见本教材第一部分实习课内容。

1. 红细胞参数　①红细胞计数(red blood cell count,RBC);②血红蛋白浓度(hemoglobin,Hb);③红细胞比容(hemotocrit,Hct);④平均红细胞体积(mean corpuscular volume,MCV);⑤平均红细胞血红蛋白含量(mean corpuscular hemoglobin,MCH);⑥平均红细胞血红蛋白浓度(mean corpuscular hemoglobin concentration,MCHC);⑦RDW 红细胞体积分布宽度(red cell volume distribution width,RDW)。

2. 白细胞参数　①白细胞计数(white blood cell count,WBC);②白细胞分类计数(white cell differentiall count,DC)。

白细胞三分群:通过电阻抗型血细胞分析仪测量细胞体积,将白细胞分为三群:第一群是小细胞区(35~90fl),主要为淋巴细胞,包括成熟淋巴细胞、异型淋巴细胞;第二群是中间细胞区(90~160fl),包括单核细胞、原始细胞、幼稚细胞、嗜酸性粒细胞及嗜碱性粒细胞;第三群是大细胞区(160~450fl),包括中性分叶核粒细胞以及杆状核和晚幼粒细胞。

白细胞五分类:通过运用多种高新技术,如激光流式细胞分析技术,细胞化学染色技术和电阻抗测量技术等,一些高档次的血细胞分析仪可将白细胞分为中性粒细胞(neutrophil,N)、嗜酸性粒细胞(eosinophil,E)、嗜碱性粒细胞(basophil,B)、淋巴细胞(lymphocyte,L)及单核细胞(monocyte,M)五类,但目前的各类仪器对异常白细胞仍不能完全识别,遇仪器分析有异常提示或疑为血液系统疾病的标本,仍需要用血液制成血涂片,经 Wright 染色后通过显微镜检查观察其形态,可将白细胞分为五种类型,才不至于漏诊或误诊。

3. 血小板参数　①血小板计数(platelet,PLT);②血小板平均体积(mean platelets volume,MPV);③血小板体积分布宽度(platelet volume distribution width,PDW);④血小板比容(plateletocrit,PCT)。

4. 血细胞体积分布直方图　在电阻式血细胞计数仪原理中,当细胞通过小孔管后,会形成一个脉冲信号,脉冲信号的大小与细胞体积大小成正比,脉冲编排器将处理过的细胞按其体积大小放在不同的通道中,然后由计算机合成一条横坐标为细胞体积(单位为 fl),纵坐标为不同体积的细胞数量的平滑曲线。包括:①红细胞直方图;②白细胞直方图;③血小板直方图。须指出,仪器型号不同以及使用的稀释液不同,细胞直方图的形状亦不相同,但反映病理变化的基本特征是相同的,不同实验室应对本室仪器的图形进行对比分析。

(1) 红细胞直方图:红细胞直方图是反映红细胞体积大小或相当于红细胞大小范围内粒子分布图。

正常红细胞直方图:为一正态分布的曲线图,略分布在 50~350fl 之间,在 60~101fl 之间有一高峰,中线约在 90fl 处,与红细胞平均体积基本一致。

异常红细胞直方图:与白细胞直方图意义不同,某些贫血性疾病其红细胞直方图有其显著特点,在小细胞性贫血中,MCV 小于正常则曲线左移;在大细胞性贫血中,MCV 大于正常则曲线右移;如果红细胞大小不均,RDW 的变异系数增大,则峰底变宽。如在缺铁性贫血中,曲线波峰左移,峰底变宽;在叶酸缺乏引起的巨幼细胞性贫血中,直方图波峰右移,峰底增宽;正常人红细胞直方图是单峰分布,如出现双峰分布,可见于在治疗缺铁性贫血和巨幼细胞性贫血时,幼稚红细胞逐步分化成熟,正常红细胞群释放入血液,而异常细胞并未完全消失,直方图呈现双峰形,说明治疗有效。

（2）白细胞直方图：白细胞直方图是表示各类不同体积白细胞出现频率的分布图。

正常人白细胞直方图：在不同的分析仪中有一定的差异，一般是呈现两个明显分离的峰，左峰为小细胞群，略分布于35~90fl的区域，定为淋巴细胞；右峰为大细胞群（粒细胞），分布于120~200fl的区域，定为中性粒细胞，也可包含杆状核和晚幼粒细胞；两峰之间的平坦区为中间细胞群，包括单核细胞，嗜酸性粒细胞和嗜碱性粒细胞。一般仪器的白细胞识别器设置在最小35fl的区域应是无颗粒的，若有颗粒存在，表明有某些人为或病理因素的干扰，如聚集的血小板、巨大血小板、有核红细胞、红细胞膜碎片、蛋白或脂肪颗粒等，当实验结果出现这种图形时，提示白细胞计数和分类计数均不准确，需要采取相应的手段进一步检测。

异常白细胞直方图：当某一类白细胞数量显著增多或原始、幼稚白细胞增高，可使直方图出现异常图形。因此从图形的变化可以估计被测血液中细胞群体的变化。由于中间细胞群包括大淋巴细胞、原始细胞、幼稚细胞、嗜酸性粒细胞和嗜碱性粒细胞，任一项细胞的增多，均可使直方图产生相似的变化，因此，异常的直方图只是提示检测者判断有无细胞比例变化或有无异常细胞明显出现，在显微镜检查中须注意这些变化。

（3）血小板直方图：是反映血小板体积分布的一个曲线图。

正常人血小板直方图：如血小板数量和功能正常，则血小板直方图只有一个峰，呈偏态分布，分布于2~20fl之间，21~30fl之间有少量大血小板，一般仪器以30fl作为最大分析界标。

异常血小板直方图：血小板直方图主峰在6~11.5fl之间。左移表示血小板体积偏小，右移表示血小板体积偏大，如果出现双峰，小峰在左侧可能是电磁波的干扰，小峰在右侧可能是小红细胞或其他碎片的干扰。抗凝血放置时间过长，可使血小板膨大，故MPV受到影响而失去测定准确性。稀释样品中的红细胞放置时间越长越易破碎，其碎片多在2.5~30fl之间，故可造成假性血小板增多。

5. 网织红细胞参数　①网织红细胞（reticulocyte，Ret%）计数；②网织红细胞绝对数（Ret绝对数）；③未成熟网织红细胞指数（IRF）。

第二章 血液凝固分析仪

血液凝固分析仪（automated coagulation analyzer，ACA）是采用一定分析技术，对血栓与止血有关成分进行自动检测分析的临床常规检验仪器。按自动化程度可分为半自动和全自动血凝仪及全自动血凝工作站。半自动血凝仪主要检测一些常规凝血项目，全自动血凝仪除对常规凝血、抗凝、纤维蛋白溶解系统等项目进行全面的检测外，还能对抗凝、溶栓治疗进行实验室监测。

（一）血液凝固分析仪工作原理

血液凝固分析仪使用的检测方法主要有凝固法、底物显色法、免疫学法、干化学法等。凝固法是血栓/止血试验中最基本、最常用的方法。半自动血凝仪基本上以凝固法检测为主，全自动血凝仪不仅自动化程度高，除了使用凝固法外，还使用了如底物显色法和免疫学法等其他分析方法。

1. 凝固法检测原理　通过检测血浆在凝血激活剂作用下产生一系列物理量（光、电、超声、机械运动等）的变化，再由计算机分析所得数据并将之换算成最终结果，故也称生物物理法。按测量原理可分为光学法、电流法、磁珠法和超声分析法四种。

（1）光学法：是根据血浆凝固导致光强度的变化来判断凝固终点的方法。即当一束光通过样品杯时，样品杯里的血浆在由纤维蛋白原逐渐转变成纤维蛋白的凝固过程中，其理学性状也随之改变，导致透射光或散射光的强度发生变化。使用散射光的变化来确定凝固终点的检测方法称为散射比浊法，即当血浆与试剂混合的瞬间，散射光非常弱，随着标本中纤维蛋白凝块的形成，标本的散射光逐渐增加，当标本凝固完全后，散射光的强度稳定下来，光电二极管接收这一光的变化，并把它转变成电信号，经放大和处理，将检测结果显示出来。若用透射光（吸光度）的变化来确定凝固终点的检测方法称为透射比浊法。

此外，在光学法中还有光电磁法血凝仪，其实质是光电比浊原理，所用磁珠起搅拌混匀作用。光学法凝血测试的优点在于灵敏度高、仪器结构简单、易于自动化。缺点是样本的光学异常、测试杯的光洁度、加样中的气泡等都会成为测量的干扰因素。

（2）电流法与磁珠法：电流法是利用纤维蛋白原无导电性而纤维蛋白具有导电性的特点，将待测样本作为电路的一部分，根据凝血过程中电路电流的变化来判断纤维蛋白的形成。该法已被光学法所取代。磁珠法是利用变化的磁场使下磁珠产生运动，随着血浆的凝固，血浆黏稠度增加，磁珠的运动振幅减弱或磁珠位置变化来确定凝固终点。根据仪器对磁珠运动测量原理的不同，又可分为光电探测法和电磁珠探测法。

2. 生物化学法　是从凝块测量发展为颜色测量的一种检测方法，通过测定产色底物的吸光度变化来推测所测物质的含量和活性，故也称底物显色法。人工合成与天然凝血因子氨基酸序列相似多肽、且其具有与产色化学基团相连的特定作用位点。测定时由于凝血因子具有蛋白水解酶的活性，它不仅能作用于天然蛋白质肽链，也能水解人工合成的多肽而释放出产色基团，使溶液显色。呈色深浅与凝血因子活性成比例关系，测定其吸光度换算成待测物的含量，故可进行精确的定量。

目前人工合成的多肽底物有几十种,可对凝血酶、活化的 X 因子、激肽释放酶、纤溶酶、尿激酶等进行测定。最常用的底物是对硝基苯胺(PNA),可用 405nm 波长进行测定。底物显色法灵敏度高、精密度好,而且易于自动化,为血栓 / 止血检测开辟了新途径。

3. 免疫学法   以纯化的被检物质为抗原,制备相应的抗体,利用抗原抗体反应对被检物进行定性或定量测定。包括免疫扩散法、免疫电泳、酶联免疫吸附实验和免疫比浊等,自动血液凝固分析仪多采用免疫比浊法。免疫比浊法可分为直接浊度分析和胶乳比浊分析,均可用透射比浊或散射比浊。透射比浊是血液凝固分析仪光源的光通过待测样品时,由于样品中的抗原(如 D- 二聚体)与其相应的抗体反应形成复合物使浊度增加,透过的光强度减弱;散射比浊是血液凝固分析仪光源的光通过待测样品时,由于样品中的抗原与其相应的抗体反应形成复合物,使溶质颗粒增大,光散射增强。光强度的变化与抗原的量成一定的数量关系,可换算出样品中的抗原量。

4. 干化学技术(dry reagent technolgy)   将惰性顺磁铁氧化颗粒(paramagentic iron oxid particles,PIOP)结合在可产生凝固反应或纤溶反应的干试剂中,在以固定垂直磁场的作用下颗粒来回移动。当加入血样本后,血液通过毛细管作用进入反应层,使干试剂溶解,发生相应的凝固反应或纤溶反应,导致干试剂中 PIOP 摆动幅度减小或增加。间接反映出纤维蛋白的形成或溶解的动态过程,仪器的光电检测器可记录 PIOP 摆动所产生的光亮变化,这些变化在通过信号放大、转换、运算而得到所测结果。该技术主要应用于床旁即时检测的便携式血凝分析仪。

(二) 全自动血凝仪基本结构

全自动血凝仪基本结构包括样本传送及处理装置、试剂冷藏位、样本及试剂分配系统、检测系统、计算机、输出设备及附件等。

1. 样本传送及处理装置   由传送装置依次将血浆样本向吸样针位置移动。样本处理装置由样本预温盘及吸样针构成,吸样针将血浆吸取后放于预温盘的测试杯中,供重复测试、自动再稀释和连锁测试用。

2. 试剂冷藏位   可以同时放置几十种试剂进行冷藏,避免试剂变质。

3. 样本及试剂分配系统   包括样本臂、试剂臂、自动混合器。样本臂会自动提起样本盘中的测试杯,将其置于样本预温槽中进行预温。然后试剂臂将试剂注入测试杯中(性能优越的全自动血凝仪为避免凝血酶对其他检测试剂的污染,有独立的凝血酶吸样针),由自动混合器将试剂与样本充分混合后送至测试位,已检测的测试杯被自动丢弃于特设的废物箱中。

4. 检测系统   是仪器的关键部件。血浆凝固过程通过前述多种凝固反应检测法进行检测。

5. 计算机   根据设定的程序指挥血凝仪进行工作并将检测得到的数据进行分析处理,最终得到测试结果。还可对患者的检验结果进行储存、质控统计及记忆操作过程中的各种失误等工作。

6. 输出设备   通过计算机屏幕或打印机输出测试结果。

7. 附件   主要有系统附件、穿盖系统、条码扫描仪、阳性样本分析扫描仪等。

(三) 自动血凝分析仪检测项目

半自动血凝仪以凝固法测定为主,检测项目较少,而全自动血凝仪可使用多种方法进行凝血、抗凝、纤维蛋白溶解系统功能、用药的监测等多个项目的测定。

1. 凝血系统的检测   常规筛选试验:如凝血酶原时间(prothrombin time,PT)、活化部分凝血活酶时间(activated partial thromboplastin time,APTT)、凝血酶凝固时间(thrombin clotting time,TCT,TT)测定、血浆纤维蛋白原(fibrinogen,Fg)测定;单个凝血因子含量或活性的测定:血浆纤维蛋白原(fibrinogen,Fg)、凝血因子Ⅱ、Ⅴ、Ⅶ、Ⅷ、Ⅸ、Ⅹ、Ⅺ、Ⅻ。

2. 抗凝系统的检测 抗凝血酶Ⅲ(AT-Ⅲ)、蛋白C(PC)、蛋白S(PS)、人活化蛋白C抵抗(APCR)、狼疮抗凝物质(LAC)等测定。

3. 纤维蛋白溶解系统的检测 血浆纤溶酶原活性(plasminogen activity,PLG:A)、血浆α_2-抗纤溶酶活性(α_2-antiplasmin activity,α_2-AP:A)、血浆纤维蛋白(原)降解产物(FDPs)、血浆D-二聚体(D-dimer,D-D)等。

4. 临床用药的监测 当临床应用普通肝素(UFH)、低分子肝素(LMWH)及口服抗凝剂如华法林(Warfarin)时,常用血凝仪进行监测以保证用药安全。

第三章 尿液生化分析仪

尿液生化分析仪大多采用干化学分析技术,故又称为干化学尿液分析仪。干化学(dry chemistry)是指部分或全部试剂预固相在具有一定结构的反应装置(即试剂载体)中,应用现代光 - 电技术检测其有否成色反应及成色程度,并用微电脑控制检测过程和处理结果。因其结构简单、使用方便,目前临床普遍使用。按自动化程度分类可分为半自动尿液分析仪和全自动尿液分析仪。按测试项目分类可分为 8 项尿液分析仪、9 项尿液分析仪、10 项尿液分析仪、11 项尿液分析仪和 12 项尿液分析仪。

(一) 尿液分析仪工作原理

1. 干化学试剂带　试剂带以滤纸为载体,将各种试剂成分浸渍后干燥(为试剂层),再在其表面覆盖一层纤维素膜作为反射层。检测不同项目的各种试剂块,可按一定间隔、顺序固定在同一条带上制备成多联试条(图 4-9-2)。接触尿液后,各个试剂块与其检测成分发生特异成色反应,随该成分的多少产生对应的色度变化。

2. 试剂带的反应原理　各厂家试条具体项目检测原理可能稍有不同。

(1) pH 测定:采用 pH 指示剂原理,常用甲基红和溴麝香草酚蓝组成的复合型指示剂(呈色范围 pH 4.5~9.0,颜色由橘黄色、绿色变为蓝色),检测尿液的 pH 值。尿液必须新鲜,放置过久,细菌可使尿液 pH 改变。严格按规定的时间浸泡试纸条,浸尿时间过长,尿 pH 可呈下降趋势。

(2) 尿蛋白质测定:由于各种指示剂都具有一定的 pH 变色范围,当溶液中存在蛋白质时,蛋白质离子可与带相反电荷的指示剂离子结合,引起指示剂的进一步电离,从而产生颜色变化,其颜色深浅与蛋白质的含量有关。服用奎宁、奎宁丁和嘧啶等药物引起的强碱性尿(pH ≥ 9)时,出现假阳性。使用大剂量青霉素(480 万单位)后的 5 小时内收集标本会出现假阴性结果。

(3) 尿葡萄糖测定:试剂块中含有葡萄糖氧化酶(GOD)、过氧化物酶(POD)和色原(碘化钾或邻甲联苯胺)。葡萄糖氧化酶把葡萄糖氧化为葡萄糖醛酸和过氧化氢(H_2O_2),后者被过氧化氢酶催化释放出新生态氧,使色原氧化而显色,其颜色深浅与尿中葡萄糖含量有关。大剂量维生素 C 对尿糖测定有干扰,在尿糖浓度低于 14mmol/L 时可使尿糖出现假阴性,但在用维生素 C 4 小时后,对尿糖结果无干扰。另一种是基于铜还原法的原理,基于尿中葡萄糖和其他还原性物质能还原硫酸铜成氧化铜的原理而显色。

(4) 尿酮体测定:试剂块中亚硝基铁氰化钠与酮体中的乙酰乙酸、丙酮产生显色反应,其颜色深浅与酮体含量有关。尿液必须新鲜,因乙酰乙酸易分解为易挥发的丙酮,加之细菌可利用乙酰乙酸而造成假阴性;头孢菌素等药物,可引起假阳性。

(5) 尿隐血测定:尿液中红细胞内的血红蛋白或被破坏后释放的血红蛋白中的亚铁血红素,具有过氧化物酶样活性能催化过氧化氢释放出新生态氧,使色原氧化而显色,其颜色深浅与血红蛋白含量有。菌尿等可引起假阳性,尿液存在大量维生素 C 时可引起假阴性。

(6) 尿胆红素测定:采用重氮反应法原理。在酸性条件下,尿中直接胆红素能与重氮盐起偶反应形成重氮色素,颜色深浅与尿中胆红素量的多少有关。尿液中含高浓度的维生素 C 和亚硝酸盐时,抑制偶氮反应使尿胆红素呈假阴性;使用大剂量的氯丙嗪治疗或尿中含有盐酸苯偶氮吡啶的代谢产物时,也可引起假阴性。

(7) 尿胆原测定:采用 Ehrlich 醛反应原理或重氮反应原理。Ehrlich 醛法试带利用尿胆原在酸性条件下与对二甲氨基苯甲醛反应形成红褐色的复合物,颜色深浅与尿胆原含量有关。重氮法试带利用尿胆原在强酸性条件下,与 4- 甲氧基苯重氮盐四氟化硼酸盐反应生成重氮色素,其颜色深浅与尿胆原含量有关。尿液中一些内源物质(胆色素、吲哚、胆红素等)可使尿胆原出现假阳性。

(8) 尿亚硝酸盐测定:某些细菌(如肠杆菌科细菌)产生的硝酸盐还原酶能将尿中硝酸盐还原成亚硝酸盐,在酸性条件下,亚硝酸盐与芳香胺(对氨基苯砷酸)结合形成重氮化合物,再与苯喹啉结合产生重氮色素,颜色变化与细菌数量不成比例,但阳性结果表明尿中细菌数量在 10^5/ml 以上。尿标本必须新鲜,放置过久或污染细菌可引起假阳性,摄入含有丰富硝酸盐的人参、卷心菜、菠菜等可引起假阳性。

(9) 尿白细胞测定:粒细胞胞质内含有特异性酯酶能水解吲哚酚生成吲哚酚和有机酸,吲哚酚可进一步氧化成靛蓝;或吲哚酚和重氮盐反应,生成重氮色素而显色进行测定,颜色深浅与粒细胞量的多少有关。尿液中污染甲醛、含有高浓度胆红素、使用某些药物可产生假阳性。尿蛋白 >5g/L 或使用大剂量头孢氨苄或庆大霉素等药物可使结果偏低或出现假阴性。

(10) 尿比密测定:基于某种预处理的多聚电解质在一定离子浓度溶液中电离平衡常数(pKa)变化来测量比密。尿液中电解质离子可和经过处理的多聚电解质(聚甲乙烯顺丁烯二酸共聚体中)的氢离子发生置换,置换出的氢离子使溴麝香草酚蓝指示剂的颜色发生变化,颜色由蓝绿色、绿色变成黄绿色。仪器进行比色后换算成尿液的比重值。

(11) 尿维生素 C 测定:由于尿液中维生素 C(vitamin C)的存在对多项尿液生化指标均有干扰(前面已叙述),测定尿液中维生素 C 的浓度是了解其对尿生化结果的影响而其本身临床意义不大。采用磷钼酸缓冲液或甲基绿与尿中维生素 C 进行反应,形成钼蓝,颜色由蓝色变成紫色,颜色深浅与尿中维生素 C 含量有关。

3. 分析仪检测原理　一般采用双波长法测定试剂块的颜色变化。一种波长为测定波长,它是被测试剂块的敏感特征波长;另一种为参比波长,是被测试剂块不敏感的波长,用于消除背景光和其他杂散光的影响。各种试剂块都有相应的测定波长,其中亚硝酸盐、酮体、胆红素、尿胆素原的测定波长为 550nm,pH、葡萄糖、蛋白质、维生素 C、潜血的测定波长为 620nm。各试剂块所选用的参考波长为 720nm。

把试剂带浸入尿液中后,除了空白块外,其余的试剂块都因和尿液发生了化学反应而产生了颜色的变化。试剂块的颜色深浅与光的吸收和反射程度有关,颜色越深,相应某种成分浓度越高,吸收光量值越大,反射光量值越小,反射率也越小;反之,反射率越大。因为颜色的深浅与光的反射率成比例关系,而颜色的深浅又与尿液中各种成分的浓度成比例关系,所以只要测得光的反射率即可以求得尿液中各种成分的浓度。

试纸块颜色的深浅除了随各被测成分的不同而变外,还与尿液本身的颜色有关。空白试纸块随着尿液的颜色而变化。试纸块的反射率 $R_{试纸}$ 计算:

$$R_{试纸} = \frac{T_m(试纸块对测量波长的反射强度)}{T_s(试纸块对参考波长的反射强度)} \times 100\%$$

空白块的反射率 $R_{空白}$ 计算:

$$R_{空白} = \frac{C_m(空白对测量波长的强度)}{C_s(空白对参考波长的强度)} \times 100\%$$

总的反射率 R 为试纸块的反射率与空白块的反射率之比：

$$R = \frac{R_{试纸}}{R_{空白}} = \frac{T_m C_s}{T_s C_m} \times 100\%$$

采用双波长测定法，抵消了尿液本身颜色引起的误差，可提高测量精度。

（二）尿液分析仪基本结构

尿液分析仪一般由机械系统、光学系统、电路系统三部分组成（图 4-9-3）。

1. 机械系统   机械系统的主要功能是将待检的试剂带传送到位，检测后将试剂带排送到废物盒。

2. 光学系统   光学系统通常包括光源、单色处理、光电转换三部分。光线照射到反应区表面产生反射光，反射光的强度与各个项目的反应颜色成正比。不同强度的反射光再经光电转换器件转换为电信号进行处理。

3. 电路系统   光电检测器将试剂带所反射的信号的强弱转换成电信号的大小，送往前置放大器进行放大。前置放大器放大后的信号送往电子选择开关电路。电子选择开关电路在计算机 I/O 接口电路给出的控制信号的控制下，在不同时刻，时序地把八项被测参数的信号送往电压 / 频率变换器（V/F）。电压 - 频率变换器将送来的模拟信号的大小转换成数字信号的多少后，送往计数电路予以计数。计数后的信号经数据总线送给 CPU 单元。CPU 将信号运算、处理后经 I/O 接口电路送往仪器的内置热敏打印机，由打印机将测试结果打印出来。

（三）尿液生化分析仪检测项目

检测项目包括尿蛋白（protein，PRO）、尿葡萄糖（glucose，GLU）、尿 pH（urine acidity）、尿酮体（ketone body，KET）、尿胆原（urobilinogen，UBG）和尿胆素（urobilin，BIL）、尿潜血 hemoglobin，BLD）、亚硝酸盐（nitrite，NIT）、尿白细胞（leucocyte，LEU）、尿比密（specific gravity，SG）、维生素 C（vitamin C，Vit C）和浊度。

8 联试条项目为：pH、蛋白、葡萄糖、酮体、胆红素、尿胆原、隐血和亚硝酸盐，9 联试条增加了白细胞检测，10 联试条再加比密测定，11 联试条则再增加 Vit C 检测，以确定尿中有无可对葡萄糖、胆红素、尿胆原、白细胞、隐血、亚硝酸盐等尿干化学检测项目构成干扰，以正确解释结果。各项目的参考范围、常见干扰因素见教材理论。

第四章　尿有形成分分析仪

尿有形成分(沉渣)分析仪大致有两类,一类是通过尿沉渣直接镜检再进行影像分析,得出相应的技术资料与实验结果;另一类是流式细胞术分析。目前,大多采用流式细胞术和电阻抗技术原理。

(一)流式全自动尿有形成分分析仪工作原理

1. 流式细胞术和电阻抗的原理　流式全自动尿有形成分析仪工作原理是应用流式细胞术和电阻抗的原理(图4-9-4)。一个尿液标本被稀释并经荧光染色液染色后,靠液压作用通过鞘液流动池。反应样品从样品喷嘴出口进入鞘液流动室时,被一种无粒子颗粒的鞘液包围,使每个细胞以单个纵列的形式通过流动池的中心(竖直)轴线,在这里每个尿液细胞被氩激光光束照射。每个细胞有不同程度的荧光强度(fluorescent light intensity, FI)和散射光强度(forward scattered light intensity Fsc),前者主要反映细胞的定量特性(如细胞膜、核膜、线粒体和核酸);后者成比例地反映细胞的大小。经过检测孔产生电阻抗信号与细胞的体积成正比,仪器将这种荧光、散射光等光信号转变成电信号,并对各种信号进行分析,最后得到每个尿液标本产生出的直方图(histogram)和散射图(scattergram)。通过分析这些图形,即可区分每个细胞并得出有关细胞的形态和有形成分计数(图4-9-4)。

2. 尿有形成分的识别分析　前向散射光波形(散射光强度和散射光脉冲宽度)主要反映细胞体积的大小。前向散射光强度反映细胞横截面积;前向散射光脉冲宽度 F_{scw} 反映细胞的长度。

$$F_{scw}=\frac{CL+BW}{V}$$

式中,CL 代表细胞长度;BW 是激光束宽度;V 为流动速度。

前向荧光波形(荧光波长和荧光脉冲宽度)主要反映细胞染色质的长度。荧光强度(FI)主要反映细胞染色质的强度;前向荧光脉冲宽度 FI_w 反映细胞染色质的长度。

$$FI_w=\frac{NL+BW}{V}$$

式中,NL 代表细胞核长度;BW 是激光束宽度;V 为流动速度。

仪器通过对前向散射光、前向荧光信号和电阻抗值的大小综合分析,得出细胞的形态、细胞横截面积、染色片段的长度、细胞容积等信息并绘出直方图和散射图。仪器通过分析每个细胞信号波形的特性来对其进行分类。

(1) 红细胞:红细胞出现在第一和第二个散射图的左角。一般而言,极低 FI 和 F_{sc} 大小不等都可视为红细胞。因红细胞无细胞核和线粒体,所以荧光强度(FI)很弱。红细胞在尿液标本中大小不均,且部分溶解成小红细胞碎片,因此红细胞前向散射光强度(F_{sc})差异较大。

(2) 白细胞:白细胞在尿液的分布(直径约为10μm)比红细胞稍大(约为8.0μm),且有细胞核,故前向散射光强度也比红细胞稍大一些,出现在散射图的正中央。白细胞含有细胞核,因此具有高强度的前向荧光,能将白细胞与红细胞区别开来。

(3) 上皮细胞:上皮细胞体积大,散射光强,且都含有细胞核、线粒体等,荧光强度也比较强。一般来说,大的鳞状上皮细胞和移行上皮细胞分布在第二个散射图的右角。

(4) 管型:管型种类较多,且形态各不相同,仪器不能完全区分开这些管型性质,只能检测出透明管型和标出有病理管型的存在。透明管型由于管型体积大和无内含物,有极高的前向散射光脉冲宽度和微弱的荧光脉冲宽度,出现在第二个散射图的中下区域。而病理性管型(包括细胞管型),由于它们的体积与透明管型相等,但有内含物(如线粒体、细胞核等),有极高的前向散射光脉冲宽度和荧光脉冲宽度,出现在第二个散射图的中上区域,借助于荧光脉冲宽度,即可区分出透明管型和病理管型。

(5) 细菌:细菌由于体积小并含有 DNA 和 RNA,所以前向散射光强度要比红、白细胞弱,但荧光强度要比红细胞强,又比白细胞弱,因此细菌分布在第一个散射图红细胞和白细胞之间的下方区域。

(二) 流式细胞术全自动尿有形成分分析仪基本结构

包括光学检测系统、液压系统、电阻抗检测系统和电子系统。

1. 光学系统　光学系统由氩激光(波长 488nm)、激光反射系统、流动池、前向光采集器和前向光检测器组成。

2. 液压(鞘液流动)系统　反应池染色标本随着真空作用吸入到鞘液流动池。鞘液形成一股液涡流,使尿液细胞排成单个的纵列在鞘液中心通过。鞘液流动机制防止错误的脉冲,减少流动池被尿液标本污染的可能,提高了细胞计数的准确性和重复性。

3. 电阻抗检测系统　电阻抗检测系统包括测定细胞体积的电阻抗系统和测定尿液导电率的传导系统。当尿液细胞通过流动池(流动池前后有两个电极维持恒定的电流)小孔时,细胞和稀释液之间存在着较大的传导性或阻抗的差异,使电压发生变化,它与阻抗改变成正比例。

4. 电子系统　从样品细胞中得到的前向散射光很强,光电二极管能够将光信号转变电信号。但从样品细胞中得到的前向荧光很弱,需要使用极敏感的光电倍增管放大的前向荧光转变成电信号。从样品中得到的电阻抗信号和传导性信号被感受器接收后直接放大输送给微处理器。所有这些电信号通过波形处理器整理,再输给微处理器汇总,得出每种细胞的直方图和散射图,通过计算得出每微升各种细胞的数量和细胞形态。

(三) 流式细胞术全自动尿有形成分分析仪检测项目

1. 红细胞(RBC)　①尿红细胞数量(每微升的细胞数和每高倍视野的平均红细胞数);②均一性红细胞(isomorphic RBC)的百分比;③非均一性红细胞(dysmorphic RBC)的百分比;④非溶血性红细胞的数量(non-lysed RBC#)和百分比(non-lysed RBC%);⑤平均红细胞前向荧光强度(RBC-MFl);⑥平均红细胞前向散射光强度(RBC-MFsc);⑦红细胞荧光强度分布宽度(RBC-F1-DWSD)。

2. 白细胞　①白细胞定量(每微升的细胞和每高倍视野的平均细胞数)参数;②尿液中白细胞的平均白细胞前向散射光强度(WBC-MFL)。

3. 上皮细胞(EC)　①上皮细胞数量;②每微升小圆上皮细胞数。

4. 管型　①透明管型;②病理管型。

5. 细菌　细菌由于体积小并含有 DNA 和 RNA,所以前向散射光强度要比红、白细胞弱,但荧光强度要比红细胞强,又比白细胞弱,因此细菌分布在第一个散射图红细胞和白细胞之间的下方区域。细菌检查的临床意义主要用于对泌尿细菌感染的诊断。

6. **其他检测**　全自动尿沉渣分析仪除检测上述参数外,还能标记出酵母细胞(YLC)、精子细胞(SPERM)、结晶(X'TAL),并能够给出定量值。当尿酸盐浓度增多时,部分结晶会对红细胞计数产生影响。因此,当仪器对酵母细胞、精子细胞和结晶有标记时,都应离心镜检,才能真正区分。

7. **导电率的测定**　导电率与渗量有密切的关系。导电率代表溶液中溶质的质点电荷,与质点的种类、大小无关;而渗量代表溶液中溶质的质点(渗透活力粒子)数量,与质点的种类、大小及所带的电荷无关,所以导电率与渗量又有差异。如溶液中含有葡萄糖时,由于葡萄糖是无机物,没有电荷,与导电无关,但与渗量有关。

(四) 影像型尿有形成分分析仪

经过多年的发展,根据检测技术和影像的拍摄方式,影像型尿有形成分分析仪可分为流动式尿有形成分分析仪和静止式尿有形成分分析仪。

1. **流动式影像型尿有形成分分析仪**　该分析仪采用流动式显微镜系统,尿液标本采用层流平板式流式细胞术,标本在上下两层鞘液的包裹下进入系统中。仪器的流体力学系统由特别制作的薄层板构成,蠕动泵带动鞘液进入薄层板构成的流动池,双层鞘液流包裹在尿液标本外周,而尿液会以单层细胞颗粒的厚度进入薄层板,被高速拍摄照片后进入废液。

自动数码影像拍摄:尿液标本在鞘流液包裹下进入流动池时,通过固定在薄层鞘流板一侧的显微镜物镜头,其厚度和位置正好在显微镜视野的焦距范围,CCD 数字照相机位于显微镜目镜后面,进行自动数码影像拍摄。当每个显微镜视野被每秒 24 次的高速频闪光源照亮后,所经过的有形成分会瞬间被拍摄下来。图片结果被数字化和传递给计算机分析处理器。预先储存的背景空白图像被从每个观察视野中减去,以增强俘获粒子的形态学特点。

在显示器上看到的每个有形成分都是独立的,被分割在一个特定大小的格子内。仪器内部预先存储了 12 种常见的有形成分的大量图像资料,建立了标准模板数据库。将被拍摄到的粒子的大小、外形、对比度和纹理特征与数据库中的标准板进行对比来进行初步鉴定。

2. **静止式影像型尿有形成分分析仪**　其检测原理与人工显微镜相似,将尿液标本注入专用计数板上,经一定时间静止沉淀后,再进行数码影像的拍摄。无论尿液标本是否被离心沉淀,无论是否被染色,无论被冲入的计数板是固定流动式板还是一次性计数板,最终尿液中的有形成分应该沉淀下来,静止不动,然后再由数码照相机在计数板不同的部位拍摄一定数量的数字影像图片,送计算机进行处理。

能观测的有形成分包括红细胞、白细胞、上皮细胞、管型、酵母菌、细菌和结晶等。

(五) 尿有形成分分析工作站

尿液分析仪对尿样进行干化学分析,尿干化学分析的结果传送到计算机中,再对离心后的尿沉渣用显微镜进行检查,显微镜的图像传送到计算机中,在屏幕上显示出来。只要识别出尿沉渣成分,输入相应的数目,标准单位下的结果就会自动换算出来。其结构包括标本处理系统、双通道光学计数池、显微摄像系统、计算机及打印输出系统、尿干化学分析仪等。

第五章　自动生化分析仪

自动生化分析仪(automatic biochemical analyzer)是将生物化学分析过程中的取样、加试剂、去干扰、混合、保温反应、自动检测、结果计算、数据处理和打印报告,以及实验后的清洗等步骤自动化的仪器。这类仪器一般都具有灵敏、准确、快速、节约和标准化等优点,不仅工作效率高,而且减少了主观误差,稳定了检验质量。随着科学技术和医疗事业的持续发展,临床化学检验样品种类和数量的迅速增加,检验新项目的不断出现,自动生化分析仪器在临床生化分析中得到越来越广泛的应用。

自动生化分析仪种类繁多,根据仪器反应装置结构不同,可分为连续流动式、离心式、分立式和干化学式。按可测项目分为单通道(图 4-9-5)和多通道两类。按测定程序的可变性可分为程序固定式和程序可变式两类。按诊断试剂的状态不同分为干化学自动生化分析仪和湿化学自动生化分析仪两类。目前国内外最常用的是分立式自动生化分析仪,由于其灵活性大,在结构设计、功能开发及新技术的应用上有较大潜力,近年来发展迅速。

(一) 自动生化分析仪工作原理

1. 湿化学生化分析仪的分析原理　全自动生化分析仪器均有自动吸样、加试剂、混合、去干扰物、保温、检测、计算结果、清洗等基本功能。仪器自动定量吸取样品并转移,通过沉淀、离心、过滤、层析或透析等技术分离去除大分子干扰物,再自动定量吸取试剂与样品混合,在一定温度下孵育(反应)后,通过检测器进行相应的测定,将检测的信号放大、转化、传输,电脑对接收到的数据进行分析处理,计算出待测物的浓度,显示并打印结果。

(1) 连续流动式自动分析仪原理:这类仪器的分析全过程在管道系统中进行,又称管道式分析仪。在液体连续流动的情况下借助比例泵提供使样品在仪器内进行运动的压力以及向流经管道的液体注入空气,并由比例泵决定样品和试剂的量,及管道内气泡的多少。混合管可将比重不同的液体(样品和试剂)定量充分混匀。透析器去除反应管中大、小分子对反应的干扰,尤其是蛋白质等大分子物质。目前随着表面活性剂的应用,消除了蛋白质的沉淀干扰,已不需进行透析分离。随之保温反应和比色、记录,获得检测结果。目前已发展到由电脑全面控制的多通道全自动仪器。由于使用同一流动比色杯,消除了比色杯间的吸光性差异,在 1960—1970 年间曾被广泛采用,后来由于其管道系统结构复杂,不能克服交叉污染,故障率高,操作繁琐,逐步被分立式生化分析仪所替代。

(2) 离心式自动分析仪原理:因分析全过程在离心条件下完成而得名。其工作原理是将样品和试剂放在特制圆形反应器内,该圆形反应器称为转头,装在离心机的转子位置,当离心机开动后,圆形反应器内的样品和试剂受离心力的作用而相互混合发生反应,经过一定时间的温育后,反应液最后流入圆形反应器外圈的比色凹槽内,垂直方向的单色光通过比色孔进行比色,最后计算机对所得吸光度进行计算,显示结果并打印。在整个分析过程中,样品与试剂的混合、反应和检测等每一步骤,几乎同时完成,基于"同步分析"的原理而设计(图 4-9-6)。目前已被分立式全面取代。

(3) 分立式自动分析仪原理:是按手工操作的方式编排程序,并以有序的机械操作代替手工操作,用加样探针将样品加入各自的反应杯中,试剂探针按一定时间自动定量加入试剂,经搅拌器充分混匀后,在一定条件下反应。反应杯同时作为比色杯进行比色测定。各环节用传送带连接,按顺序依次操作,故称为"顺序式"分析(图 4-9-7)。

与连续流动式自动生化分析仪主要区别为分立式自动分析仪是将各个样品和试剂在各自的试管中起反应,采用由加样器和加液器组成的稀释器来加样和加试剂,一般没有透析器,恒温器必须能容纳需保温的试管和试管架,所以比管道式分析仪的体积要大。

2. 干化学生化分析仪的分析原理

(1) 干化学生化分析仪的分析原理:干化学又称固相化学(solid phase chemistry)。将待测液体样品直接加到已固化于特殊结构的试剂载体上,以样品中的水将固化于载体上的试剂溶解,再与样品中的待测成分发生化学反应,最后检测载体上的信号变化,计算出待测物的浓度。是集光学、化学、酶工程学、化学计量学及计算机技术于一体的新型生化检测仪器。干化学式自动生化分析仪多采用多层薄膜固相试剂技术,测定方法多为反射光度法(reflectance spectroscopy)和差示电位法(differential potentiometric)。

(2) 干化学生化分析仪的分类:根据反应原理不同,干化学式自动生化分析仪可分为反射光度法技术分析仪和胶片涂层技术分析仪。

反射光度法技术分析仪使用试纸条,由密码磁带、血浆分离区和反应区三部分组成。密码磁带位于试纸条背面,储存了检测项目的全部检测程序及全部方法学资料;血浆分离区位于试纸条正面下部并标以红色,由玻璃纤维和纸层构成,用于阻截红、白细胞;反应区位于试纸条正面上部,血浆通过血浆分离区被转移介质运送到反应区底部,进行化学反应并检测。

胶片涂层技术分析仪使用试纸片(块),主要由扩散层、中间层及指示剂层组成,作用分别是接受样品、改变样品的物理化学性质及对待测物进行测定。

干化学式自动生化分析仪完全脱离了传统的分析方法,所有的测定参数均存储于仪器的信息磁块中,当编有条形码的特定试验的试纸条、试纸片放进测定装置后,即可进行测定。操作简便,测定速度快,并且不需要使用去离子水,没有复杂的清洗系统,使用后的反应单元可以焚烧处理,对环境没有太多污染,灵敏度和准确性与典型的分立式自动生化分析仪相近,尤其适用于急诊检测和微量检测。

(二) 自动生化分析仪基本结构

就目前国内外应用最多的分立式自动生化分析仪,其基本结构由样品处理系统、检测系统、计算机系统组成。

1. **样品处理系统** 有:①用以放置样品杯或原始样品管的样品架;②冷藏装置(4~15℃)放置实验试剂的试剂仓;③样品和试剂取样单元(由机械臂、样品针或试剂针、吸量器、步进马达等组成),有条形码的分析仪,可以自动识别样品管相关信息及要检测的项目、试剂的种类等;④执行混匀功能的搅拌器。

2. **检测系统** 有:①光源(大多采用卤素灯,工作波长为 325~800nm);②分光装置(分光元件一般采用干涉滤光片或光栅);③比色杯;④恒温装置;⑤清洗装置。

3. **计算机系统** 指令有条不紊地进行整个分析过程。自动生化分析仪计算机与仪器相结合,使其具有识别样品和试剂、自动吸加样品和试剂、自动混合、恒温调控、结果计算和打印数据管理等功能。

(三) 自动生化分析仪的应用

根据系统上机检测项目数量,可灵活方便地分系统设置项目组合,除普通化学测定以外同时可以满足免疫、药物、特定蛋白的测试及新开发的检测项目,达到提供全面的检测项目,方便临床诊断。且全自动生化分析仪由仪器采样、加样并自动检测,最大限度减少人为因素对检验结果的干扰,精密度、准确度都远高于手工操作。

1. 生化检验中的应用　目前大型全自动生化分析仪的生化检验项目均高达数十项,可进行肝功能、肾功能、血脂、血糖、激素、多种血清酶等项目检查,除常规生化项目外,多数仪器配有离子选择电极,能检测 pH 和电解质,开展多项急诊项目检查。通过这些检查项目,结合临床,可对肝脏疾病、肾脏疾病、高脂血症、糖尿病、内分泌疾病、心肌损伤、水电解质代谢功能紊乱、酸碱平衡紊乱等多种疾病进行诊断和鉴别诊断、病情和疗效观察、预后评估等。

2. 免疫检验中的应用　多数大型全自动生化分析仪配有紫外光、散射光 / 透射光免疫比浊功能,可用以检测多种免疫球蛋白、补体 C3 和 C4、类风湿因子、抗链球菌溶血素 O、C 反应蛋白和超敏 C 反应蛋白、尿微量白蛋白、转铁蛋白等多项特定蛋白检测,可用于评价各种人群的免疫功能以及自身免疫病、血液免疫病、急性心肌损伤、缺铁性贫血、糖尿病肾病等疾病的诊断或辅助诊断。

3. 药物监测中的应用　临床用于疾病治疗的药物,有些由于药效学、药动学等原因,需要进行监测,如强心苷类药、抗癫痫药、抗情感性精神障碍药、抗心律失常药、免疫抑制剂、平喘药、氨基糖苷类抗生素等;药物滥用也日益成为危害健康的棘手问题,如安非他明、大麻、鸦片、美沙酮、酒精等,滥用药物的浓度测定在临床实验室也越来越有必要开展。药物监测最常用的检测方法是荧光偏振免疫分析,目前很多大型全自动生化分析仪具有荧光 / 荧光偏振功能,可以快速准确监测血中药物浓度。

第六章　自动化免疫分析仪

自动化免疫分析仪由于自动分析重复性好,干扰因素和污染少,结果判断客观、准确,便于质量控制,检测快速等优点,已在大中型医院应用。免疫分析的方法很多,但适用于自动化免疫分析技术的方法主要有标记技术和发光免疫分析两大类。

(一)自动免疫分析仪工作原理

1. 标记免疫分析　目前应用广泛的有酶免疫分析(enzyme immunoassay,EIA)和荧光免疫分析(fluorescent immunoassay,FIA)。

EIA 是抗原、抗体的特异性反应与酶催化的放大作用相结合的一种微量分析技术。将抗原或抗体吸附到固相表面,依次加入样品、酶标记物,将未结合的游离酶洗掉后,再加入适宜的底物,使其与酶反应而显色,其颜色变化与待测物的存在和浓度成比例。酶标记抗原或抗体后,既不影响抗原与抗体反应的特异性,也不改变酶本身的催化活性。EIA 是一种特异而敏感的检测技术,可对微克、甚至纳克数量级的物质进行定量或半定量检测,也可以在细胞或亚细胞水平上示踪抗原或抗体的所在部位。由仪器自动完成上述一系列过程,反应条件一致,避免了人为因素的干扰,使检测结果更加准确可靠。酶免疫分析可分为非均相(或异相)酶免疫测定和均相酶免疫测定两种方法。

FIA 的基本原理是应用荧光物质标记的抗原或抗体来检测相应的抗体或抗原,其荧光强弱与待测物浓度成比例。较为适合作标记物的荧光素有异硫氰酸荧光素(FITC)、二氯三嗪基氨基荧光素(DTAF)、四甲基异硫氰酸罗丹明(TMRITC)和四乙基罗丹明(RB200)四种。

2. 发光免疫分析　当物质吸收化学反应过程中释放的化学能之后,能使自身分子受激发(化学发光)和由电子激发(电化学发光)而发光及生物发光。

(1) 化学发光免疫分析技术:化学发光免疫分析技术(chemiluminescence immunoassay,CLIA)是将具有高灵敏度的化学发光测定技术与高特异性的免疫反应相结合,用于各种抗原、半抗原、抗体、激素、酶、脂肪酸、维生素和药物等的检测分析技术。在 CLIA 中,有免疫反应系统和化学发光系统两个部分。免疫反应系统即抗原抗体反应系统;化学发光系统则是利用经催化剂的催化和氧化剂氧化的化学发光物质,形成一个激发态的中间体,当其回到稳定的基态时,同时发射出光子(hM),利用发光信号测量仪器测量光量子。

以标记方法的不同而分为两种:

1) 化学发光标记免疫分析法:是用化学发光剂(在反应剂激发下生成激发态中间体)直接标记抗原或抗体的免疫分析方法。常用于标记的化学发光物质有吖啶酯类化合物(acridinium ester,AE),其通过起动发光试剂作用而快速的闪烁发光(一秒钟内完成强烈的直接发光)。

2) 化学发光酶免疫分析(chemiluminescent enzyme immunoassay,CLEIA):与酶免分析完全相同。酶反应的底物是发光剂,用发光信号测定仪进行发光测定。常用者有:①HRP 标记的 CLEIA:常用的底物为鲁米诺(luminol)、化学名 3,2 氨基邻苯二甲酰肼,或其衍生物如异鲁米诺(isoluminol)、化学名 4,2 氨基邻苯二甲酰肼。在过氧化物酶和起动发光试剂作用下,鲁米诺发光,发光强度依赖于酶免疫反应物中酶的浓度。②增强发光酶免疫分析(enhanced luminescence enzyme immunoassay,ELEIA):在发光系统中加入增强发光剂,如对2碘苯酚等,以增强发光信号,并在较长时间内保持稳定,便于重复测量,从而提高分析灵敏度和准确性。③ALP标记的CLEIA:所用底物为环1,2二氧乙烷衍生物,最常使用的底物是金刚烷(AMPPD),其分子结构中包含起稳定作用的基团——金刚烷基,其分子中发光基团为芳香基团和酶作用的基团,在酶及起动发光试剂作用下引起化学发光。

(2) 电化学发光免疫分析技术(electrochemi1uminescence immunoassay,ECLlA):是利用三联吡啶钌[Ru(bpy)₃]²⁺和三丙胺(TPA)在电极表面由电化学引发的特异性化学发光反应。ECLlA的体系中电化学发光系统包括电化学和化学发光两个过程。在电极表面的电场作用下,二价的三联吡啶钌[Ru(bpy)₃]²⁺失去一个电子,成为三价的三联吡啶钌[Ru(bpy)₃]³⁺,三丙胺(TPA)也失去一个电子被氧化随即脱氢成三丙胺自由基,自由基传递一个电子给三价的三联吡啶钌使其还原成激发态的二价三联吡啶钌[Ru(bpy)₃]²⁺,后者很不稳定,以发射一个波长为620nm的光子的形式释放能量而回到基态。这个过程可反复进行,直到电场中的三丙胺耗尽(图4-9-8)。因此测定过程中的一个抗原抗体复合物可产生许多光子信号,从而产生生物放大效应,极大地提高了方法的灵敏度。

免疫反应系统具有较高的特异性,此外测定方法还应用了链霉亲合素,生物素技术、磁性分离技术等,使其准确性、灵敏度以及自动化程度都很高。

下面以双抗体夹心法为例,简述电化学发光免疫分析技术反应过程如下:①待测抗原(Ag)、一定量的生物素化抗第一位点单克隆抗体(Ab)和三联吡啶钌[Ru(bpy)₃]²⁺标记的抗第二位点单克隆抗体于反应体系中相互结合,形成相对分子质量大的抗原抗体"夹心"复合物Ag+Ab+[Ru(bpy)]²⁺+Ab[Ru(bpy)₃]²⁺+Ab-Ag-Ab。由于上述的两种单克隆抗体在试剂中都是定量的,因此待测抗原的量与抗原抗体复合物的量成正的线性关系。②加入链霉亲合素包被的磁性微粒,通过生物素与链霉亲合素的反应使上述大分子复合物与磁性微粒紧密结合。③将上述反应体系通过蠕动泵吸入测量室中,磁性微粒被工作电极下的磁铁吸附于电极表面,未结合的游离物均被洗弃。再通过蠕动泵加入含TPA的缓冲液,同时给电极通电产生化学发光,并启动光电倍增管检测光子强度。光子强度与三联吡啶钌的浓度亦即抗原抗体复合物的量呈线性相关。检测结果由仪器自动从标准曲线上查出,此曲线由试剂条形码扫描入仪器并通过两点定标校正。

(二)自动免疫分析仪基本结构

自动免疫分析仪基本结构由检测系统(光电系统)、计算机系统和打印机系统组成。

由于发光免疫分析可与磁性微粒子分离技术、或与链霉亲和素生物包被技术相结合,其结构有所差异。如ACS:180SE全自动化学发光免疫分析系统,该仪器由主机和微机两部分组成。主机部分主要是由仪器的运行与反应测定部分组成,它包括原材料配备部分、液路部分、机械传动部分及光路检测部分。微机系统是该仪器的核心部分,是指挥控制中心。ACCESS全自动微粒子化学发光免疫分析系统由微电脑控制的,由样品处理系统、实验运行系统、中心供给系统和中心控制系统四部分组成。Elecsys全自动电化学发光免疫分析仪主要由样品盘、试剂盒、温育反应盘、电化学检测系统及计算机控制系统组成。仪器的光检测部件采用了先进单光子计数器,该装置最终能产生了一个能量远远高于最初样品发射光子的电脉冲信号,信号再经前置放大器放大,再经过比较器去除噪声信号,最后由分频器换算出光子脉冲数。

(三)自动免疫分析仪检测项目

还可对人体内的主要微量成分以及药物浓度进行定量测定。

1. ACS180SE 全自动化学发光免疫分析系统 ①甲状腺系统:总、游离 T3,总、游离 T4,促甲状腺素、超敏促甲状腺素、T3 摄取量;②性腺系统:绒毛膜促性腺激素、泌乳素、雌二醇、雌三醇、促卵泡成熟素、促黄体生成素、黄体酮、睾酮;③血液系统:维生素 B_{12}、叶酸、铁蛋白;④肿瘤标记物:AFP、CEA、CA15-3、CA125、CA19-9、β2 微球蛋白、PSA;⑤心血管系统:肌红蛋白、肌钙蛋白 T、肌酸激酶 -MB;⑥血药浓度:地高辛、苯巴比妥、茶碱、万古霉素、庆大霉素、洋地黄、马可西平;⑦其他:免疫球蛋白 E、血清皮质醇、尿皮质醇、尿游离脱氧吡啶。

2. ACCESS 全自动微粒子化学发光免疫分析系统 ①甲状腺功能:游离、总 T3,游离、总 T4,TSH、甲状腺素摄取率;②血液系统:铁蛋白、叶酸盐、维生素 B_{12};③变态反应:总 IgE;④内分泌激素:β-HCG、LH、FSH、E2、PT、PRL、皮质醇(Cortisol);⑤药物检测:茶碱、地高辛;⑥肿瘤因子:CEA、AFP、PSA;⑦心血管系统检查:肌钙蛋白 I、肌红蛋白;⑧糖尿病检查:胰岛素。

3. Elecsys 全自动电化学发光免疫分析仪 ①肿瘤标志物:AFP、CEA、PSA、CA15-3、CA19-9、CA72-4、CA125、CYFRA21-1、β-HCG、NSE;②甲状腺功能:TSH、FT3、FT4、TBG、TG、Anti-TG;③内分泌:FSH、LH、PT、HCG、β-HCG、肾上腺皮质醇、胰岛素、前列腺素、PRL;④感染性疾病:Anti-HAV、Anti-HAV-IgM、HBsAg、Anti-HBc、Anti-HBs、Anti-HBe、HBeAg、Anti-HCV、HIV-Ag;⑤心肌标志物:TNT、CK-MB、肌红蛋白、地高辛、洋地黄;⑥维生素类:维生素 B_{12}、叶酸、铁蛋白。

全自动免疫分析技术发展、应用的时间较短,与之配套的试剂盒有限,不能覆盖所有的免疫检测项目。但自动化免疫分析是未来免疫检测技术的发展趋势和方向,越来越多的标志物测定应用于临床,给临床诊断、治疗、预后评估提供很大的帮助。

第七章　自动血培养仪

自动血培养仪主要功能是检测标本中是否有微生物存在,计算机自动扫描进行连续监测,当微生物生长代谢导致某些生长指数超标时,仪器自动报警提示有细菌生长。以下主要介绍目前临床广泛使用的第三代血培养系统,即连续监测血培养系统(continuous-monitoring blood culture system,CMBCS)。

(一) 自动血培养仪工作原理

主要是通过自动监测培养基(液)中的混浊度、pH 值、代谢终产物 CO_2 的浓度、荧光标记底物或代谢产物等的变化,定性地检测微生物的存在。根据其检测原理的不同可分为如下三类:

1. 采用光电原理监测的血培养系统　是目前国内外应用最广泛的自动血培养系统。其工作原理是微生物在代谢过程中必然会产生终代谢产物 CO_2,引起培养基 pH 值及氧化还原电位改变。利用光电比色检测血培养瓶中某些代谢产物量的改变,可判断有无微生物生长。

根据检测手段的不同,这类自动血培养系统又可分成以下四类:

(1) BioArgos 系统:该系统利用红外分光计检测 CO_2 产生。由红外分光计对培养瓶进行初次扫描,获得初始读数。血培养瓶被振荡 12 秒后再移入孵育区进行培养,红外分光计连续监测培养瓶内 CO_2 的产生情况,通过 CO_2 水平的变化来判断有无微生物生长。

(2) BacT/Alert 系统:该系统在每个培养瓶底部装置一带含水指示剂的 CO_2 感受器,感受器与瓶内液体培养基之间由一层仅允许 CO_2 通过的离子排斥膜相隔。培养瓶内生物生长时其释放出的 CO_2 可渗透至感受器,并与感受器指示剂上饱和水发生化学反应,产生游离氢离子使 pH 值降低,感受器上的指示剂溴麝香草酚蓝由绿变黄。感受器上方的光发射二极管每 10min 发一次光投射到感受器上,再由一光电探测器测量其产生的反射光。产生的 CO_2 越多,则被反射的光就越多(图 4-9-9)。

随着感受器的颜色由绿变黄时,其反射光强度逐渐增强,反射光强度传送至微机后,会自动连续记忆并绘成生长曲线图,由微机分析判断阴性或阳性。

(3) Bactec9000 系列:Bactec 系统利用荧光法作为检测手段,其 CO_2 感受器上含有荧光物质。当培养瓶中有微生物存在时,产生的 CO_2 可与感受器中的水发生反应产生 H^+,使 pH 值降低,酸性环境促使感受器释放出荧光物质。从光发射二极管发射的光激发荧光感受器而产生荧光。光电比色检测仪每 10 分钟直接对荧光强度进行检测,此荧光强度随 CO_2 的产生量增多而增强。数据传输到计算机后,生长监测系统根据荧光的线性增加或荧光产量的增加等特有标准,分析细菌的生长情况,最终判断阳性或阴性。

(4) Vital 系统:该系统采用同源荧光技术(homogeneous fluorescence technology)来监测微生物的生长。培养基结合的荧光分子在最初具有一定荧光值,当有微生物存在时,其生长代谢过程中或产生 CO_2、或发生 pH 值改变、或氧化还原使电位改变等,均可导致液体培养基内的荧光分子结构发生改变而成为无荧光的化合物,即发生荧光衰减。通过光电比色计检测荧光衰减水平,可判断有无微生物生长。

2. 以检测培养基导电性和电压为基础的血培养系统　血培养基中因含有不同电解质而具有一定导电性。微生物在生长代谢的过程中可产生质子、电子和各种带电荷的原子团(例如在液体培养基内 CO_2 转变成 CO_3^-),通过电极检测培养基的导电性或电压可判断有无微生物生长。有 Malthus 112L Microbiological Growth Analyser 系统、Sentinel 系统等。

3. 应用测压原理的血培养系统　许多细菌生长过程中,常伴有吸收或产生气体现象,如很多需氧菌在胰酶消化大豆肉汤中生长时,由于消耗培养瓶中的氧气,故首先表现为吸收气体。而厌氧菌生长时最初均无吸收气体现象,仅表现为产生气体(主要为 CO_2),因此可利用培养瓶内压力的改变检测微生物的生长情况。有 ESP 系列 ESP(extra sending power)(图 4-9-10)、灵敏的自动化菌血测试系统(oxoid automated septicaemia investigation system,OASIS)(图 4-9-11)等。

(二)自动血培养仪基本结构

自动血培养系统的仪器型号较多,工作原理相似的同类仪器其结构也基本相同。自动血培养仪主要由培养系统和检测系统组成,即由培养瓶、培养仪和数据管理系统三部分组成。下面介绍目前临床应用较为广泛的 BacT/Alert 自动血培养系统基本结构及其功能:

1. 培养瓶　配有专用的需氧培养瓶、厌氧培养瓶、小儿培养瓶和分枝杆菌培养瓶,不同类型培养瓶又各具特点。其为一次性无菌培养瓶,瓶内为负压,便于标本采集时依靠负压作用将血液直接引入培养瓶。每个培养瓶底部都包含一个检测 CO_2 的传感器,通过检测 CO_2 变化作为微生物生长状况的指示器。

2. 培养仪　设有恒温装置、振荡培养装置及监测装置。培养瓶放入仪器后进行培养并借助固相反射光光度计连续监测每个培养瓶的状态。每一个 BacT/Alert 自动血培养系统包括一个控制箱和至少一个孵育箱。仪器还有各种接口,如数据柜接口、微机接口、打印机接口、调制解调器接口、LIS(实验室信息系统)接口等。

3. 数据管理系统　主要由主机、监视器、键盘、条形码阅读器及打印机等组成,主要功能是收集并分析来自 BacT/Alert 血培养仪的数据,并将患者和培养瓶的资料存入数据库。数据管理系统可根据各实验室的要求追踪大量的信息,可保存资料。

(三)自动血培养仪功能

自动血培养仪能快速和准确检出侵入正常人的血液、迅速繁殖微生物,对菌血症或败血症疾病的诊断和治疗具有极其重要的意义。特别是在感染初期或抗生素治疗后,大部分病人血流中的细菌数量低、细菌种类多。自动血培养仪大大提高血培养阳性率,检测自动化操作,快速简便。

第八章 微生物自动鉴定及药敏分析系统

目前已有多种微生物自动鉴定及抗生素敏感性测试系统问世,如 Vitek、MicroScan、Phoenix、Sensititre、Biolog 等。这些自动化系统具有先进的微机系统,广泛的鉴定功能。主要功能包括微生物鉴定、抗生素敏感性试验(antimicrobial susceptibility test, AST)及最低抑菌浓度(minimal inhibitory concentration, MIC)的测定等。其检测结果准确性和可靠性均已大大提高。

(一)微生物自动鉴定及药敏分析系统的工作原理

1. 微生物自动鉴定工作原理　是采用微生物数码鉴定,其原理是指通过数学的编码技术将细菌的生化反应模式转换成数学模式,给每种细菌的反应模式赋予一组数码,建立数据库或编成检索本。通过对未知菌进行有关生化试验并将生化反应结果转换成数字(编码),查阅检索本或数据库,得到细菌名称。其基本原理是计算并比较数据库内每个细菌条目对系统中每个生化反应出现的频率总和。

2. 抗生素敏感性试验的检测原理　自动化抗生素敏感性试验使用药敏测试板(卡)进行测试,其实质是微型化的肉汤稀释试验。将抗生素微量稀释在条孔或条板中,加入菌悬液孵育后放入仪器或在仪器中直接孵育,仪器每隔一定时间自动测定细菌生长的浊度,或测定培养基中荧光指示剂的强度或荧光原性物质的水解,观察细菌的生长情况。得出待检菌在各药物浓度的生长斜率,经回归分析得到最低抑菌浓度 MIC 值,并根据临床与实验室标准委员会(Clinical and Laboratory Standards Institute, CLSI)标准得到相应敏感度:敏感"S(sensitive)"、中度敏感"MS(middle-sensitive)"和耐药"R(resistance)"。

(二)微生物自动鉴定及药敏分析系统基本结构

1. 测试卡(板)　各种不同的测试卡(板)具有不同的功能。最基本的测试卡(板)包括革兰阳性菌鉴定卡(板)、革兰阴性菌鉴定卡(板)、革兰阳性菌药敏试验卡(板)和革兰阴性菌药敏试验卡(板)。使用时应根据涂片和革兰染色结果进行选择。此外,有些系统还配有分别可以鉴定厌氧菌、酵母菌、需氧芽孢杆菌、奈瑟菌和嗜血杆菌、李斯特菌、弯曲菌等菌种的特殊鉴定卡(板)以及多种不同菌属的药敏试验卡(板)。各测试卡(板)上都附有条形码,上机前经条形码扫描器扫描后可被系统识别,以防标本混淆。

2. 菌液接种器　自动接种器大致可分为真空接种器和活塞接种器,以真空接种器较为常用。仪器一般都配有标准麦氏浓度比浊仪,操作时只需将稀释好的菌液放入比浊仪中确定浓度即可。

3. 培养和监测系统　测试卡(板)接种菌液后即可放入孵箱/读数器中进行培养和监测。一般在测试卡(板)放入孵箱后,监测系统要对测试板进行一次初次扫描,并将各孔的检测数据自动储存起来作为以后读板结果的对照。有些通过比色法测定的测试板经适当的孵育后,某些测试孔需添加试剂,此时系统会自动添加,并延长孵育的时间。

监测系统每隔一定时间对每孔的透光度或荧光物质的变化进行检测。快速荧光测定系统可直接对荧光测试板各孔中产生的荧光进行测定,并将荧光信号转换成电信号,数据管理系统将这些电信号转换成数码,与原已储存的对照值相比较,推断出菌种的类型及药敏结果。常规测试板则直接检测电信号,从干涉滤光片过滤的光通过光导纤维导入测试板上的各个测试孔,光感受二极管测定通过每个测试孔的光量,产生相应的电信号,从而推断出菌种的类型及药敏结果。

4. 数据管理系统 数据管理系统就像整个系统的神经中枢,始终保持与孵箱/读数器、打印机的联络,控制孵箱温度,自动定时读数,负责数据的转换及分析处理。当反应完成时,计算机自动打印报告,并可进行菌种发生率、菌种分离率、抗生素耐药率等流行病学统计。有些仪器还配有专家系统,可根据药敏试验的结果提示有何种耐药机制的存在,对药敏试验的结果进行"解释性"判读。

(三)微生物自动鉴定及药敏分析系统功能

微生物自动鉴定及药敏分析系统可将检测到的微生物鉴定到种或属水平,目前,可鉴定的微生物种类范围不断扩大,可鉴定细菌超过 600 种,除包括常见革兰阳性球菌及革兰阴性杆菌外,更涵盖厌氧菌、酵母菌及苛性菌(如奈瑟菌、嗜血杆菌、弯曲菌、棒杆菌、乳酸杆菌及芽孢杆菌)。鉴定速度越来越快,4 小时试条可在 4 小时鉴定出革兰阴性、尿道肠杆菌、葡萄球菌等。特别近年来推出的一些新型检测仪中,加入了专家系统,可根据药敏试验的结果提示有何种耐药机制的存在,并能显示专家评价并提出修正方法,对临床正确、合理使用抗生素有很大的帮助。

第九章 PCR 基因扩增仪

随着 PCR 技术的广泛应用,自世界上第一台 PCR 基因扩增仪(1988 年)被推出后,PCR 基因扩增仪不断发展和完善。实时荧光定量 PCR 基因扩增仪以其特异性强、灵敏度高、重复性好、定量准确、速度快、全封闭反应等优点成为分子生物学研究中的重要工具。

(一) PCR 基因扩增仪的工作原理

由于样本中待测的核酸模板拷贝数太低,用常规方法通常无法检测到。在 Kleppe 等人首次(1971 年)阐述的 PCR 方法基础上,Kary Mullis(美国)等人发展了 PCR 技术。根据 PCR 技术的原理,设计出了能精确控制温度的 PCR 基因扩增仪。

1. PCR 技术的原理　PCR 技术的本质是核酸扩增技术,通过加热使双链 DNA 解开螺旋,在退火温度条件下引物同模板 DNA 杂交,在 Taq DNA 聚合酶,dNTPs,Mg^{2+} 和合适 pH 缓冲液存在条件下延伸引物,重复上述"变性(denature)→退火(anneal)→引物(primer)→延伸(extension)"过程,经 25~40 个循环,待测样本中的核酸数呈指数级扩大拷贝,达到体外扩增核酸序列的目的,从而得以检测低拷贝数的样本。

2. PCR 基因扩增仪的工作原理　PCR 的基因扩增仪自动化关键是温度循环的自动化。从以不同温度的水浴锅串联成一个自动化程度不高水浴锅控温体系直至目前常用的半导体温控和离心式空气加热温控,PCR 基因扩增仪工作关键是温度控制。随着电子技术和计算机技术的发展,经过不断改进和完善,PCR 基因扩增仪已经越来越智能化。

3. 荧光实时定量 PCR(real-time quantitative PCR,RQ-PCR)技术　荧光定量 PCR 是融合了 PCR 高灵敏性、DNA 杂交高特异性和光谱分析的精确性,在 PCR 反应体系中加入特异性的荧光染料或探针,通过扩增过程中双链 DNA 检测荧光信号变化以获得定量的结果。它真实地反映了体系中模板的增加,可以实时监测整个 PCR 反应过程,最后通过标准曲线对未知模板进行定量分析。

(二) PCR 基因扩增仪基本结构

1. 普通 PCR 扩增仪

(1) 普通定性 PCR 扩增仪:按照变温方式常有水浴式 PCR 仪、变温金属块式 PCR 仪和变温气流式 PCR 仪三类,其结构各不相同。

水浴式 PCR 仪一般由三个不同温度的水浴槽和机械臂组成,采用半导体传感技术、电子技术和计算机技术进行水浴温度的测量、显示和控制,并经计算机控制由机械臂完成样品在每个水浴槽的置放以及槽间的移动。变温金属块式 PCR 仪中心是由铝块或不锈钢制成的热槽,上有不同数目甚至不同规格的凹孔放置样品管。通过半导体加热和冷却,并由微机控制。变温气流式 PCR 仪热源由电阻元件和吹风机组成,形成热空气枪借空气作为热传播媒介,由大功率风扇及制冷设备提供外部冷空气制冷,精确的温度传感器构成不同的温度循环。

(2) 梯度 PCR 仪:仪器每个孔的温度可以在指定范围内按照梯度设置,根据结果,一步就可以摸索出最合适的退火温度适。

（3）原位 PCR 仪：是由普通 PCR 仪衍生出的带原位扩增功能的基因扩增仪。其样品基座上有若干平行的铝槽,铝槽温度传导极佳,控温很精确。每条铝槽内可垂直放置一张载玻片,与铝槽紧密接触,使 PCR 扩增在细胞内进行。

2. 实时荧光定量 PCR 扩增仪　实时荧光定量 PCR 扩增仪通常由两部分组成,即 PCR 系统和荧光检测系统。系统内装置有半导体 PCR、卤钨灯光源激发荧光信号、光栅分光、超低温光电耦合器（CCD）摄像机收集荧光信号、计算机软件分析系统等。如 ABI 7500 型荧光定量 PCR 仪的激发光源为卤钨灯,与 5 色滤光镜配合,可同时激发 96 个样品;检测器为超低温 CCD 成像系统,可同时多点多色检测,能有效分辨 FAM/SYBR Green Ⅰ、VIC/JOE、NED/TAMRA/Cy^3 等多种荧光染料。各型号均有实时动态（Real-Time）和终点读板（Plate Read）两种模式,实时动态模式能动态显示 PCR 扩增曲线的生成,定量线性范围大于 9 个数量级,区分 5000 和 10 000 个拷贝的 DNA 模板可信度可达 99.7%,用于定量 DNA 或 RNA 拷贝数。终点读板模式可用于点突变检测、单核苷酸多态性（single-nucleotide polymorphism,SNP）分析、基因鉴定等。

（三）PCR 扩增仪功能

PCR 扩增仪以其快速、灵敏、特异、简便、重复性好、自动化等优点,已广泛应用于医学领域。

1. 感染性疾病的分子诊断和研究　可以定性或定量检测微生物的核酸,尤其适用于检测一些培养周期长或缺乏稳定可靠检测手段的病原体。例如对 2003 年临床表现严重型急性呼吸道综合征（severe acute respiratory syndrome,SARS）患者的病毒学研究结果显示一种新冠状病毒是 SARS 的致病原因,在检测病毒的三种方法（血清学检测、病毒分离、PCR 技术）中,PCR 技术的检出率最高。

2. 遗传性疾病的分子诊断和研究　PCR 技术早期即应用于 β- 珠蛋白的扩增和镰形红细胞贫血的产前诊断,PCR 扩增仪能检测核酸分子结构变异与核酸的表达产物蛋白质或酶分子结构的改变,在遗传性疾病的分子诊断和研究中的应用越来越受重视。目前临床用 PCR 诊断的遗传性疾病通常为单基因遗传病,如 α、β 地中海贫血、镰形红细胞贫血、Huntington 舞蹈病、苯丙酮尿症、血友病等。

3. PCR 扩增仪在法医学上的应用　应用 PCR 扩增仪,能以痕量标本如血迹、头发、精斑等扩增出特异的 DNA 片段,进行个体识别、亲子鉴定及性别鉴定等。

4. 其他　实时荧光定量 PCR 扩增仪正成为检测 MRD 的一种必备研究工具,通过对肿瘤融合基因的定量检测能指导临床对病人实行个体化治疗。人们在 PCR 基础上发展了各种 DNA 分型技术检测Ⅰ类和Ⅱ类抗原位点的等位基因,应用于移植配型上。PCR 扩增仪还可用于 cDNA 文库的构建及测序等。

第十章　流式细胞仪

流式细胞仪(flow cytometer,FCM)是以激光为光源,集流体力学、电子物理技术、光电测量技术、计算机技术、细胞荧光化学和单克隆抗体等技术为一体,对于处在快速直线流动状态中的生物颗粒进行快速、多参数的定量分析和分选技术(称为流式细胞术)的仪器。FCM 广泛的应用于细胞生物学、免疫学、肿瘤学、血液学、病理学、遗传学等多学科,在临床检验也广泛应用。

(一) 流式细胞仪的工作原理

1. 流式细胞术原理　是以高能量激光照射高速流动状态下被荧光色素染色的单细胞或颗粒,通过测量其产生的散射光和发射荧光的强度,从而对细胞(或微粒)进行定性或定量检测的一种细胞分析技术。由于流式细胞术可同时鉴别单个细胞上的多种抗原,而且在极短时间内分析大量细胞,因此在医学基础研究和临床疾病的诊断、治疗及发病机制研究中得到了广泛应用。

2. 流式细胞仪的分析原理　将特异荧光染料染色的单细胞悬液放入样品管,在气体压力作用下,悬浮在样品管中的单细胞经管道进入流式细胞仪的流动室,沿流动室的轴心向下流动形成样品流(图4-9-12)。流动室轴心至外壁的鞘液也向下流动,形成包绕样品流的鞘液流。鞘液流和样品流在喷嘴附近组成一个圆柱流束,自喷嘴的圆形孔喷出,与水平方向的激光束垂直相交,相交点称为测量区。染色的细胞受激光照射后发出荧光,同时产生光散射。这些信号分别被呈 90° 角方向放置的光电倍增管荧光检测器和前向角放置的光电二极管散射光检测器接收,经过转换器转换为电子信号后,经模 / 数转换输入计算机。计算机通过相应的软件储存、计算、分析这些数字化信息,就可得到细胞的大小、活性、核酸含量、酶和抗原的性质等信息。

3. 流式细胞仪的分选原理　FCM 可在高速分析细胞的同时,根据细胞多种生物学特性,由 FCM 分选装置(一般由超声振动器、液滴充电电路、静电高压偏转场和自动克隆器等组成),将细胞群体中特殊的细胞亚群物理地分选、纯化出来,进行进一步形态学、细胞功能以及分子生物学等的研究。

固定在流动室的顶部压电陶瓷晶片在输入的电脉冲的驱动下产生振动,导致流动室的强迫振动,使通过测量区的液柱断裂成一连串均匀的液滴。细胞的分选是在细胞分析的基础上进行的,当细胞刚从流动室喷出、距离喷口 0.25mm 处(细胞从这里流到断离处一般要经历约 0.5 毫秒),仪器开始进行对细胞多个参数测量与分析,并判断是否符合预置的分选参数组合范围。若是需要分选的细胞,就在该细胞到达液流断离端的即刻,由液滴充电电路发出一个充电脉冲,保证该包含有要分选细胞的液滴断离后带有净电荷,进而可偏转分选出来。依所带电荷的不同分别向左偏转或向右偏转,落入指定的收集器内。不带电的液滴不发生偏转,垂直落入废液槽中被排出,从而达到细胞分类收集的目的。配有自动克隆器装置的FCM,通过仪器计算机的控制,可将分选的细胞定量地(可以是单个细胞,也可以是一定数量的细胞)移入

96 孔培养板或 24 孔培养板等。也可将分选的细胞自动收集在载玻片上的相邻位置,供形态学检查。由于采用 List Mode 存储方式,结合分选后的细胞培养、细胞形态学观察、细胞图像分析等结果,可以综合单个细胞的更多信息。

(二) 流式细胞仪基本结构

FCM 根据功能不同可分为临床型(亦称台式机)和科研型(亦称大型机)。临床型只有分析功能,没有分选功能。FCM 的结构可分为流动室及液流驱动系统、激光光源及光束成形系统、光学系统、信号检测与存储、显示、分析系统与细胞分选系统。

1. 流动室与液流驱动系统 流动室由石英玻璃制成,石英玻璃中央为一个孔径为 $430\mu m \times 180\mu m$ 的长方形孔,供细胞单个流过,被测样品在流动室与激光束相交。流动室的光学特性良好,可收集的细胞信号光通量大,可获得很高的检测灵敏度和测量精度。流动室内充满了鞘液,样品流在鞘流的环包下形成流体动力学聚焦,使样品流不会脱离液流的轴线方向,并且保证每个细胞通过激光照射区的时间相等,从而得到准确的细胞荧光信息。

2. 激光光源与光束成形系统 大多采用氩离子气体激光器,它能提供单波长、高强度及稳定性高的激光。激光光束在到达流动室前,先经过透镜将其聚焦,形成几何尺寸约为 $22\mu m \times 66\mu m$(即短轴稍大于细胞直径)的光斑。

3. 光学系统 是由若干组透镜、滤光片和小孔组成,它们分别将不同波长的荧光信号送入不同的电子探测器。

4. 信号检测与分析 当细胞携带荧光素标记物,通过激光照射区时,细胞内不同物质产生不同波长的散射光信号和荧光信号。

(1) 散射光信号:散射光分为前向角散射光和侧向角散射光,前向角散射光与被测细胞的大小有关,侧向散射光可提供细胞内精细结构和颗粒性质的信息。目前采用这两个参数组合,可区分裂解红细胞后外周血白细胞中淋巴细胞、单核细胞和粒细胞三个细胞群体,或在未进行裂解红细胞处理的全血样品中找出血小板和红细胞等细胞群体。

(2) 荧光信号:通过标记细胞内的特异荧光素受激发得到的荧光信号的检测和定量分析能了解所研究细胞的数量和生物颗粒的情况。目前临床型 FCM 常配置的激光器为 488nm,通常选用的染料有碘化丙啶(propidium iodide,PI)、藻红蛋白(phycoreythrin,PE)、异硫氰酸荧光素(fluorescein isothiocyanate,FITC)和多甲藻素叶绿素蛋白(peridinin chlorophyll protein,PerCP)等。

5. 细胞分选器 细胞分选器由水滴形成、分选逻辑电路、水滴充电及偏转三部分组成。通过压电晶体的振动使自喷孔喷出的流束形成水滴,分选逻辑电路根据分选细胞的参数,给含有此参数的细胞液滴充电,充电的液滴经过电极偏转板时,依所带电荷不同而偏向不同的电极板,在电极的下方放置收集容器,就可得到要分选的细胞。

(三) 流式细胞仪功能

1. 流式细胞仪在免疫学中的应用 FCM 的细胞免疫表型分析广泛地应用于外周血淋巴细胞亚群分析、白血病细胞免疫表型诊断、各种血小板功能异常、血小板活化检查以及各类细胞膜表面特异抗原、黏附分子和各种受体等的检测等。FCM 的分选和细胞纯化技术在分选纯化各种不同的免疫细胞进而研究其生理功能和不同的免疫细胞相互作用关系等是十分有用的手段。FCM 分选骨髓杂交瘤细胞在制备特异单克隆抗体的工作中可大量节约制备过程的时间并提高了生产单克隆抗体的质量。

另外,FCM 还常用于快速检测各种免疫活性细胞的功能测试等。包括免疫活性细胞的分型与纯化、淋巴细胞亚群分析、淋巴细胞功能分析、免疫分型、肿瘤细胞的免疫检测、机体免疫状态的监测、免疫细胞的系统发生及特性等免疫理论研究和临床实践研究。

2. 流式细胞仪在血液学中的应用 FCM 在血液病检出、发病机制、诊断、治疗和预后评价等有重要意义。白血病免疫分型是选择化疗方案和判断预后的重要依据,FCM 与单克隆抗体联合应用对白血病细胞进行免疫分型,可以提高白血病分型诊断的符合率,为指导治疗和判断预后提供帮助;检测母体血液中 Rh(+)或抗 D 抗原阳性细胞,可以了解胎儿是否可能因 Rh 血型不合而发生严重溶血。

3. 流式细胞仪在细胞生物学中的应用 FCM 为定量研究细胞各种结构与功能参数的新技术手段在,其中应用最频繁、最普通的集中在对细胞动力学、细胞周期分析、细胞增殖、细胞分化及细胞凋亡、细胞坏死等的研究方面。可以进行免疫活性细胞的分型与纯化、分析淋巴细胞亚群与疾病的关系、免疫缺陷病(如艾滋病)的诊断、器官移植后的免疫学监测等方面的研究。流式细胞测量术和分选术也应用在染色体、精子和精细胞的研究以及遗传学、分子遗传学方面。

4. 流式细胞仪在肿瘤学中的应用 FCM 在肿瘤学研究方面已成为主要研究手段之一,FCM 细胞 DNA 含量测定可以得到客观的测量数据进而发现 DNA 异倍体细胞群体的存在、异倍体细胞群的多少、异倍体细胞 DNA 含量偏离的程度以及肿瘤细胞中增殖细胞的百分比值等重要信息。这在正确判定临床肿瘤生物学特征及对白血病、淋巴瘤、肺癌、膀胱癌、前列腺癌等多种实体瘤细胞进行探测方面有重要意义。特别是近年来随着荧光细胞化学技术的发展和荧光标记的单克隆抗体探针的完善,为利用流式细胞技术研究各种肿瘤抗原、肿瘤蛋白、致癌基因提供了新的方法,极大地提高了肿瘤学的研究水平。

随着微电子技术和电极技术的进一步发展,临床检验仪器正在快速发展,目前已经广泛应用于免疫学、细胞生物学、血液学、肿瘤学等诸多领域。新推出的各种临床检验仪器(图 4-9-13~4-9-34)已用数字电路取代模拟电路,充分发挥其微处理器的功能,数据自动分析能力更高,充分发挥其图形界面的优点,以实现操作简单便捷化。

(洪秀华)

第四部分　图像及图示

第一章　实验室一般检查红细胞疾病

见图 4-1-1~4-1-24 所示：

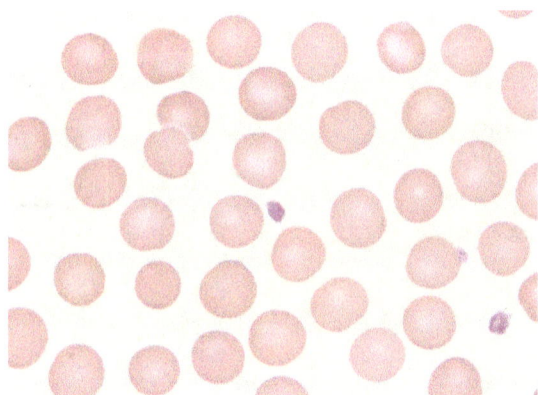

图 4-1-1　正常红细胞

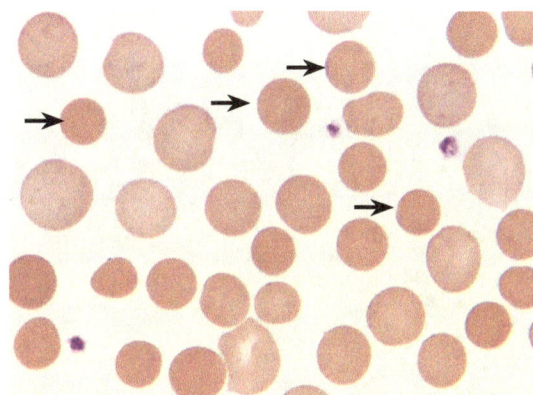

图 4-1-2　球形红细胞

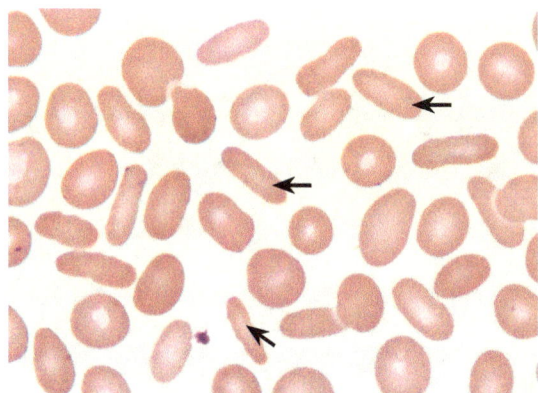

图 4-1-3　椭圆形红细胞

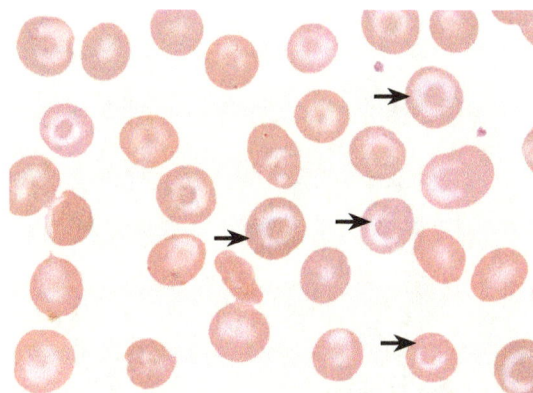

图 4-1-4　靶形红细胞

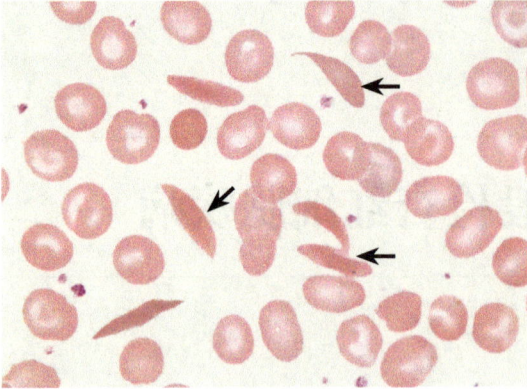

图 4-1-5　镰形红细胞

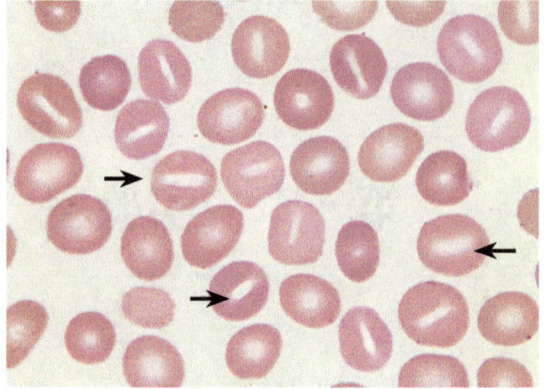

图 4-1-6　口形红细胞

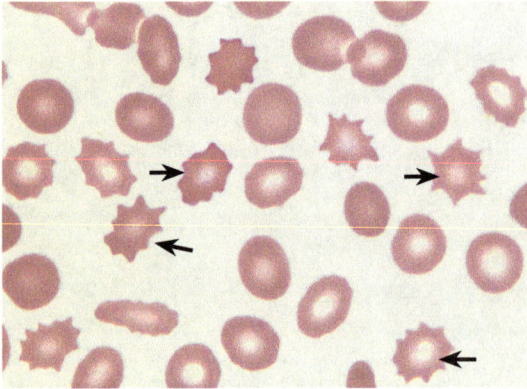

图 4-1-7　棘细胞

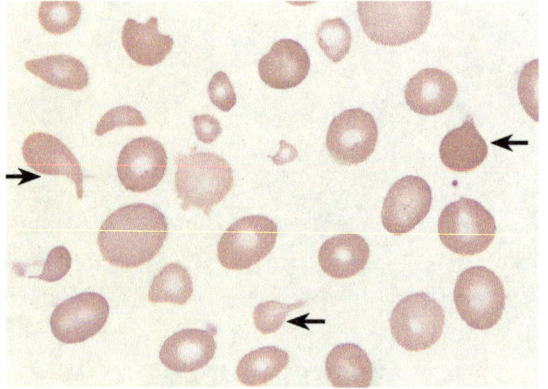

图 4-1-8　泪滴形红细胞

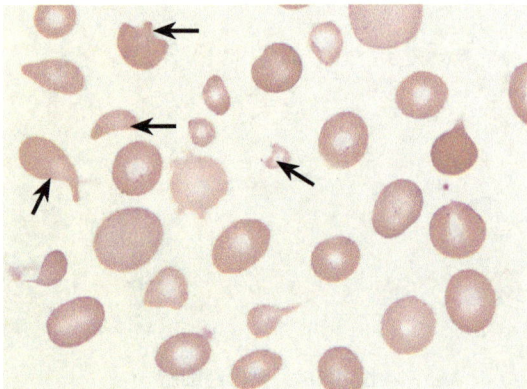

图 4-1-9　裂细胞

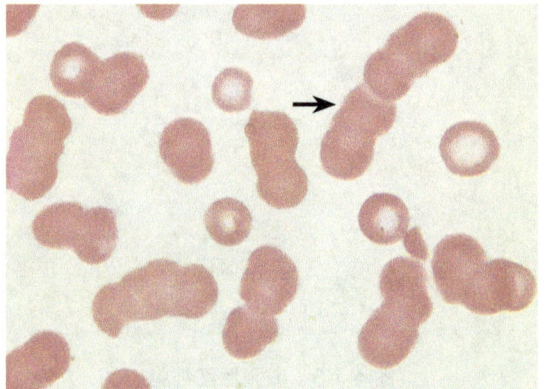

图 4-1-10　红细胞缗钱状形成

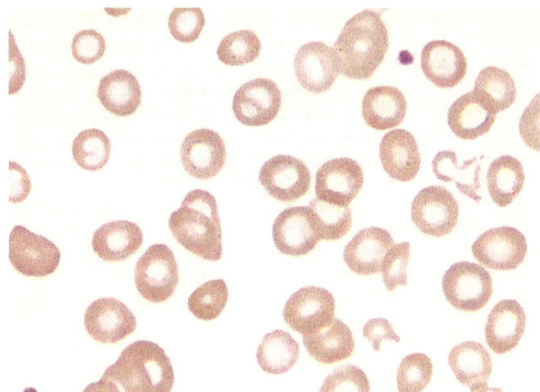

图 4-1-11　低色素性红细胞

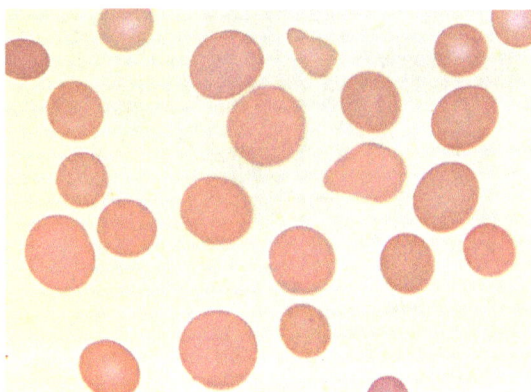

图 4-1-12　高色素性红细胞

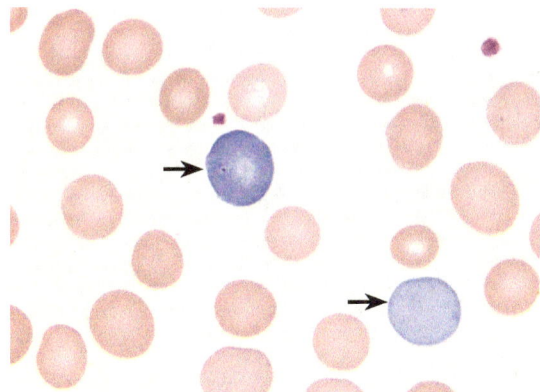

图 4-1-13　嗜多色性红细胞

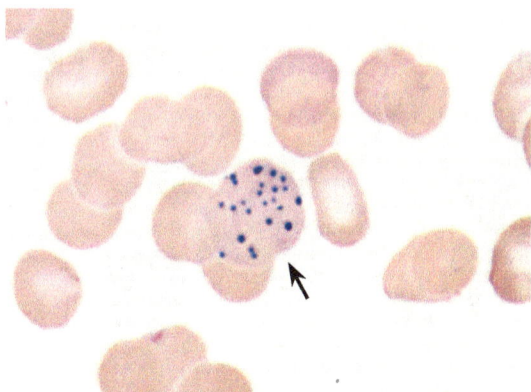

图 4-1-14　嗜碱性点彩红细胞

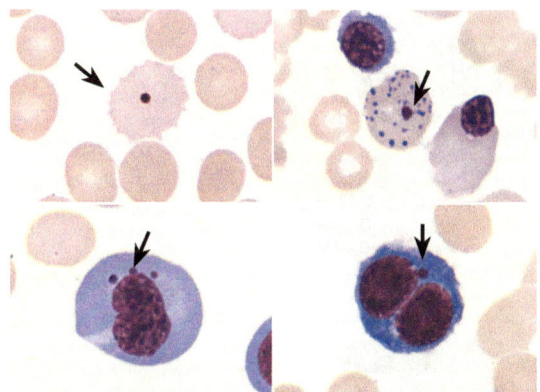

图 4-1-15　染色质小体

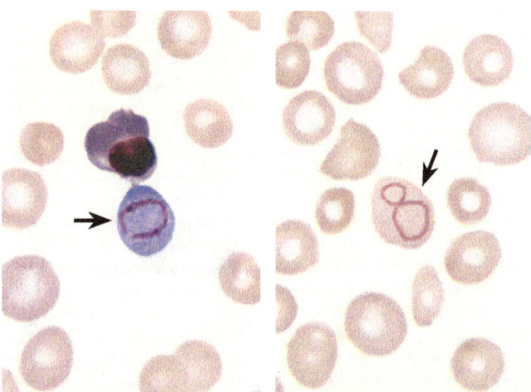

图 4-1-16　卡波环

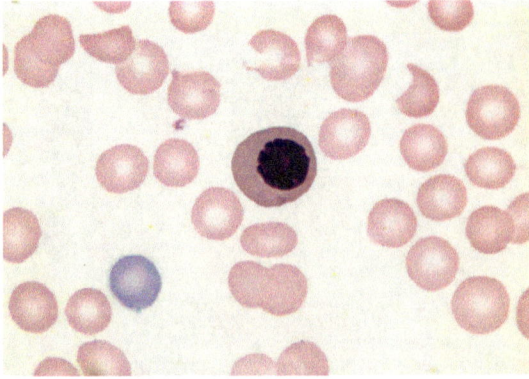

图 4-1-17　有核红细胞

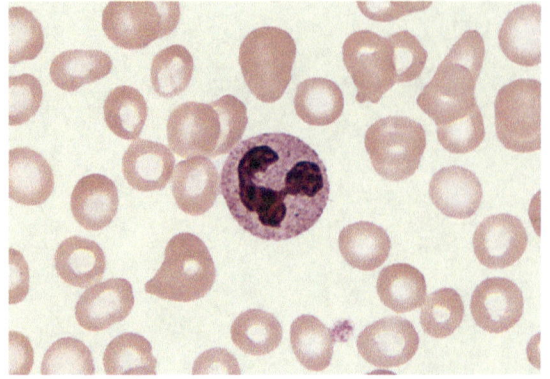

图 4-1-18　缺铁性贫血的血象

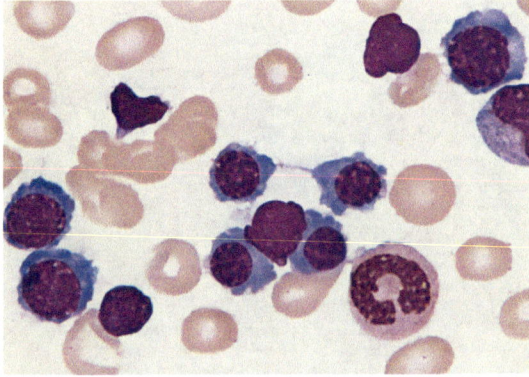

图 4-1-19　缺铁性贫血的骨髓象

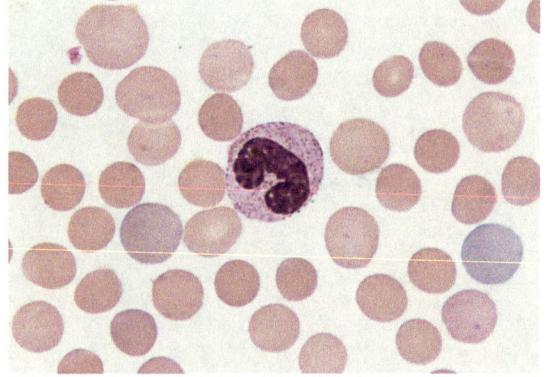

图 4-1-20　溶血性贫血的血象

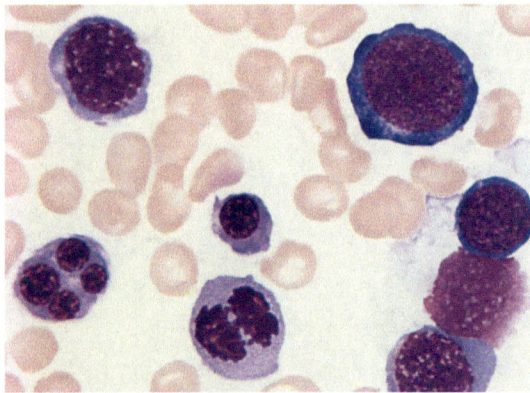

图 4-1-21　溶血性贫血的骨髓象

RBC	4.36		10^{12}/L
HGB	139	*	g/L
HCT	37.5		%
MCV	86.0		fL
MCH	31.9	*	pg
MCHC	371	*	g/L

RDW-SD	40.3		fL
RDW-CV	12.8		%

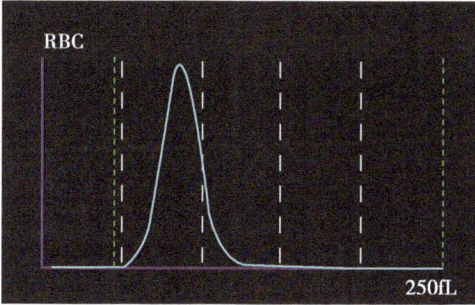

图 4-1-22　正常红细胞直方图

RBC	1.93	−	10^{12}/L
HGB	68	−	g/L
HCT	19.9	−	%
MCV	103.1		fL
MCH	35.2		pg
MCHC	342		g/L

RDW-SD	61.4	+	fL
RDW-CV	16.5	+	%

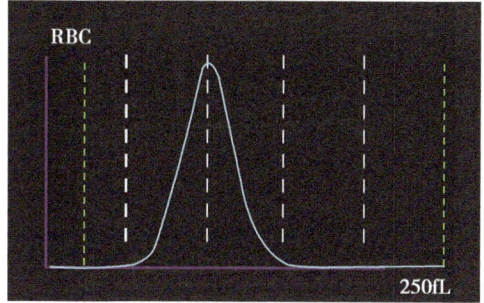

图 4-1-23　大细胞性贫血红细胞直方图

RBC	4.09		10^{12}/L
HGB	83		g/L
HCT	25.6	−	%
MCV	62.6	−	fL
MCH	20.3	−	pg
MCHC	324		g/L

RDW-SD	40.4		fL
RDW-CV	17.4	+	%

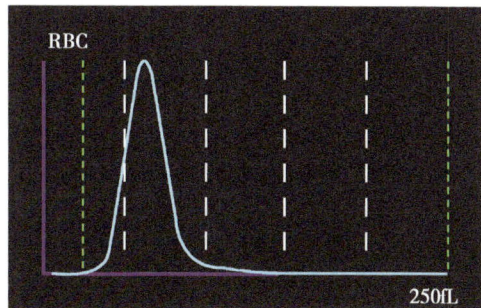

图 4-1-24　小细胞性贫血红细胞直方图

第二章 实验室一般检查与白细胞疾病

见图 4-2-1~4-2-38 所示：

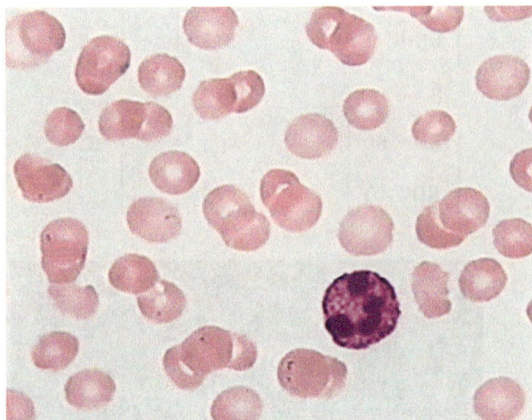

图 4-2-1 中性粒细胞中毒颗粒

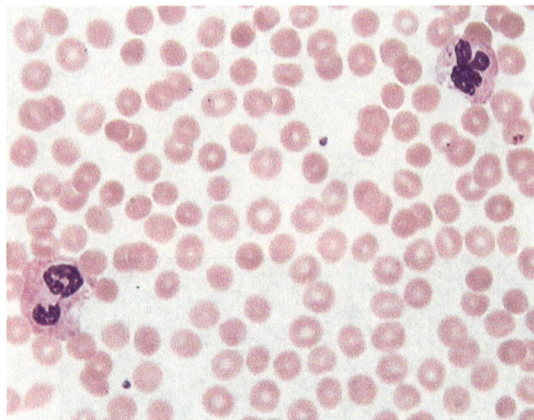

图 4-2-2 中性粒细胞空泡形成

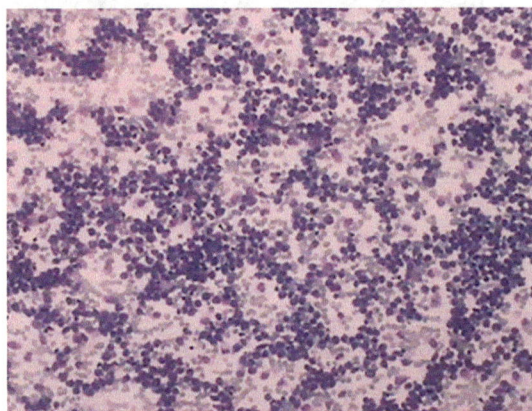

图 4-2-3 急性早幼粒细胞白血病伴 t(15;17)(q22;q12);PML-RARA 骨髓象(低倍镜)

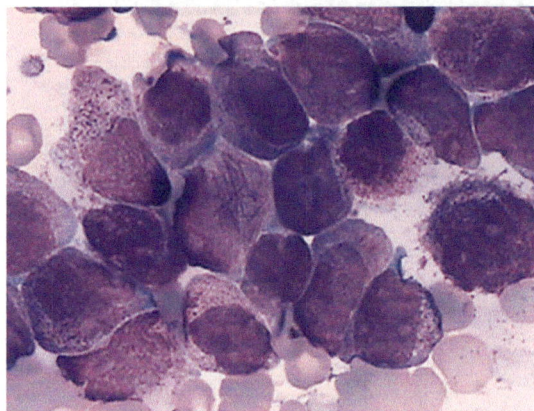

图 4-2-4 急性早幼粒细胞白血病伴 t(15;17)(q22;q12);PML-RARA 骨髓象(油镜)

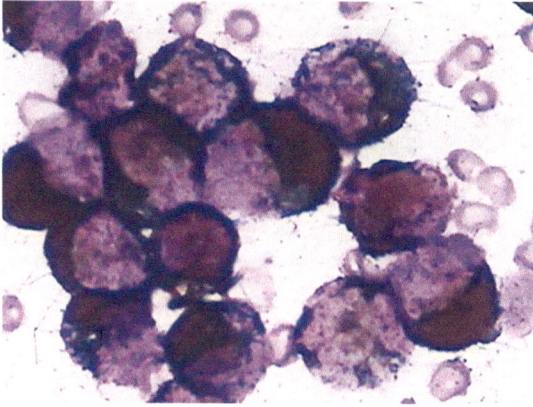

图 4-2-5　急性早幼粒细胞白血病伴 t(15;17)(q22;q12);PML-RARA 骨髓象 POX 染色:强阳性

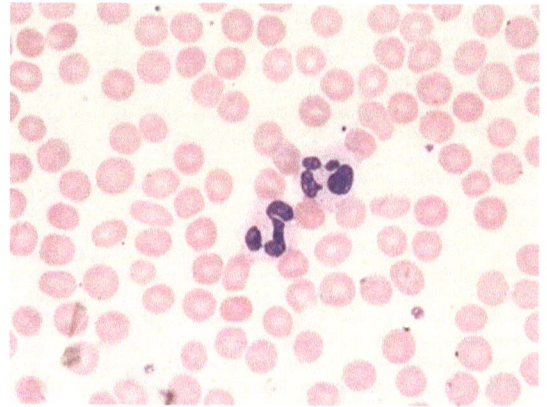

图 4-2-6　中性分叶核粒细胞

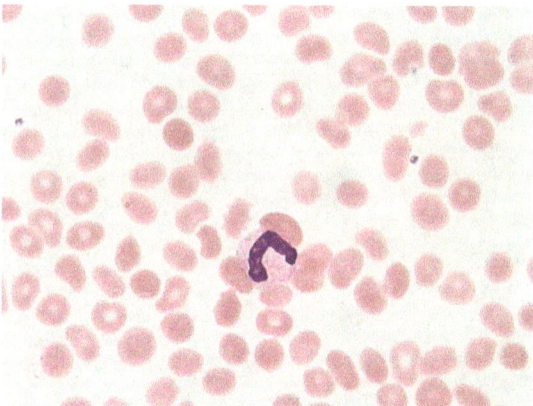

图 4-2-7　中性杆状核粒细胞

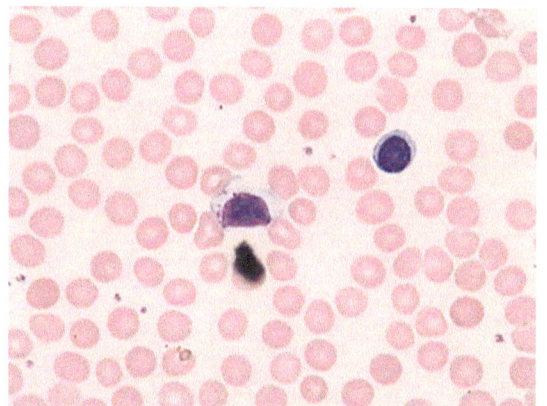

图 4-2-8　淋巴细胞

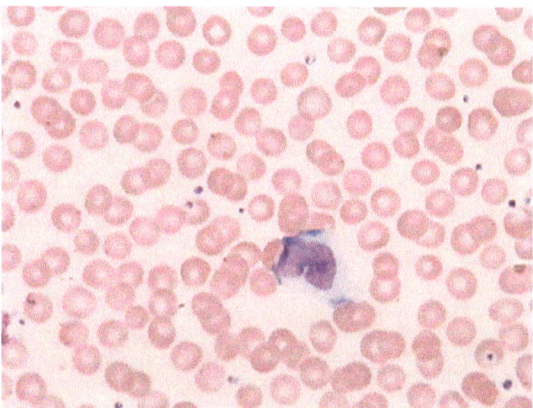

图 4-2-9　单核细胞

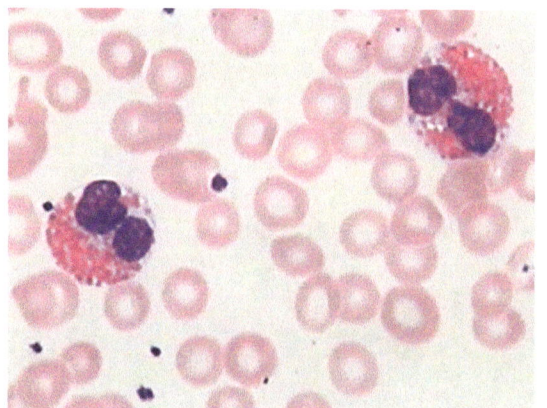

图 4-2-10　嗜酸性粒细胞

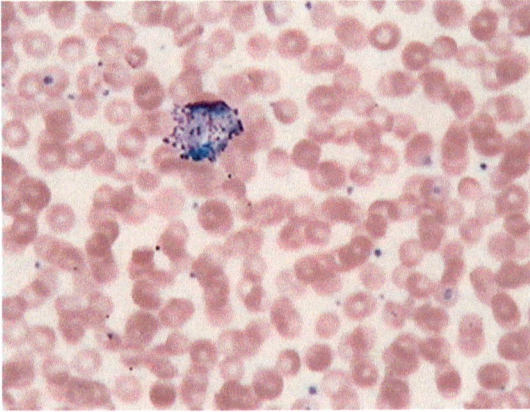

图 4-2-11 嗜碱性粒细胞

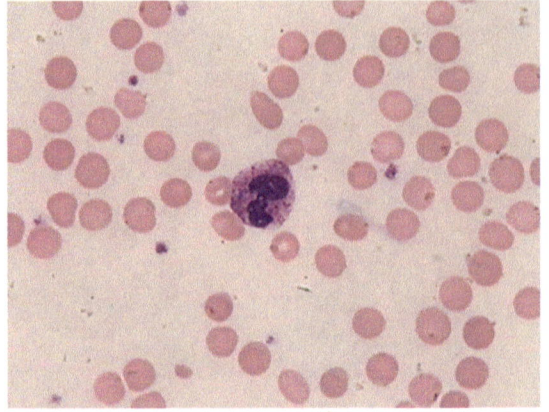

图 4-2-12 中性粒细胞的毒性变化:中毒颗粒

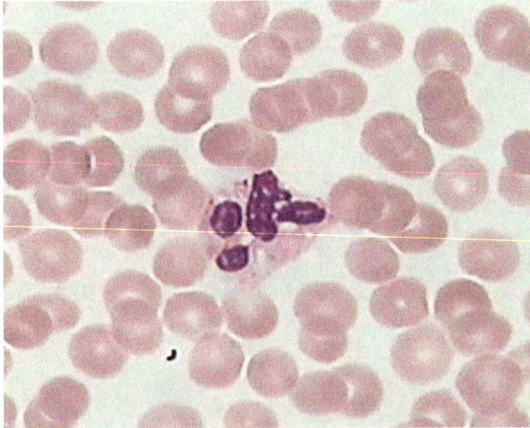

图 4-2-13 中性粒细胞的毒性变化:空泡形成

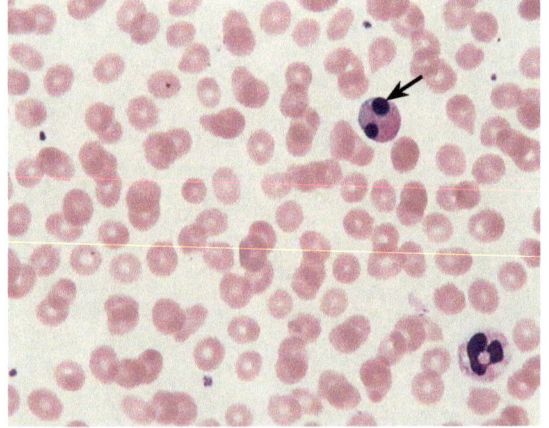

图 4-2-14 中性粒细胞的毒性变化:核固缩,箭头所示

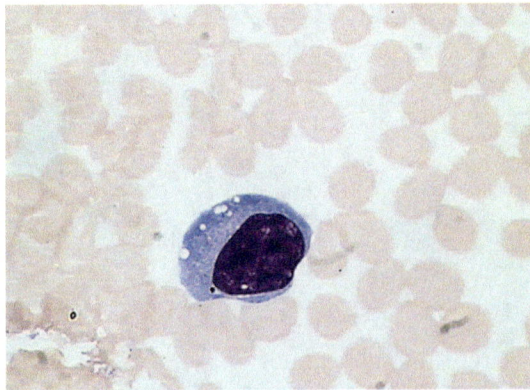

图 4-2-15 异型淋巴细胞(空泡型)

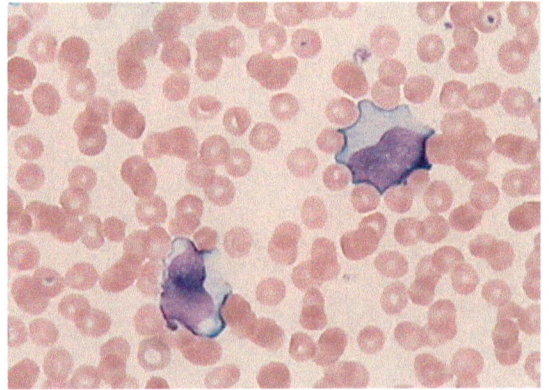

图 4-2-16 异型淋巴细胞(不规则型)

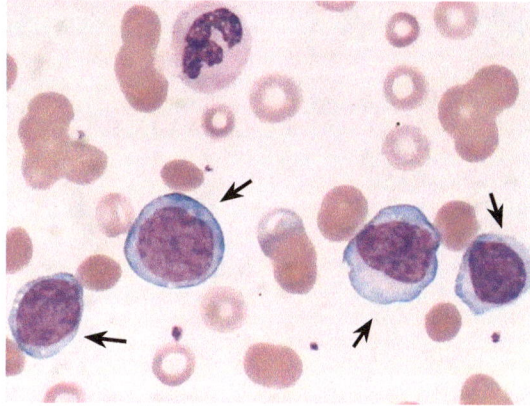

图 4-2-17 异型淋巴细胞(幼稚型)

细胞类型	未成熟中性粒细胞				过渡型	分叶核中性粒细胞			
	原粒	早幼粒	中幼粒	晚幼粒	杆状核	2叶	3叶	4叶	5叶以上
核移动类型	核左移					核右移			

图 4-2-18 中性粒细胞核型变化示意图

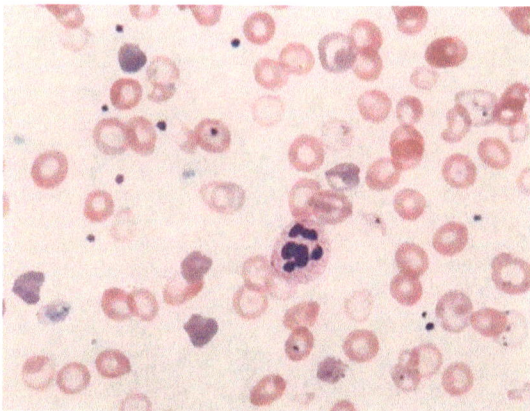

图 4-2-19 中性粒细胞多分叶(核右移)

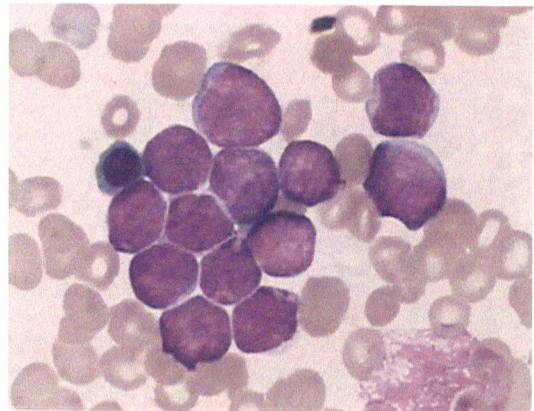

图 4-2-20 微分化型急性髓系白血病

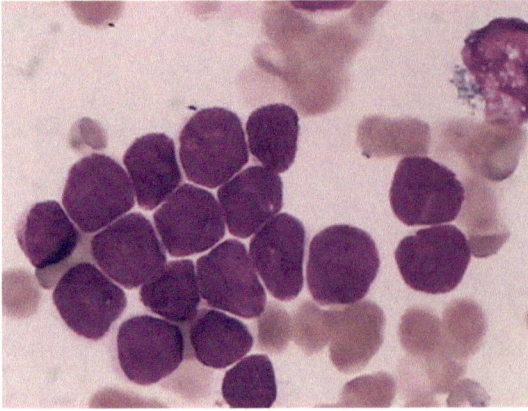

图 4-2-21　微分化型急性髓系白血病
（POX 染色阳性率 <3%）

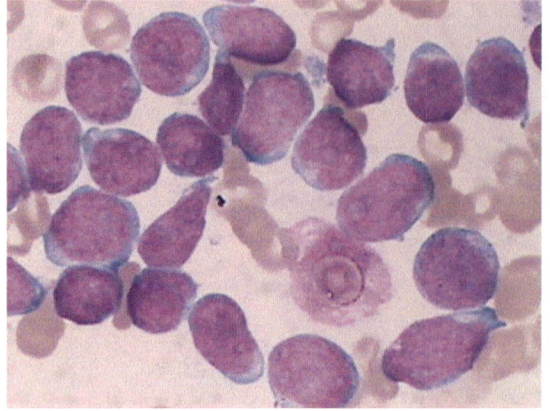

图 4-2-22　未成熟型急性髓系白血病

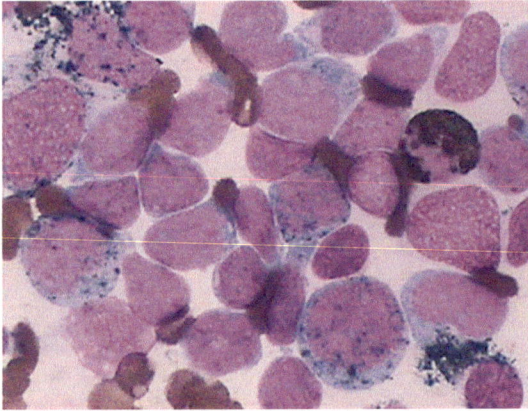

图 4-2-23　未成熟型急性髓系白血病
（POX 染色阳性率≥3% 原粒细胞）

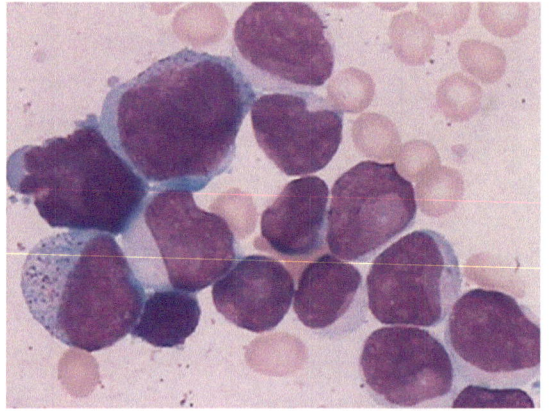

图 4-2-24　成熟型急性髓系白血病

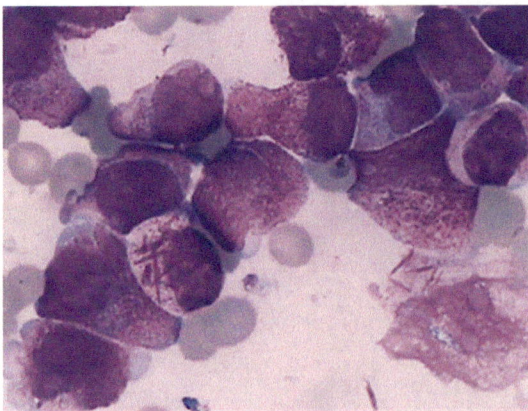

图 4-2-25　急性早幼粒细胞白血病伴 t(15;17)(q22;
q12);PML-RARA

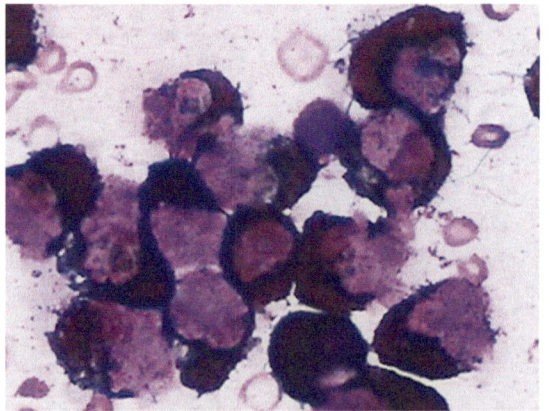

图 4-2-26　急性早幼粒细胞白血病伴 t(15;17)(q22;
q12);PML-RARA（POX 染色强阳性）

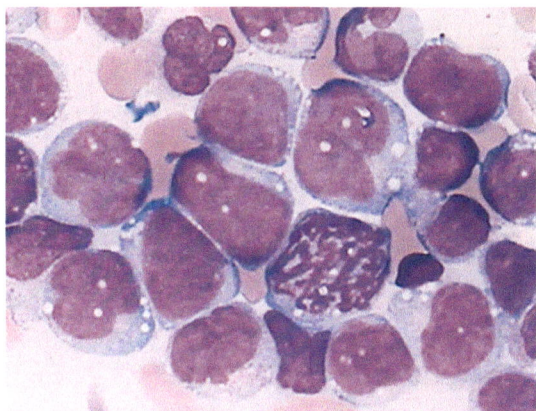

图 4-2-27 急性粒单细胞白血病

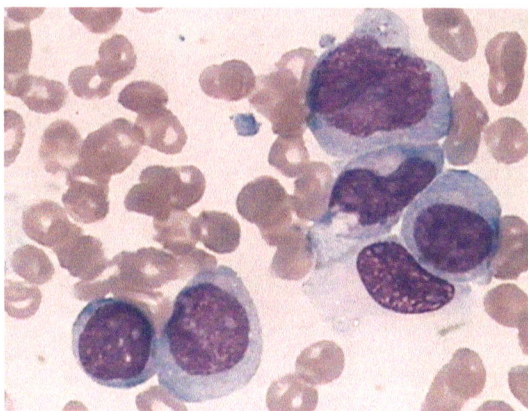

图 4-2-28 急性单核细胞白血病

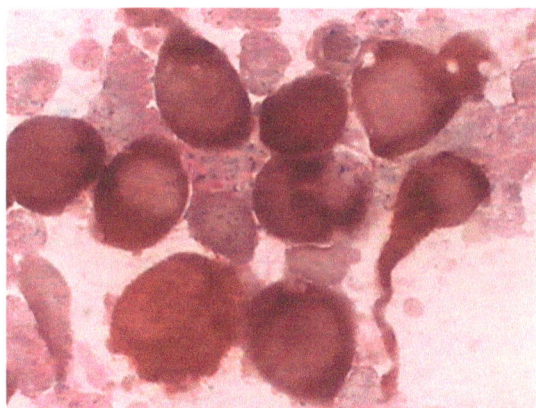

图 4-2-29 急性单核细胞白血病（非特异性酯酶染色阳性）

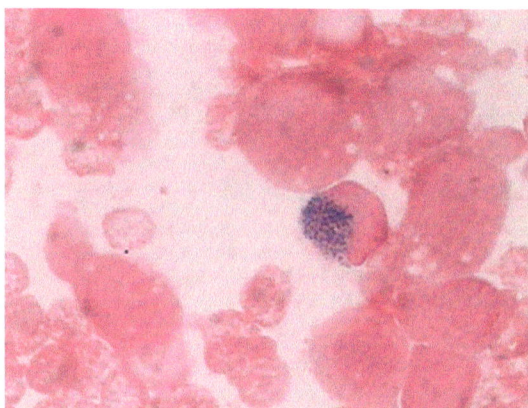

图 4-2-30 急性单核细胞白血病（可被氟化钠抑制）

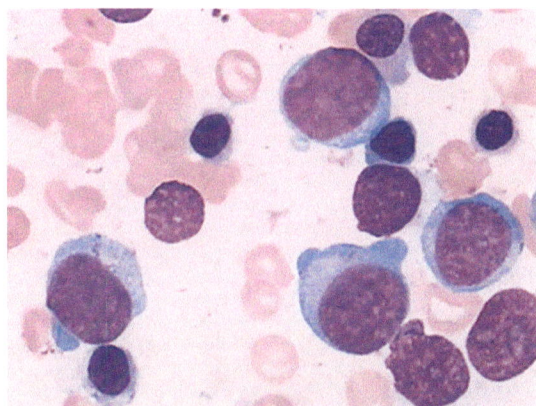

图 4-2-31 急性红白血病

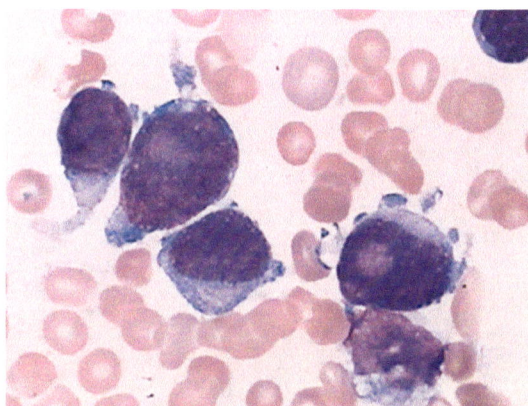

图 4-2-32 急性巨核细胞白血病

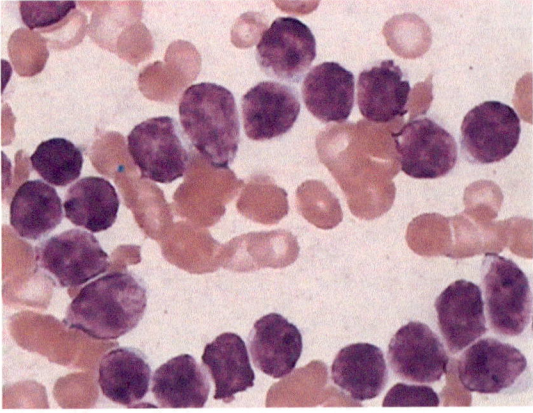

图 4-2-33   B 原淋巴细胞白血病 / 淋巴瘤,不另作特殊分类

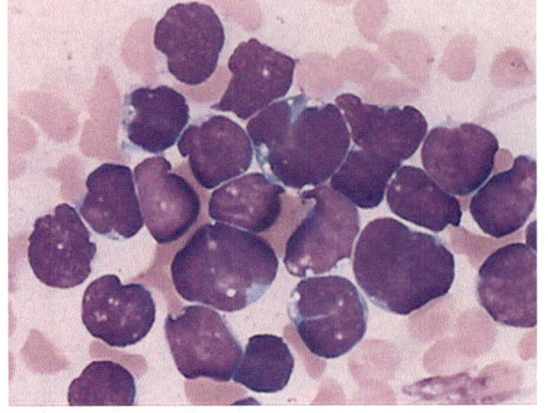

图 4-2-34   B 原淋巴细胞白血病 / 淋巴瘤,不另作特殊分类

相当于 FAB 分型中的 ALL-L2

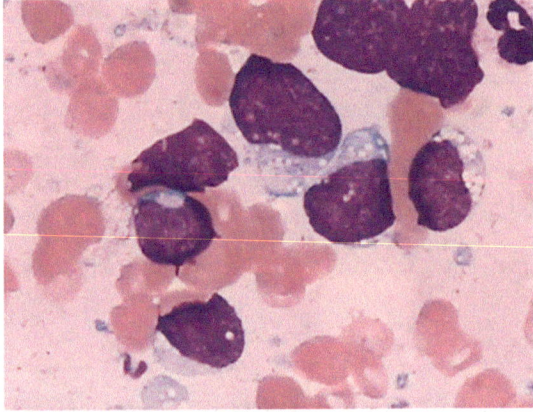

图 4-2-35   B 原淋巴细胞白血病 / 淋巴瘤,不另作特殊分类

相当于 FAB 分型中的 ALL-L3

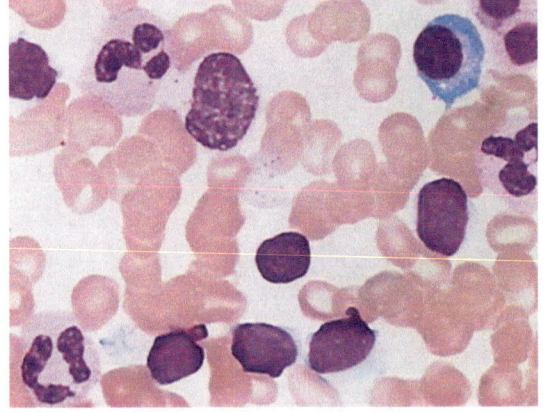

图 4-2-36   B- 慢性淋巴细胞白血病 / 小淋巴细胞淋巴瘤

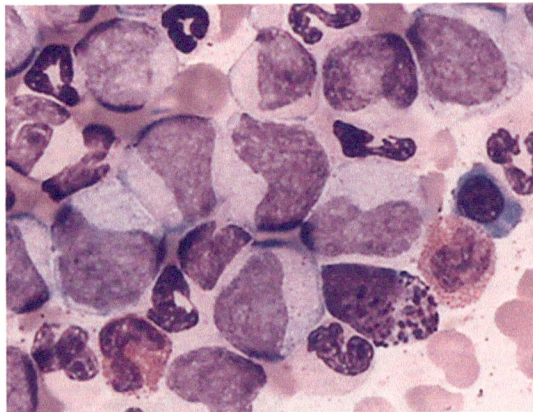

图 4-2-37   慢性髓细胞白血病

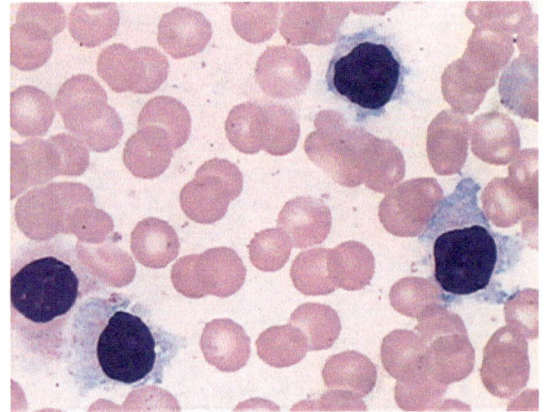

图 4-2-38   毛细胞白血病

第三章 血栓与出血、血库与输血

见图 4-3-1~4-3-7 所示：

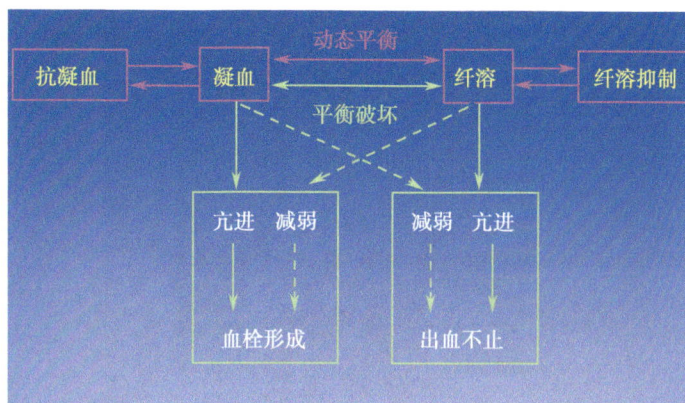

图 4-3-1 生理性止血与凝血及其动态平衡示意图

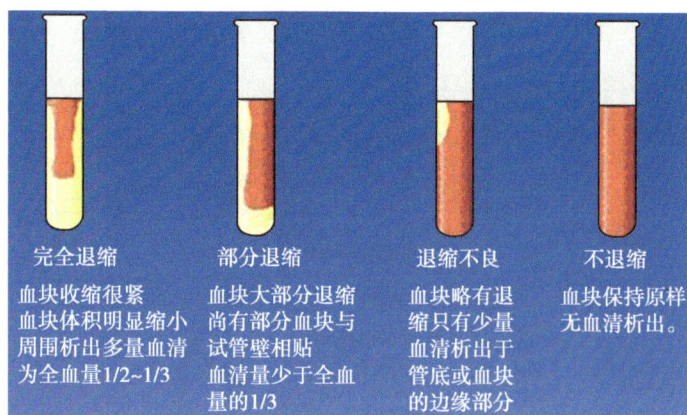

图 4-3-2 血块退缩试验结果示意图

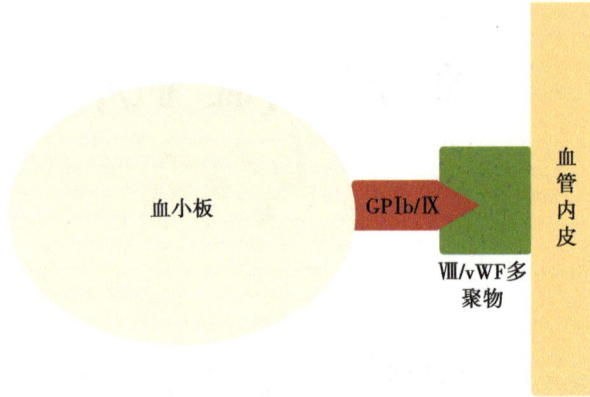

图 4-3-3 血小板黏附作用机理

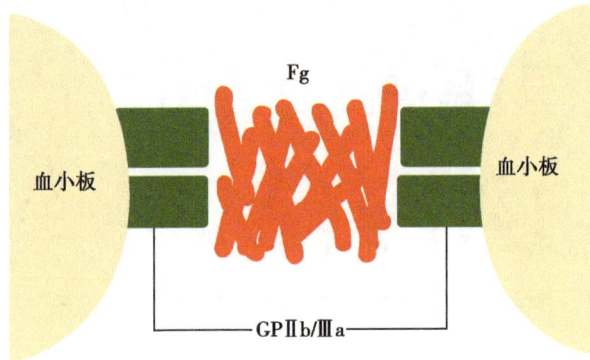

图 4-3-4 血小板聚集作用机理

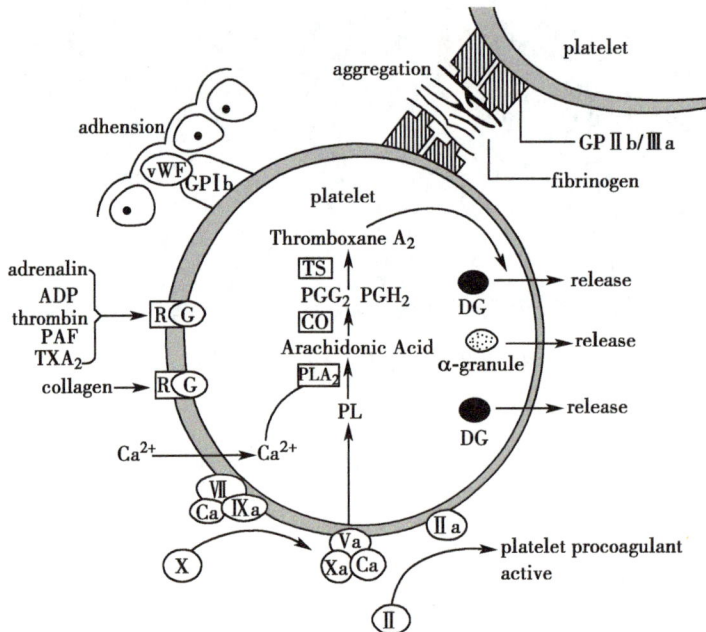

图 4-3-5 血小板止血机制示意图

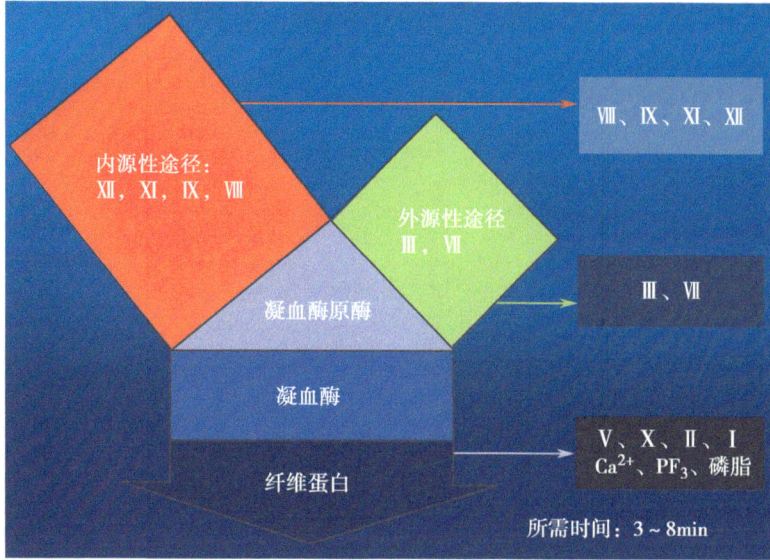

图 4-3-6　正常凝血过程及其相关的凝血因子示意图

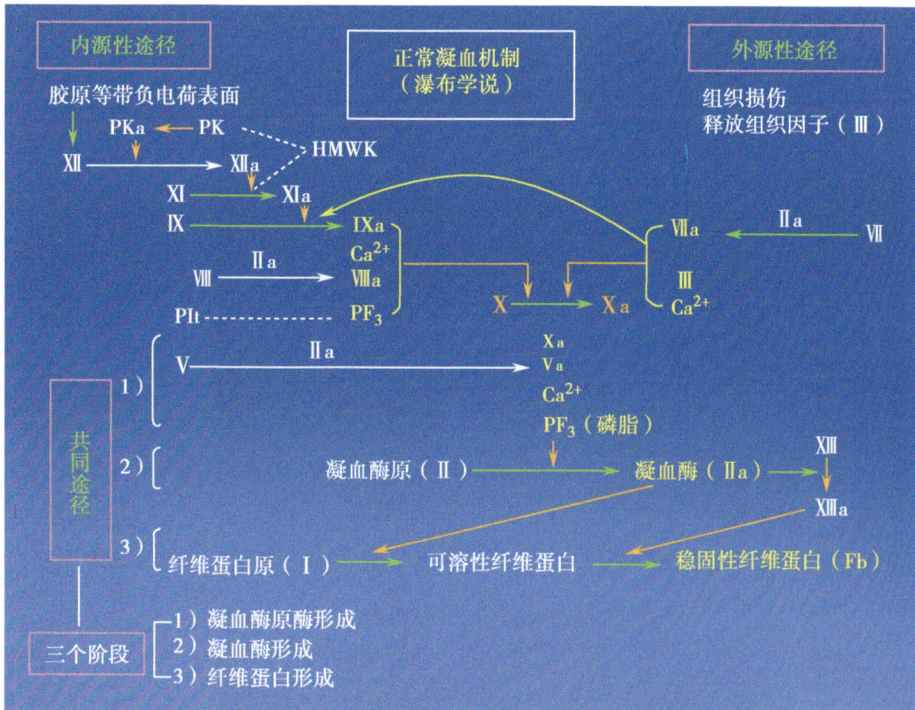

图 4-3-7　正常凝血机制

第四章 尿液及肾功能与免疫学检查

见图 4-4-1~4-4-28 所示：

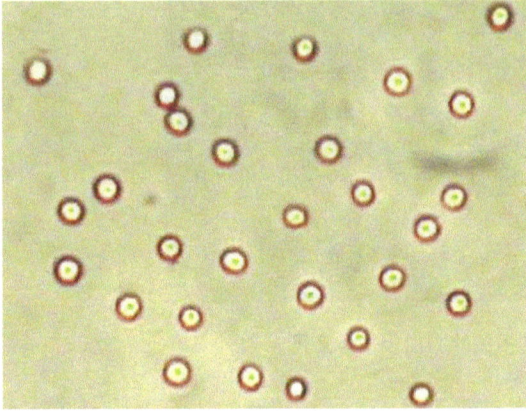

图 4-4-1 尿红细胞

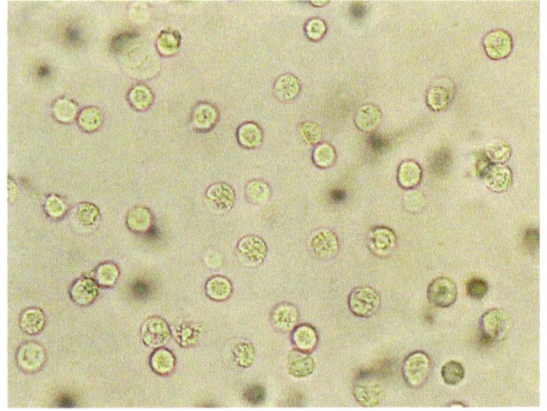

图 4-4-2 尿白细胞

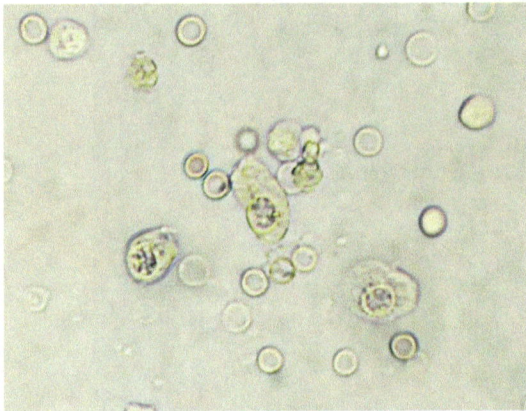

图 4-4-3 肾小管上皮细胞

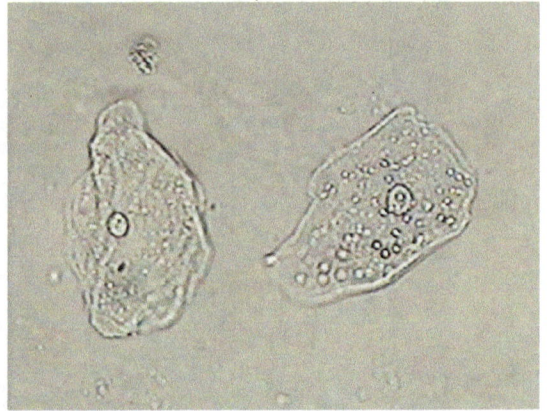

图 4-4-4 鳞状上皮细胞（扁平上皮细胞）

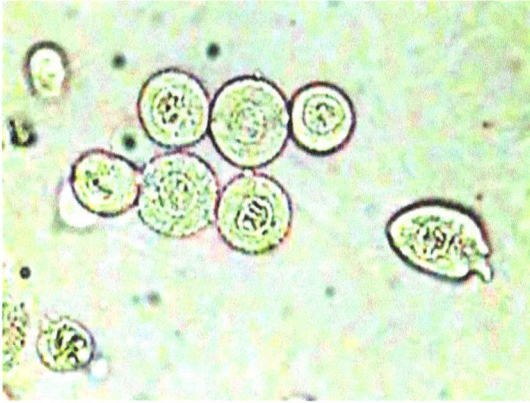

图 4-4-5　小圆形上皮细胞

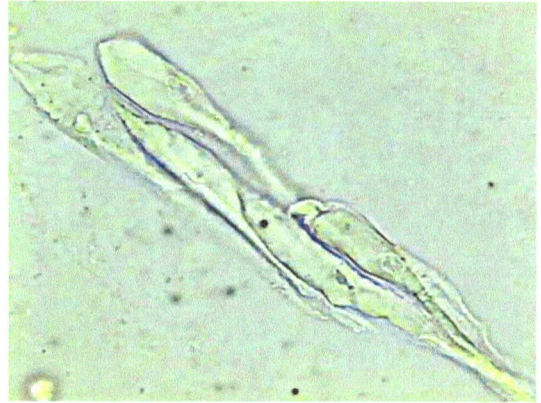

图 4-4-6　尾形上皮细胞

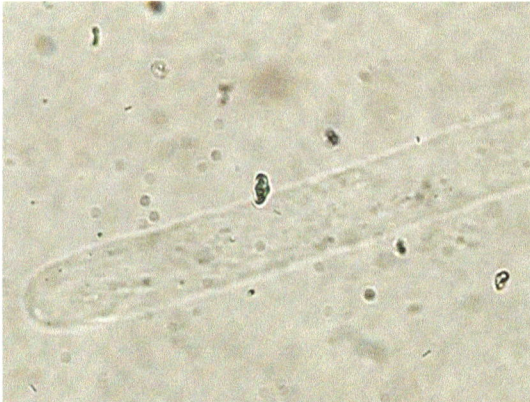

图 4-4-7　透明管型

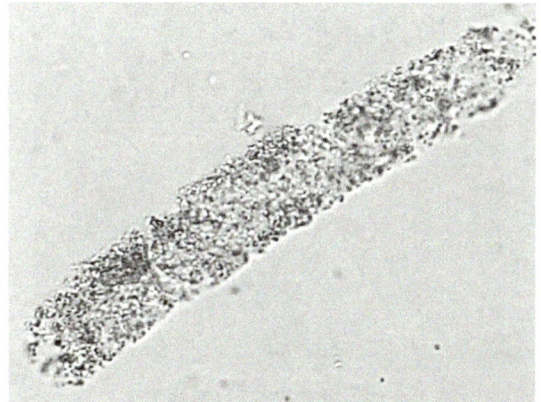

图 4-4-8　颗粒管型

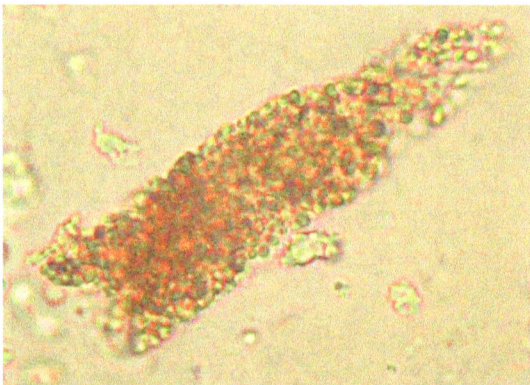

图 4-4-9　红细胞管型

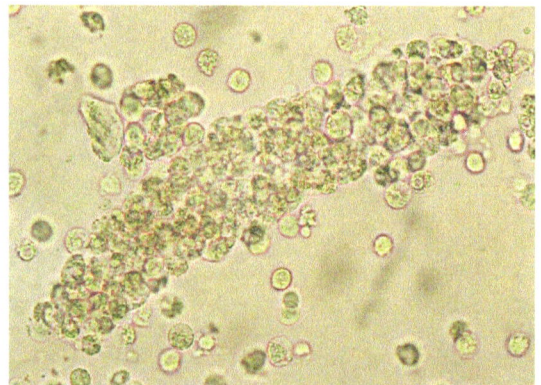

图 4-4-10　白细胞管型

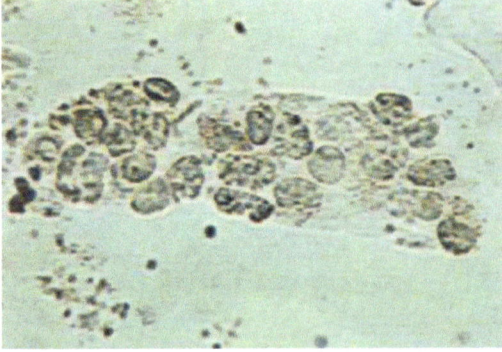

图 4-4-11　上皮细胞管型

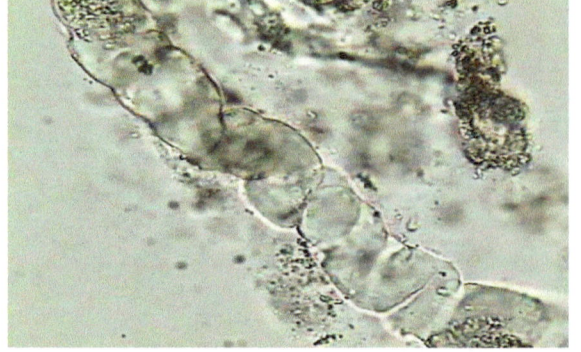

图 4-4-12　蜡样管型

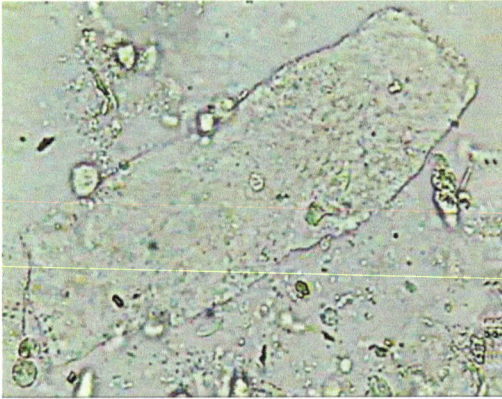

图 4-4-13　肾衰竭管型（宽幅管型）

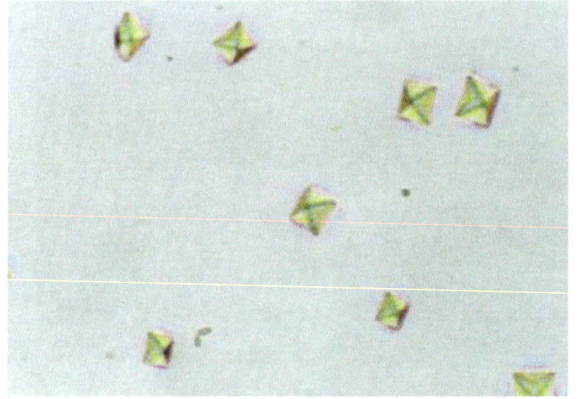

图 4-4-14　草酸钙结晶

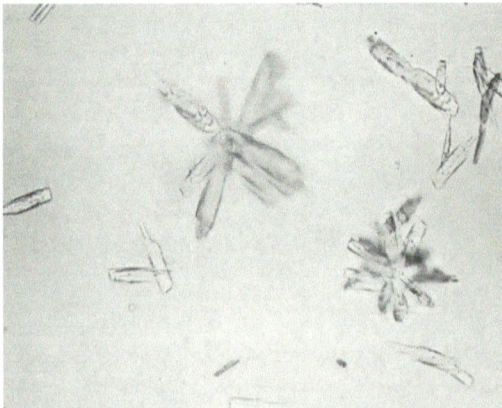

图 4-4-15　碳酸钙结晶

图 4-4-16　磷酸盐结晶

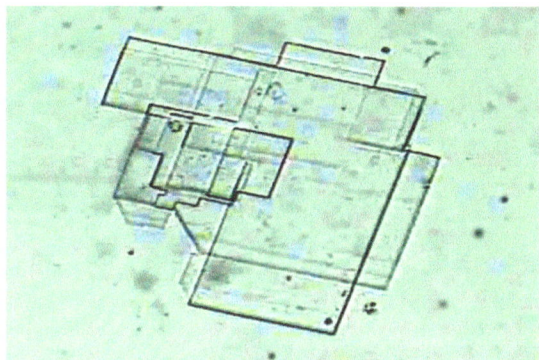

图 4-4-17 胆固醇结晶

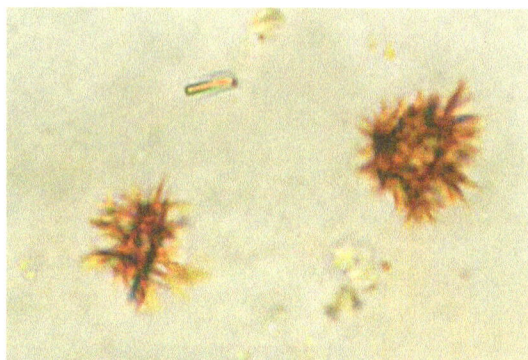

图 4-4-18 胆红素结晶

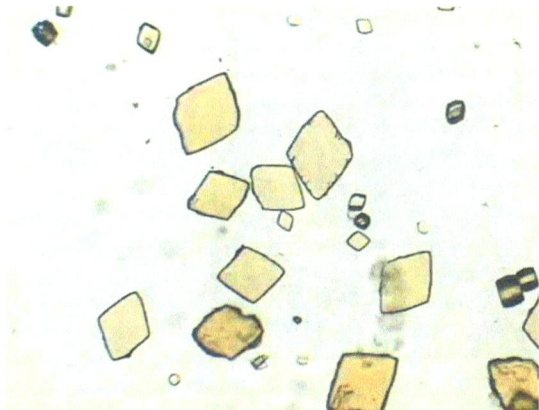

图 4-4-19 尿酸结晶

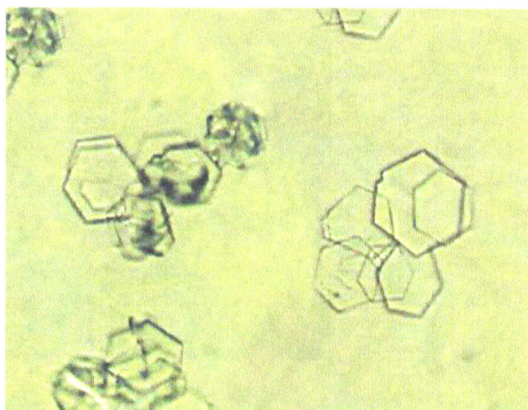

图 4-4-20 胱氨酸结晶

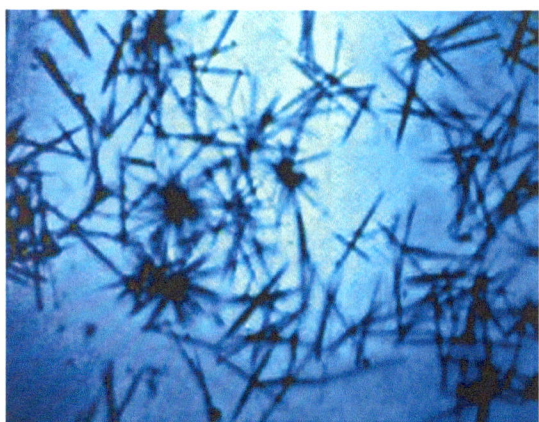

图 4-4-21 酪氨酸结晶

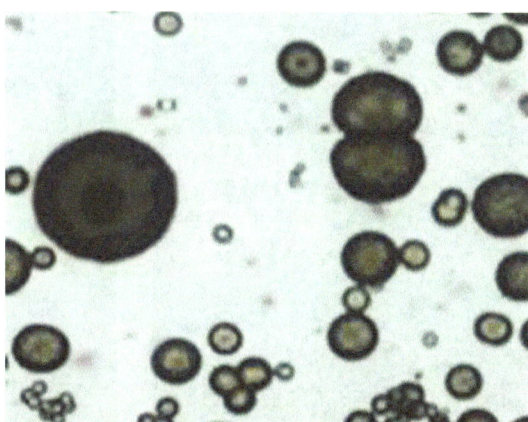

图 4-4-22 亮氨酸结晶

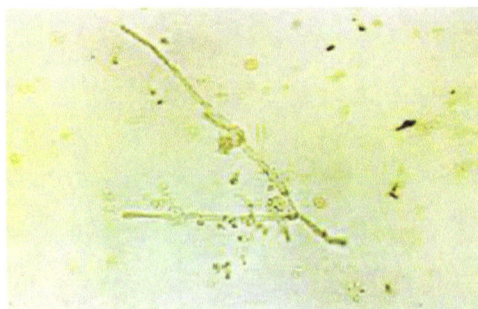

图 4-4-23　尿液中的真菌

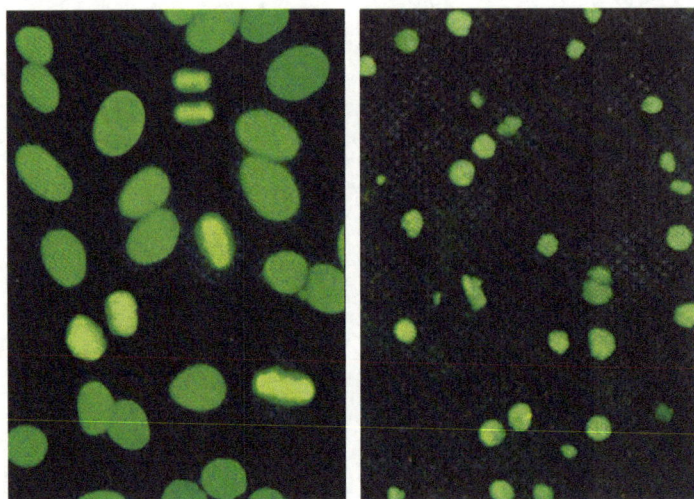

Hep2 细胞　　　　　　　　肝切片

图 4-4-24　ANA 均质型

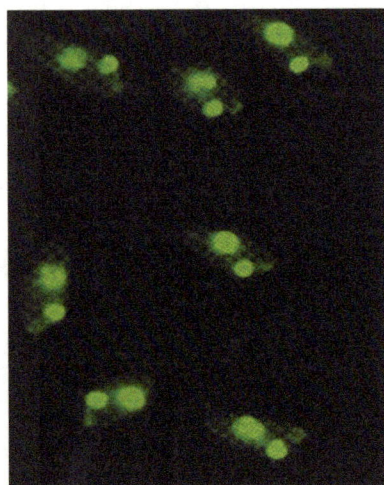

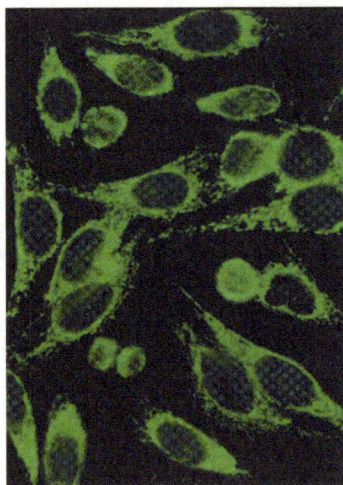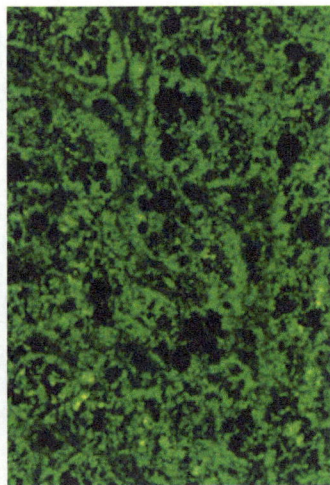

绿萤短膜虫　　　　　　　　Hep2 细胞　　　　　　　　肝片

图 4-4-25　抗双链 DNA（dsDNA）　　　　图 4-4-26　抗线粒体抗体（AMA）

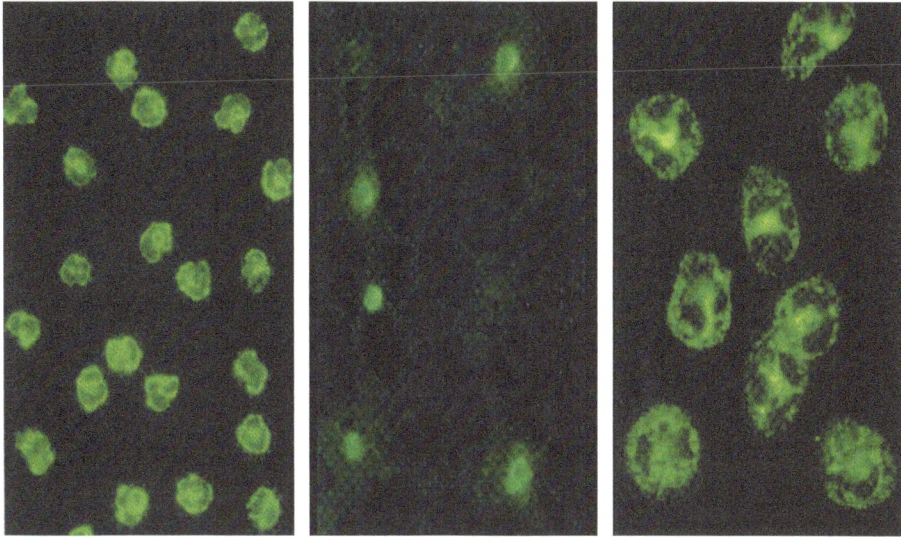

乙醇固定中性粒细胞底物片　　　　　　肝细胞片　　　　　　甲醛固定中性粒细胞底物片

图 4-4-27　核周型抗中性粒细胞胞浆抗体（pANCA）

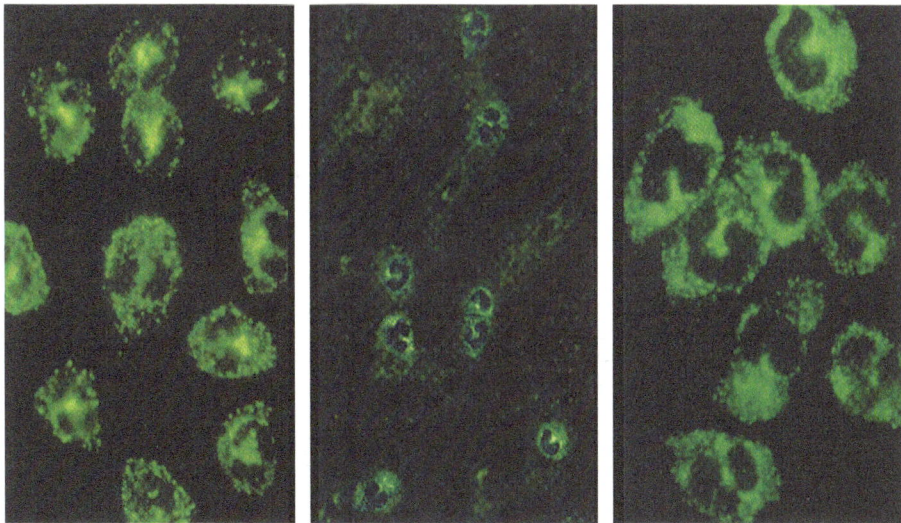

乙醇固定中性粒细胞底物片　　　　　　肝细胞片　　　　　　甲醛固定中性粒细胞底物片

图 4-4-28　胞浆型抗中性粒细胞胞浆抗体（cANCA）

第五章　糖尿病与糖代谢紊乱实验诊断

见图 4-5-1~4-5-4 所示：

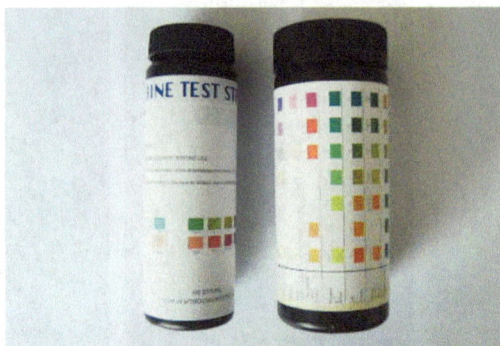

图 4-5-1　尿葡萄糖试带法定性检测及测试试纸条

将试纸条放入尿液中，显色后可用肉眼对照试纸盒上的标准比色板
比色；或者通过尿液分析仪进行测定

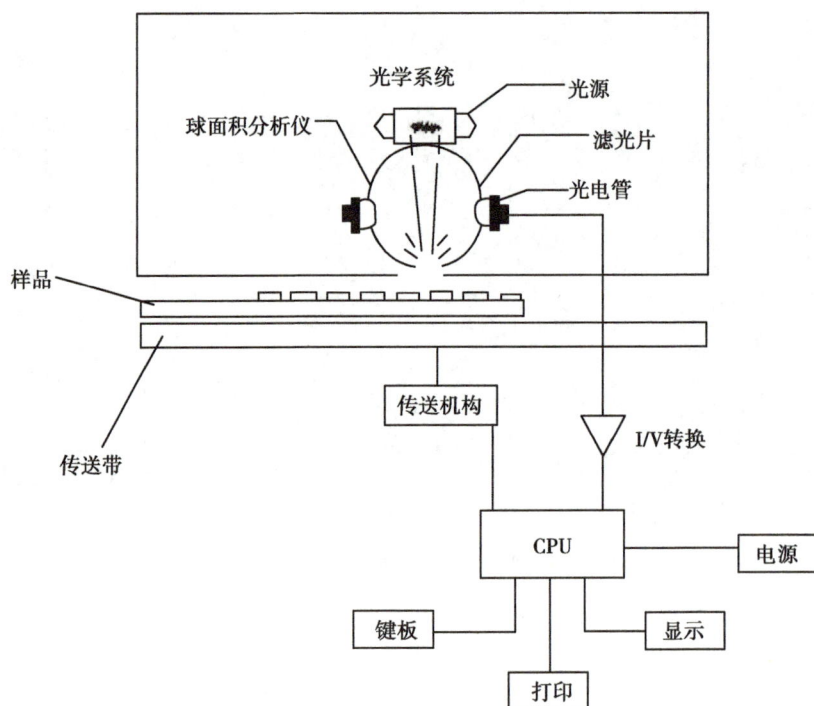

图 4-5-2　尿液分析仪原理示意图

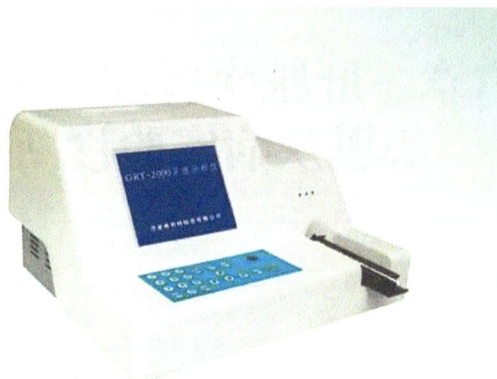

图 4-5-3 尿液分析仪

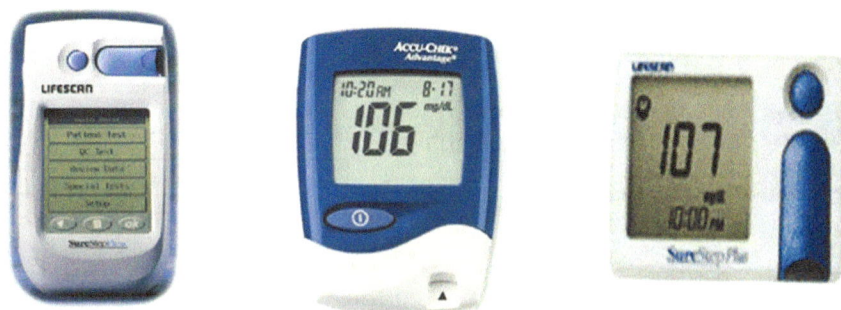

图 4-5-4 各种类型手掌式血糖仪

第六章 肝脏疾病、血清脂质与心脏疾病实验诊断

见图 4-6-1~4-6-7 所示：

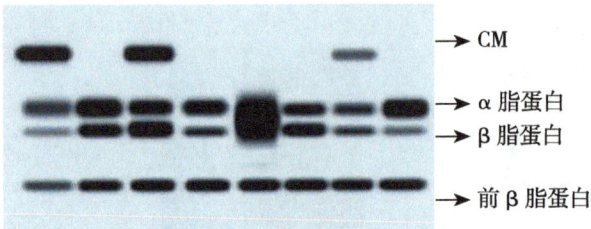

图 4-6-1 血浆脂蛋白电泳图

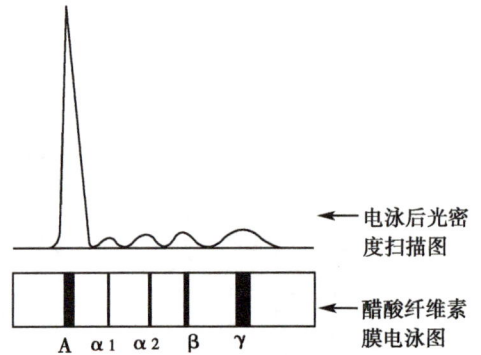

图 4-6-2 血清蛋白电泳图

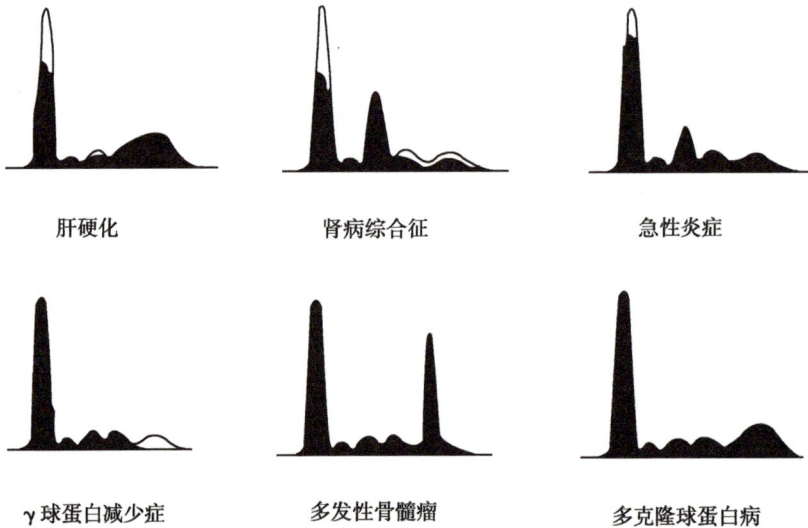

图 4-6-3 不同疾病时血清蛋白电泳图型

单核-吞噬细胞系统

血红蛋白 ← 红细胞

非结合胆红素 循环血液 肾

与葡萄糖醛酸结合

结合胆红素 门静脉 尿胆原

尿胆素

尿胆原 → 粪胆素

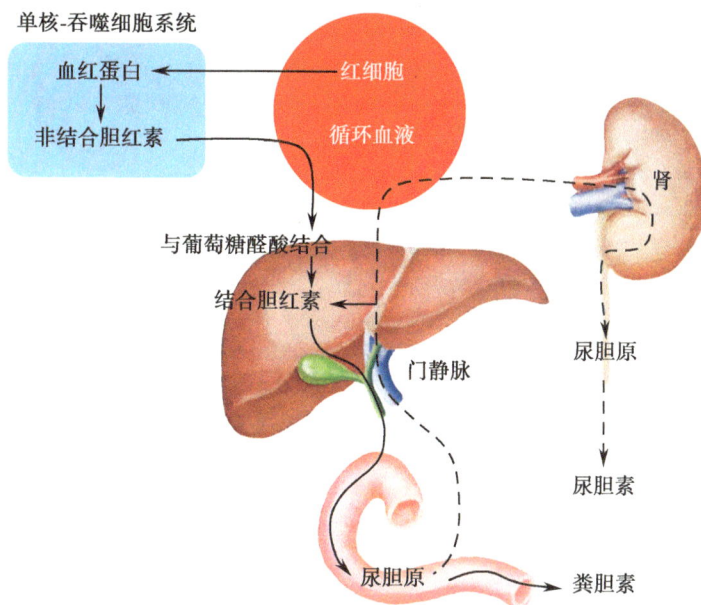

图 4-6-4 正常胆红素代谢

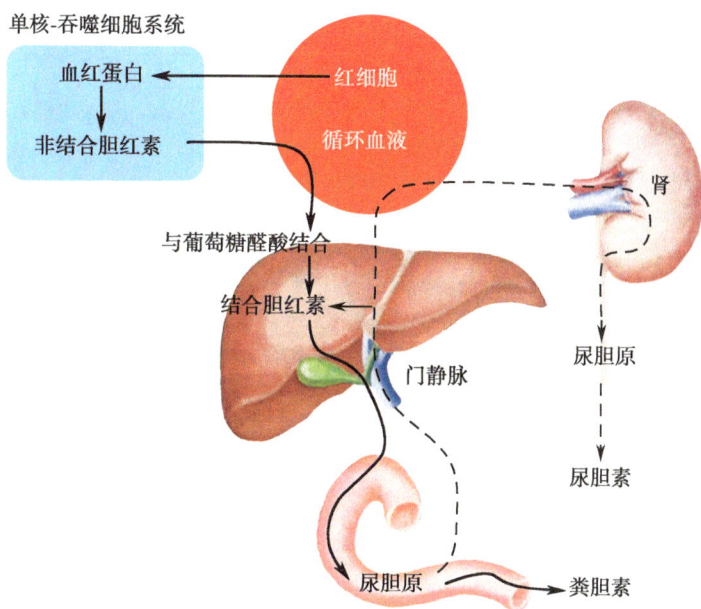

单核-吞噬细胞系统

血红蛋白 ← 红细胞

非结合胆红素 循环血液 肾

与葡萄糖醛酸结合

结合胆红素 门静脉 尿胆原

尿胆素

尿胆原 → 粪胆素

图 4-6-5 溶血性黄疸时的胆红素代谢

单核-吞噬细胞系统

血红蛋白 ← 红细胞

非结合胆红素

循环血液

肾

与葡萄糖醛酸结合

结合胆红素

门静脉

结合胆红素

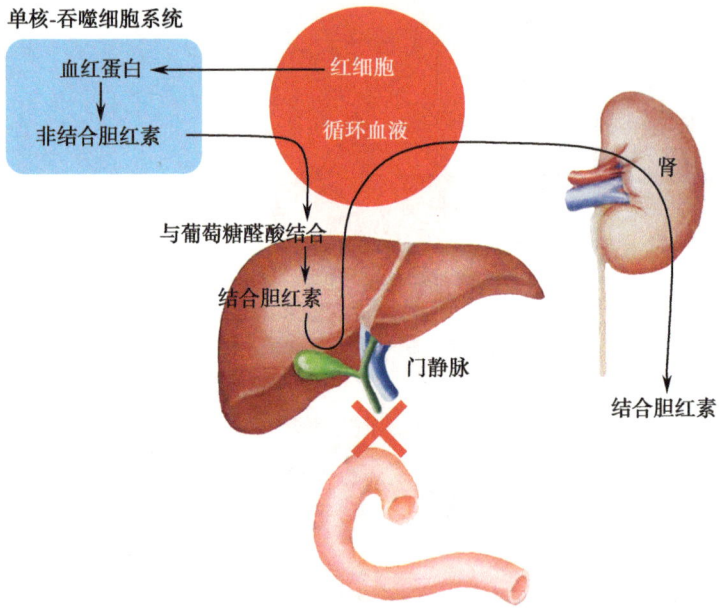

图 4-6-6　阻塞性黄疸时的胆红素代谢

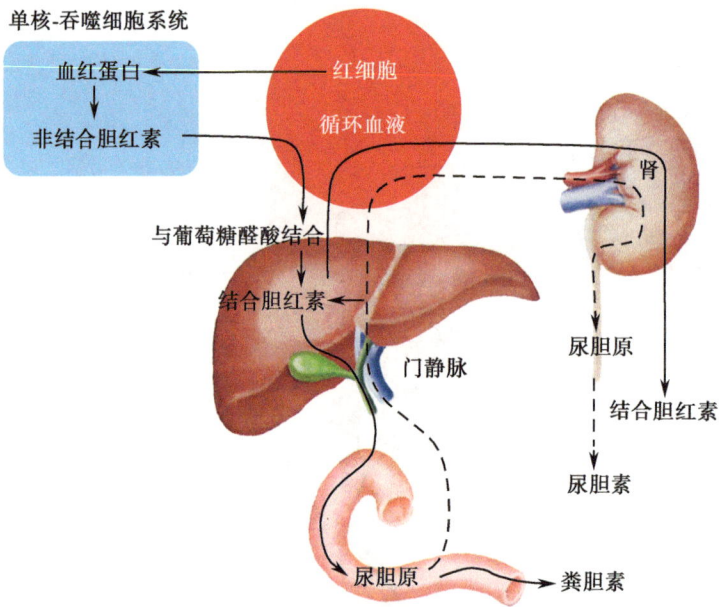

单核-吞噬细胞系统

血红蛋白 ← 红细胞

非结合胆红素

循环血液

肾

与葡萄糖醛酸结合

结合胆红素

门静脉

尿胆原

结合胆红素

尿胆素

尿胆原 → 粪胆素

图 4-6-7　肝细胞性黄疸时的胆红素代谢

第七章 浆膜腔积液、脑脊液及粪便检查

见图 4-7-1~4-7-8 所示：

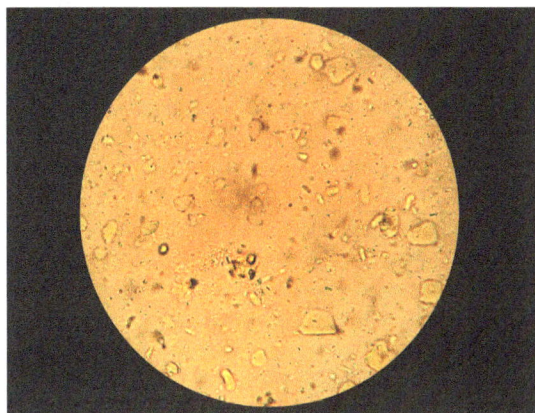

图 4-7-1 便沉渣

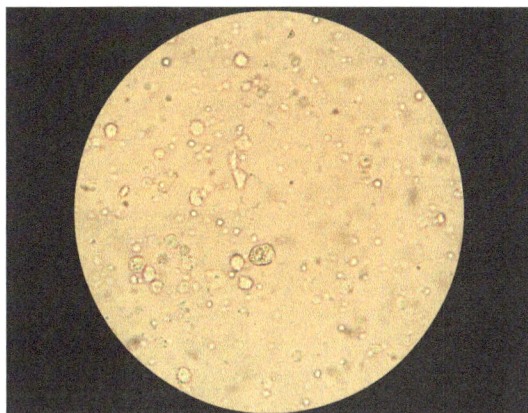

图 4-7-2 前列腺液

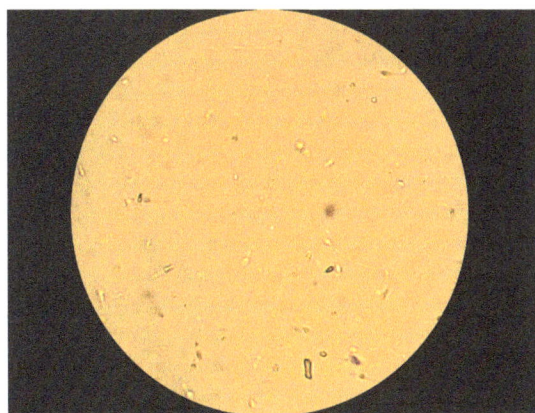

图 4-7-3 精液

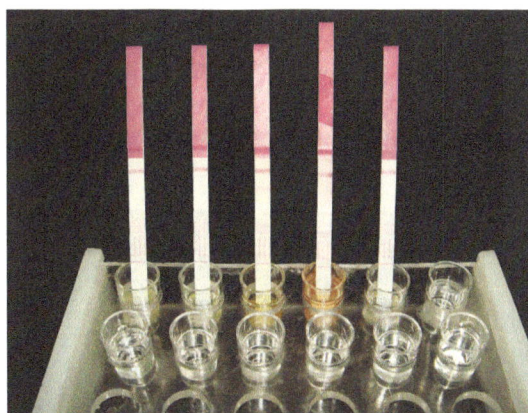

图 4-7-4 粪便隐血实验

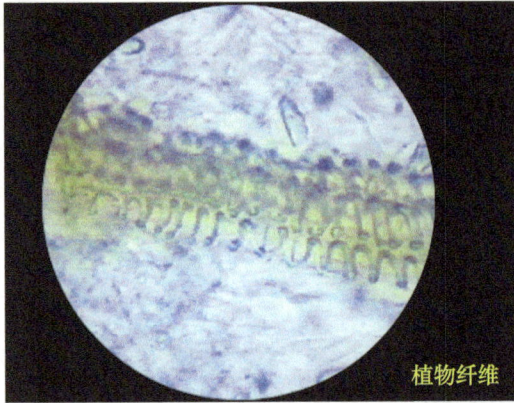

图 4-7-5 植物纤维

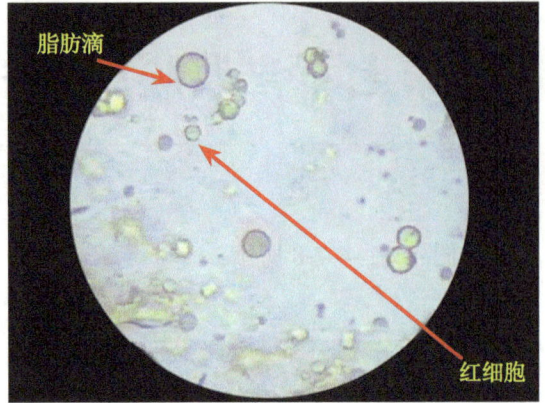

图 4-7-6 红细胞与脂肪滴

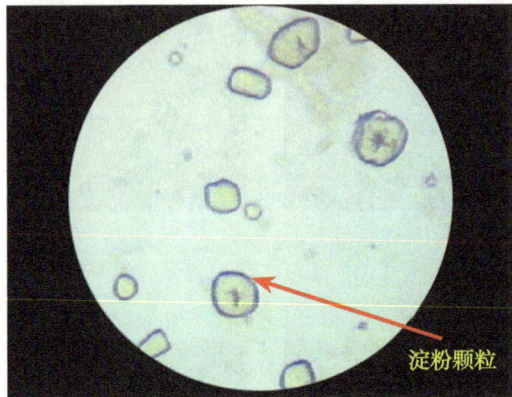

图 4-7-7 淀粉颗粒

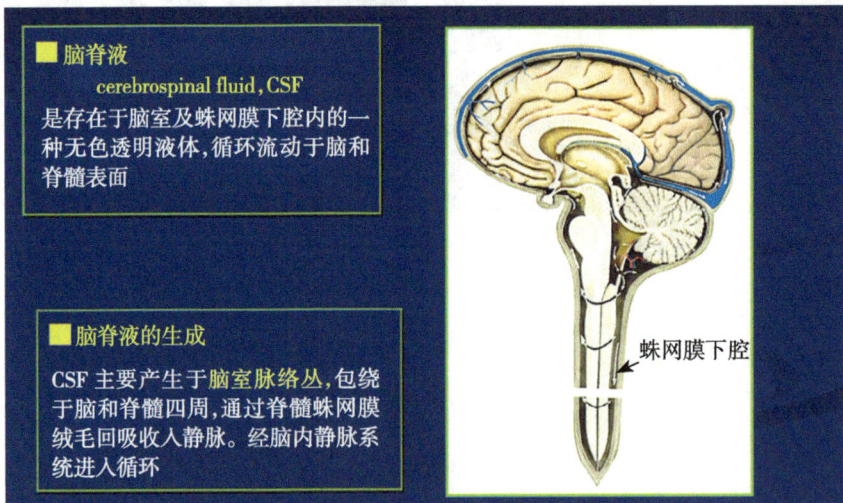

■ 脑脊液
cerebrospinal fluid, CSF
是存在于脑室及蛛网膜下腔内的一种无色透明液体,循环流动于脑和脊髓表面

■ 脑脊液的生成
CSF 主要产生于脑室脉络丛,包绕于脑和脊髓四周,通过脊髓蛛网膜绒毛回吸收入静脉。经脑内静脉系统进入循环

图 4-7-8 脑脊液基础知识

第八章　感染性疾病实验诊断及病原学检查

见图 4-8-1~4-8-28 所示：

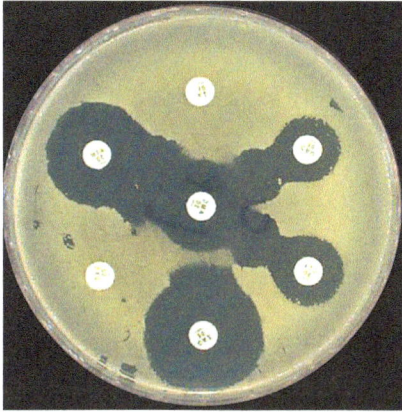

图 4-8-1　K-B 纸片法药敏试验及 ESBL 检测

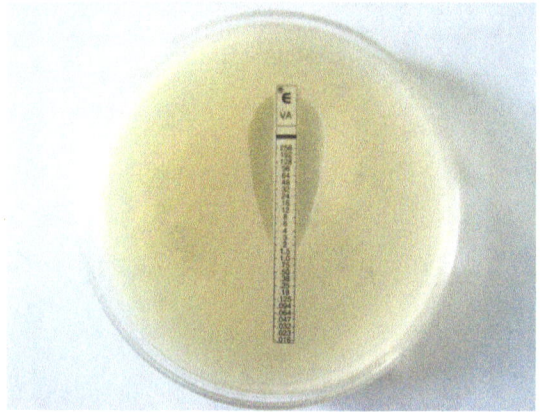

图 4-8-2　E-test 药敏试验

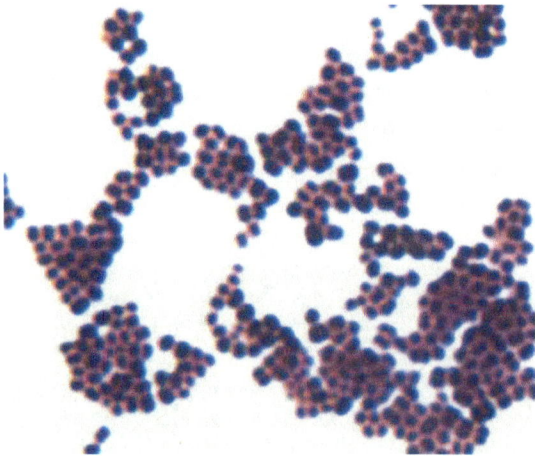

图 4-8-3　葡萄球菌

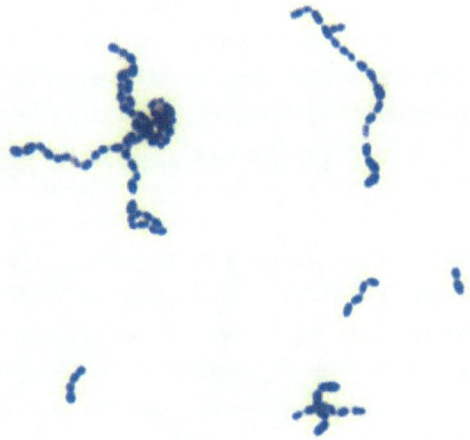

图 4-8-4　链球菌

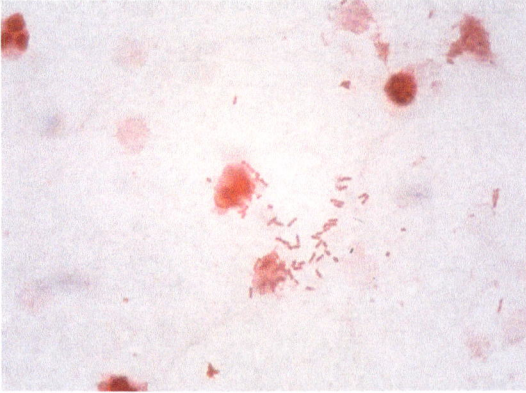

图 4-8-5 革兰阴性杆菌

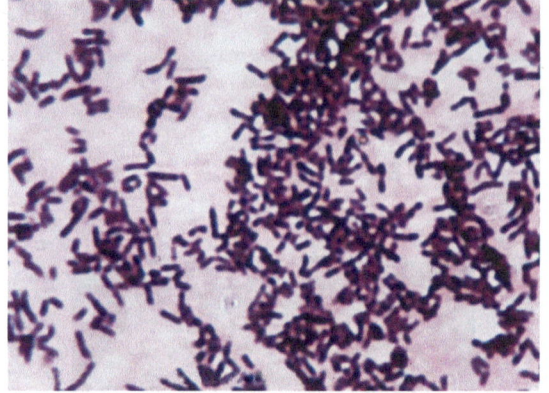

图 4-8-6 革兰阳性杆菌

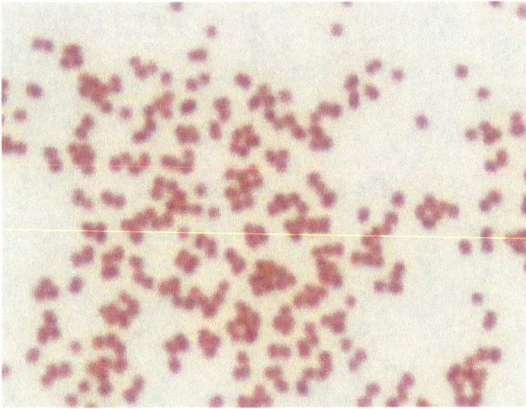

图 4-8-7 革兰阴性球菌

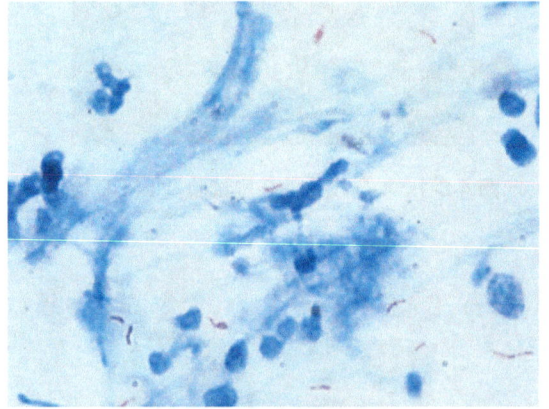

图 4-8-8 分枝杆菌

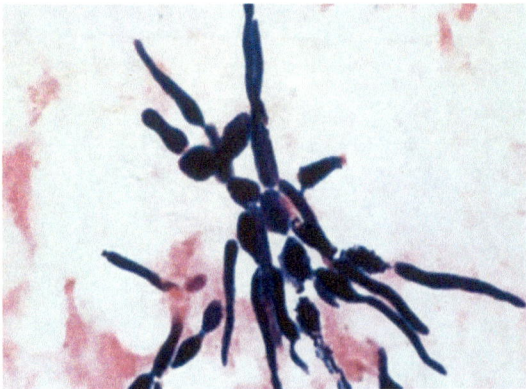

图 4-8-9 真菌孢子及假菌丝

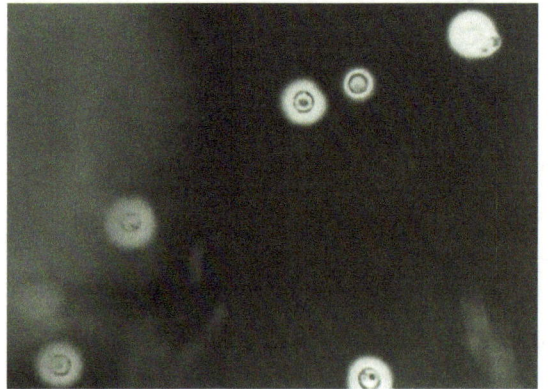

图 4-8-10 新型隐球菌（脑脊液墨汁染色）

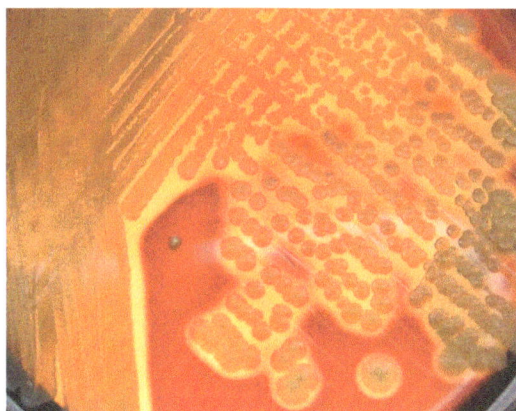

图 4-8-11 血琼脂金黄色葡萄菌菌落

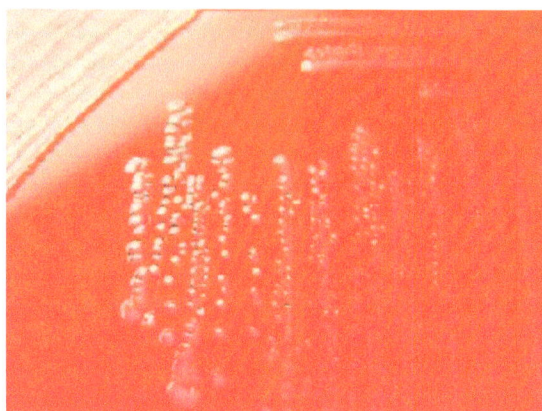

图 4-8-12 粪肠球菌菌落

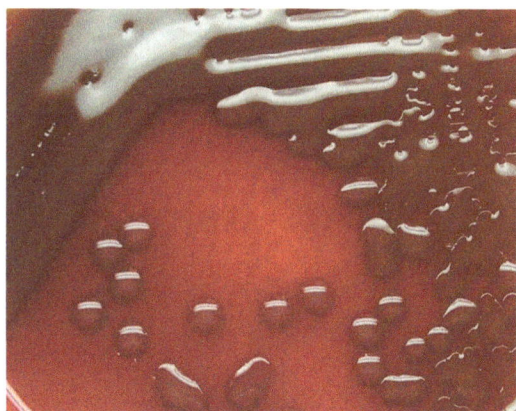

图 4-8-13 肺炎链球菌菌落

图 4-8-14 无乳链球菌菌落

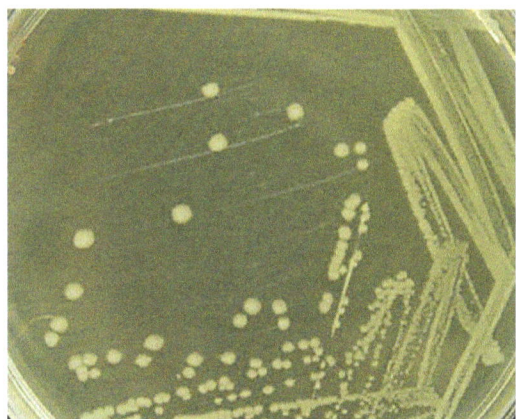

图 4-8-15 大肠埃希菌菌落

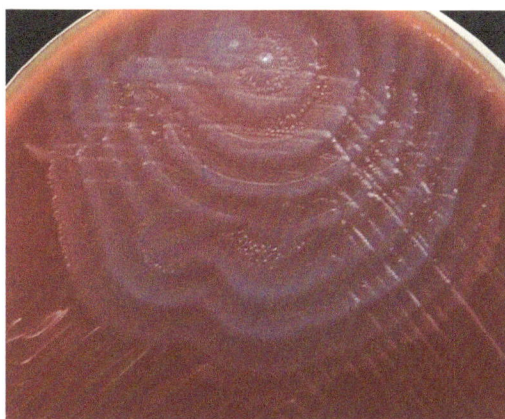

图 4-8-16 变形杆菌属菌落

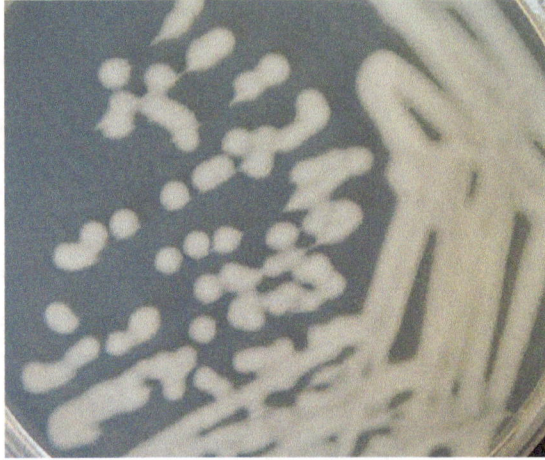

图 4-8-17 肺炎克雷伯菌菌落

图 4-8-18 铜绿假单胞菌菌落

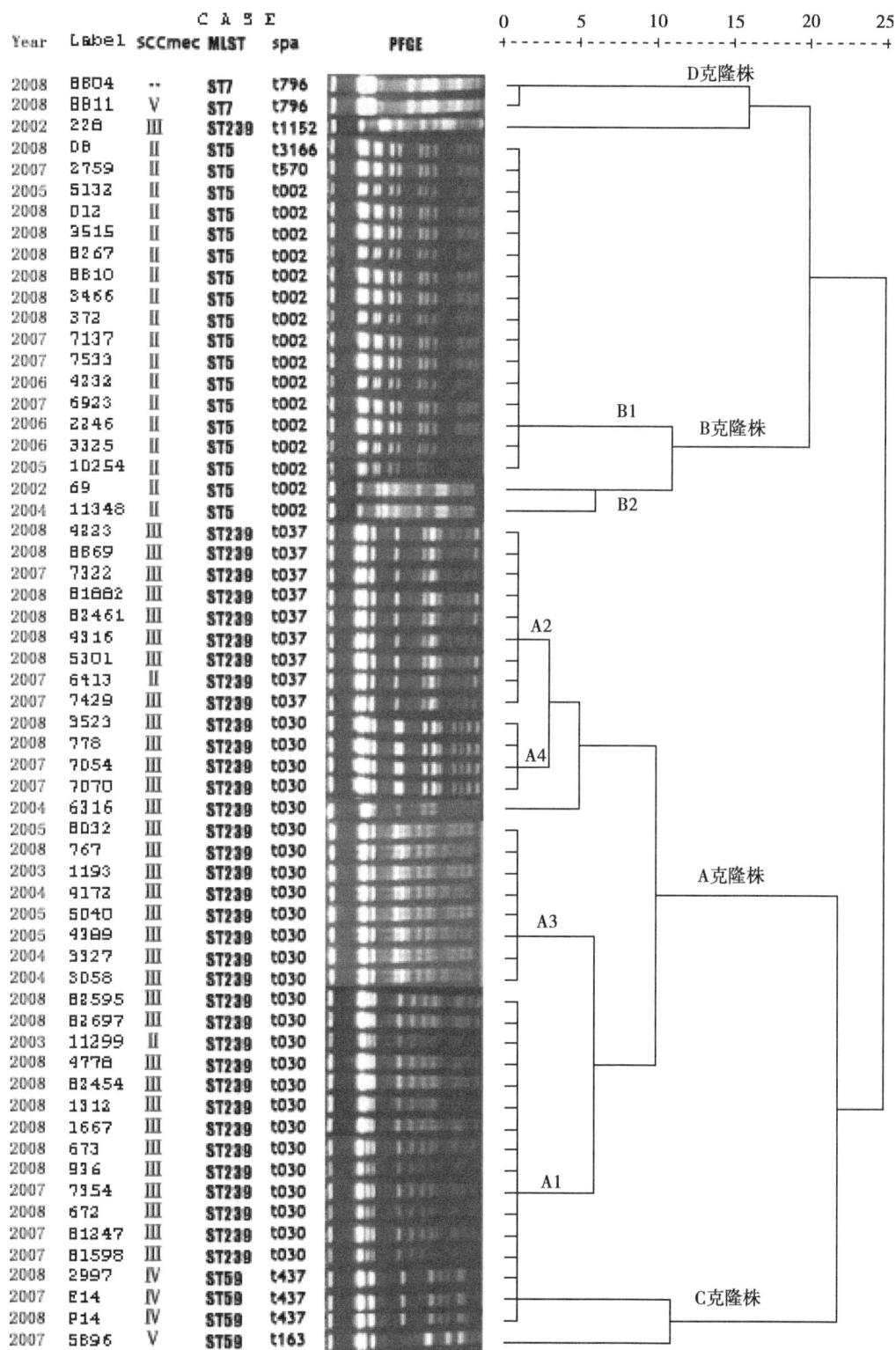

图 4-8-19 脉冲场凝胶电泳结果聚类分析

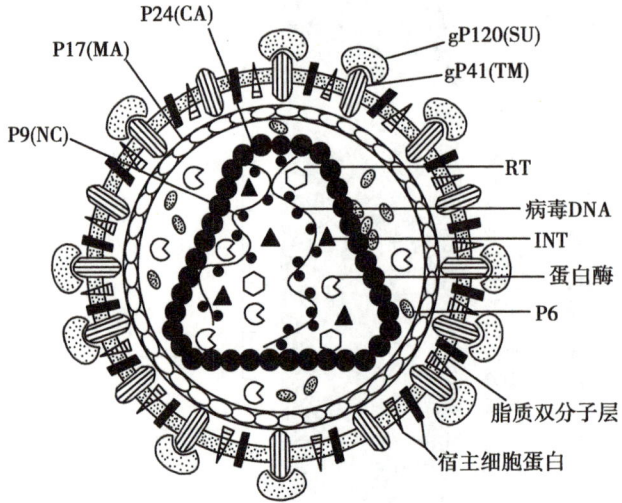

图 4-8-20　HIV 病毒及基因结构

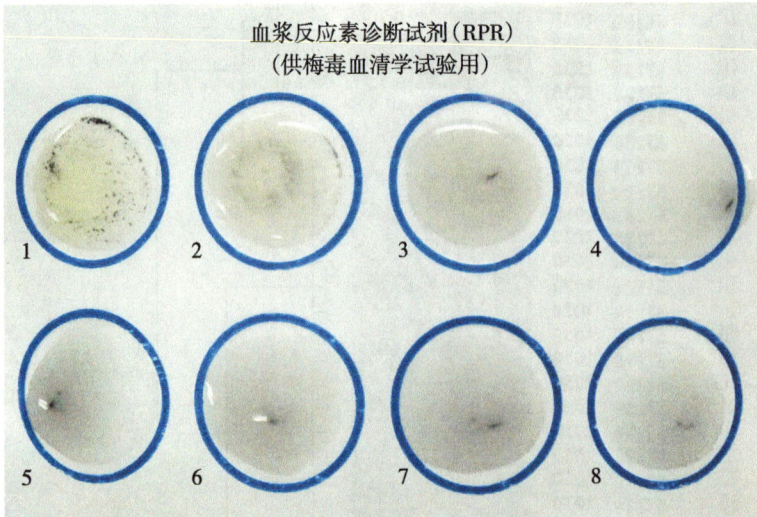

图 4-8-21　梅毒螺旋体反应素试验

1. 原倍阳性血清;2. 1∶2 稀释血清;3. 1∶4 稀释血清;4. 1∶8 稀释血清;
5. 1∶16 稀释血清;6. 1∶32 稀释血清;7. 1∶64 稀释血清;8. 1∶128 稀释血清

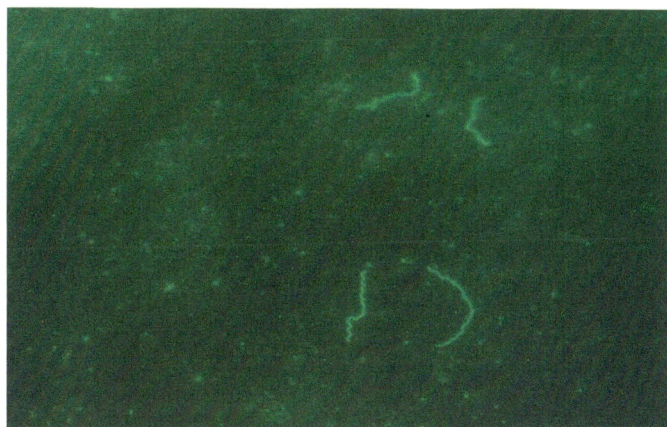

图 4-8-22 梅毒螺旋体直接免疫荧光试验

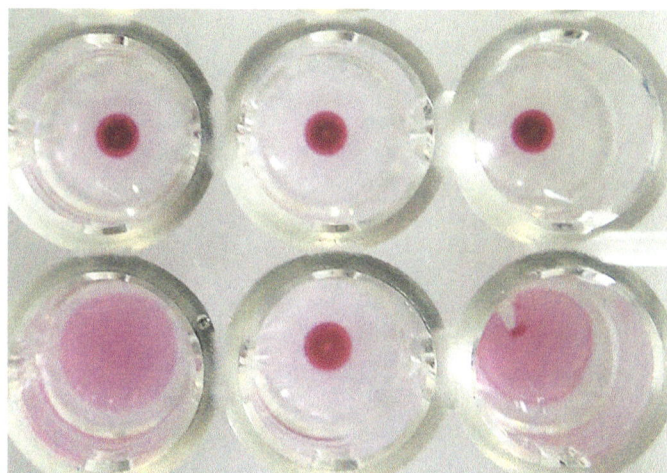

阳性对照　　　　　阴性对照　　　　　阳性标本

图 4-8-23 梅毒螺旋体抗原血清试验

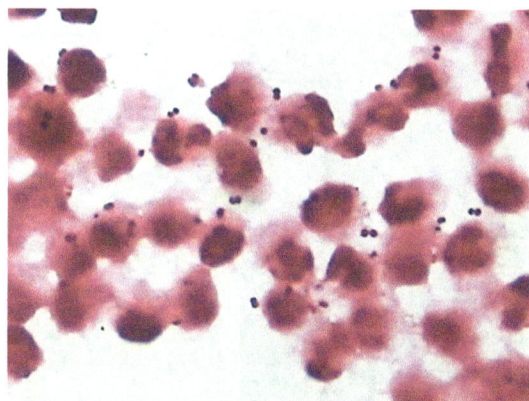

图 4-8-24 淋病奈瑟菌直接涂片革兰染色
革兰阴性双球菌,肾形相对,分布于细胞内外

图 4-8-25 淋病奈瑟菌培养

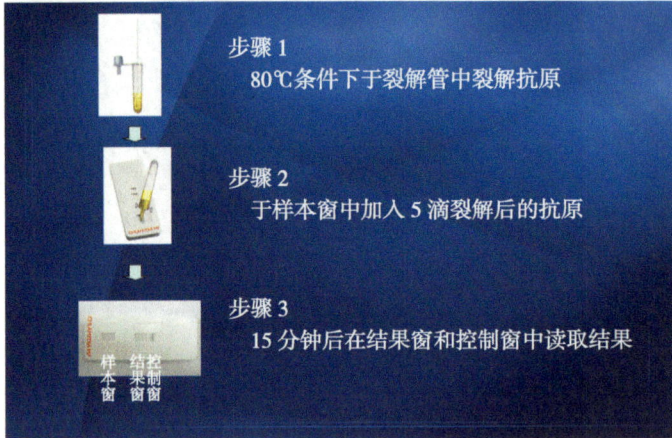

图 4-8-26　衣原体抗原检测试验

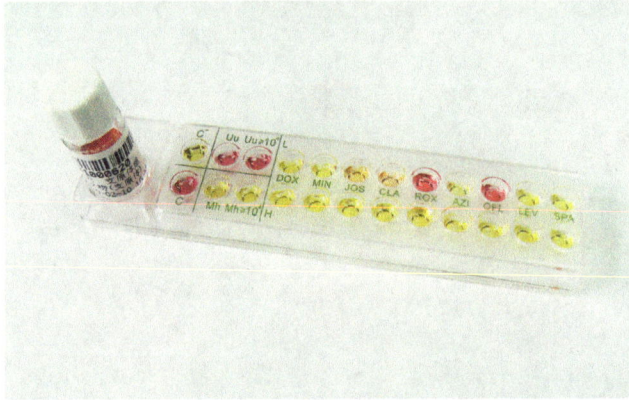

图 4-8-27　支原体培养及药敏试验

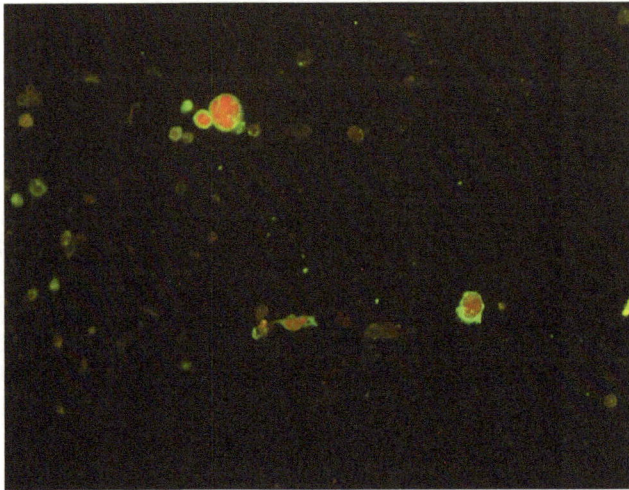

图 4-8-28　单纯疱疹病毒直接免疫荧光试验

第九章 常用临床检验仪器

见图 4-9-1~4-9-34 所示：

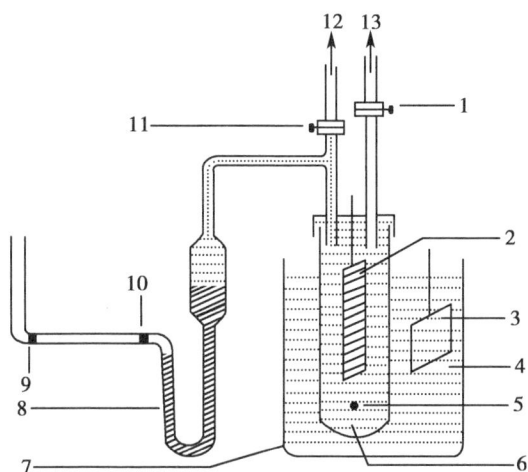

图 4-9-1 电阻式血细胞计数仪原理示意图
1.冲洗开关;2.内电极;3.外电极;4.稀释液和细胞;5.小孔;6.小孔管;7.测定杯;8.U型管;9.停止接点;10.开始接点;11.负压控制开关;12.至负压泵;13.至冲洗用等渗盐水

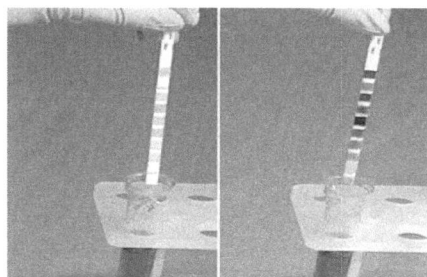

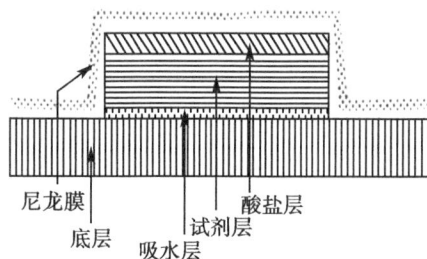

图 4-9-2 多联试剂带结构图

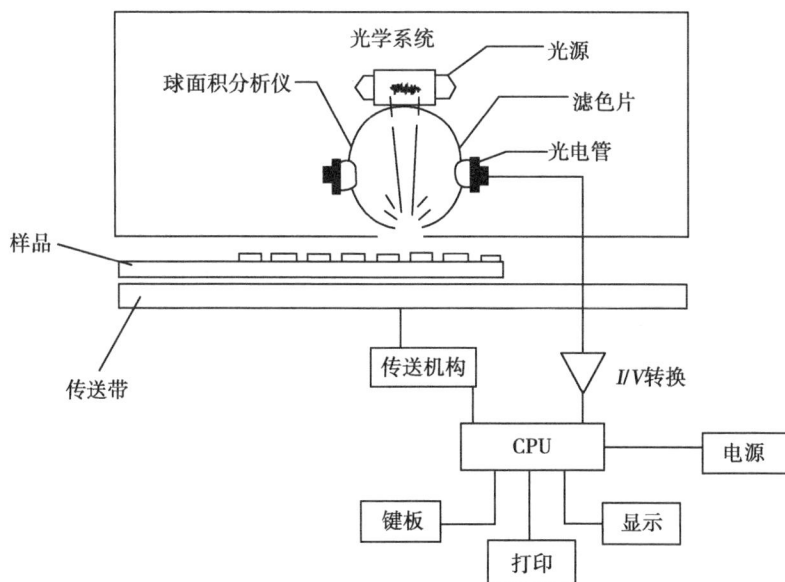

尼龙膜　底层　吸水层　试剂层　酸盐层

图 4-9-3 尿液分析仪结构示意图

光学系统　光源　球面积分析仪　滤色片　光电管　样品　传送带　传送机构　I/V转换　CPU　电源　键板　打印　显示

前向散射光信号放大器

氩激光

荧光信号放大器

电阻抗信号放大器

鞘液　电极

导电率感应器

稀释　染色

尿样品

流式细胞测定法　　　电阻抗测定

前向散射光　　荧光　　电阻抗信号　导电率

前向散射光强度　前向散射光脉冲宽度　荧光强度　荧光脉冲宽度　电阻抗

细胞大小　细胞长度　染色强度　染色部分长度　细胞体积

散射图

红细胞　白细胞　上皮细胞　管型　细菌　酵母细胞 结晶 小圆上皮 病理管型　尿导电率

前向散射光直方图　前向散射光直方图

红细胞 参数　白细胞 参数

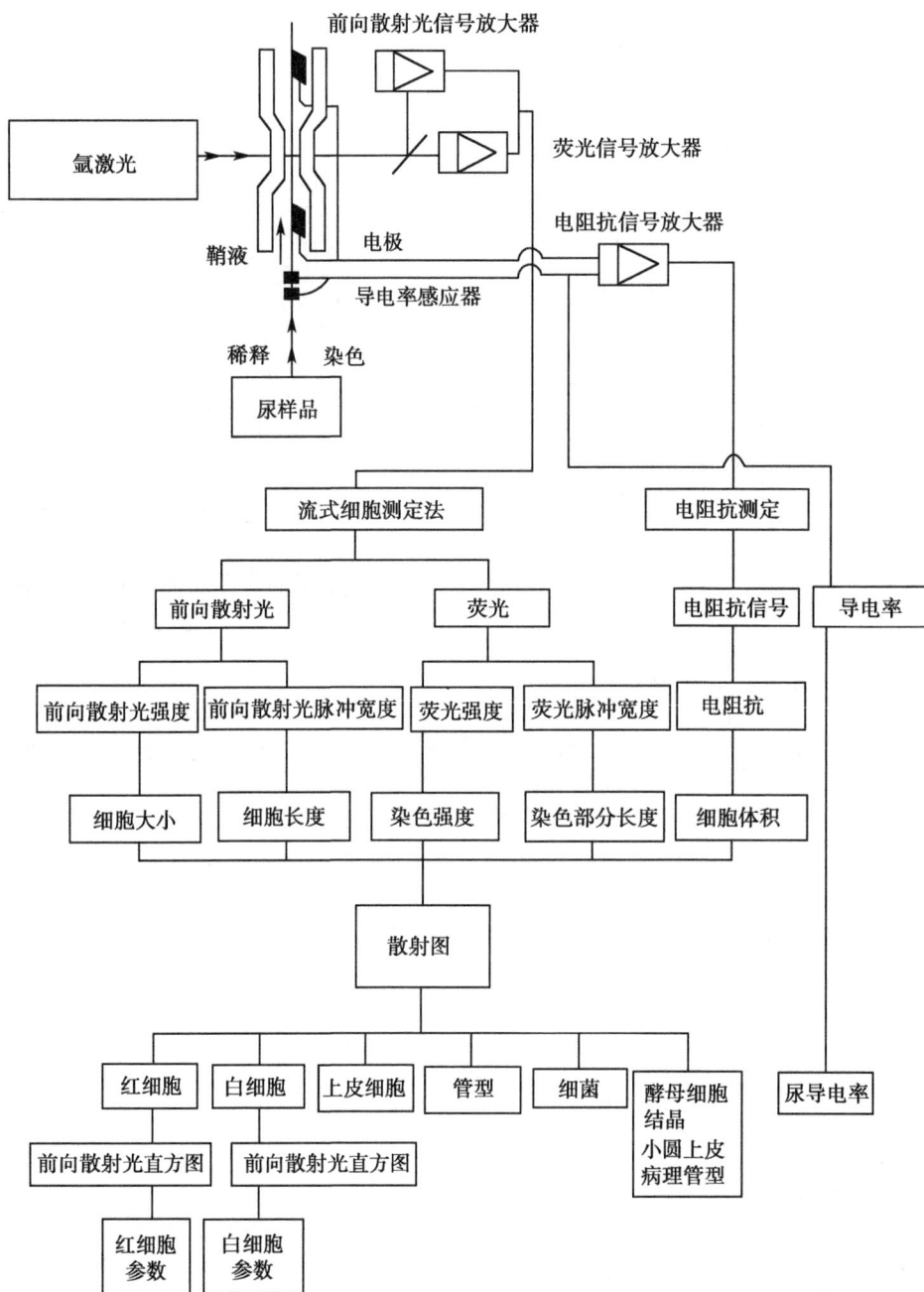

图 4-9-4　流式细胞术全自动尿有形成分分析仪测定原理简图

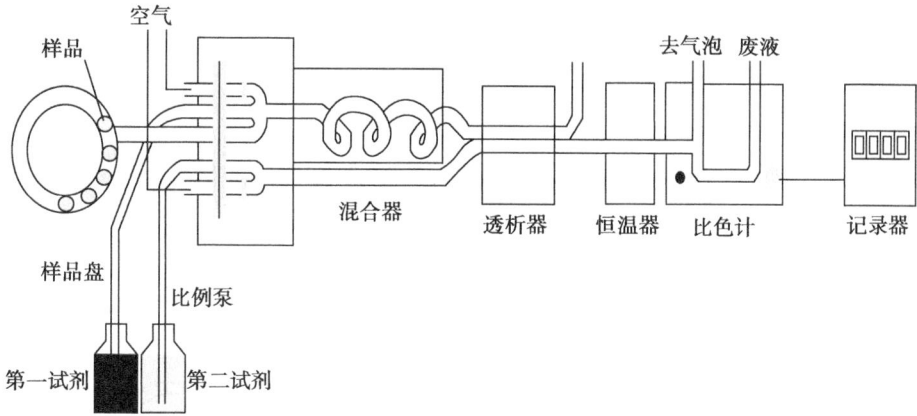

图 4-9-5　单通道管道式自动分析仪结构示意图

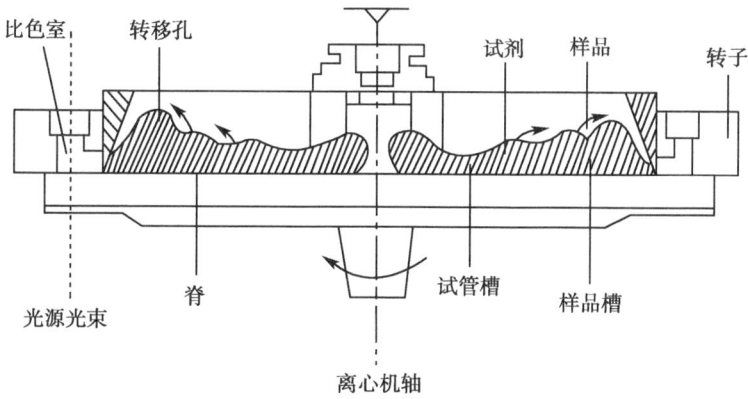

图 4-9-6　离心式自动分析仪工作原理示意图

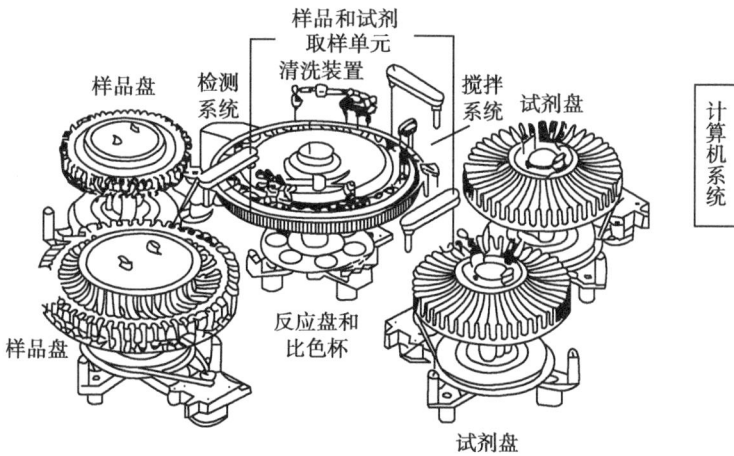

图 4-9-7　分立式自动生化分析仪结构示意图

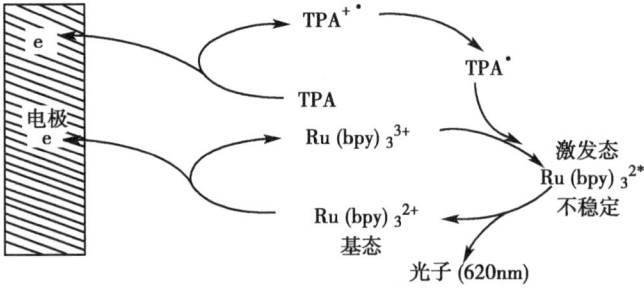

图 4-9-8 电化学发光原理图

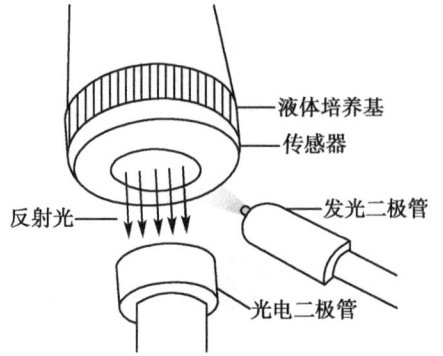

图 4-9-9 BacT/Alert 系统检测原理示意图

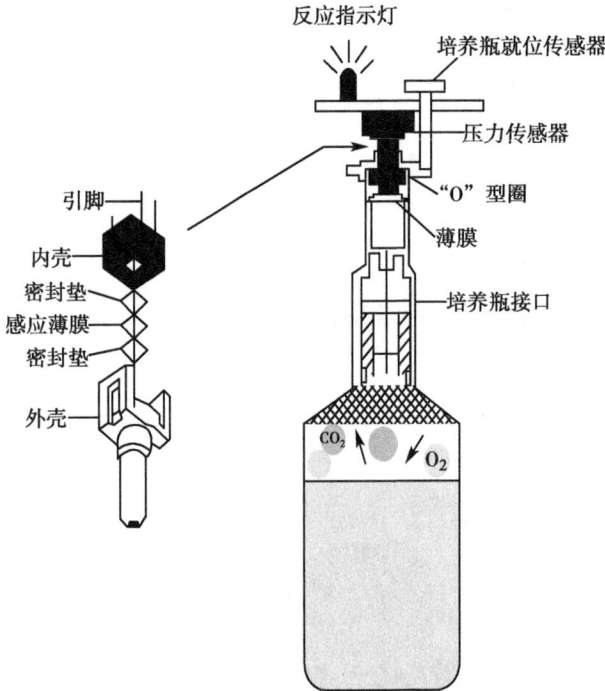

图 4-9-10 ESP 血培养仪检测原理示意图

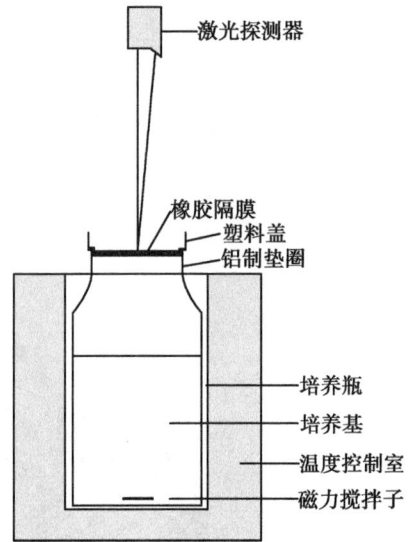

图 4-9-11 OASIS 系统检测原理示意图

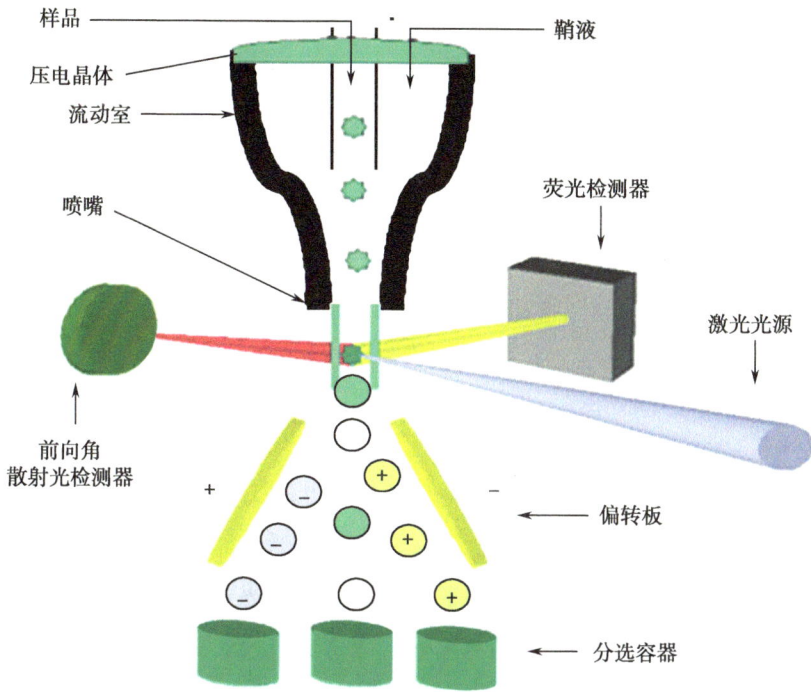

图 4-9-12 流式细胞仪工作原理示意图

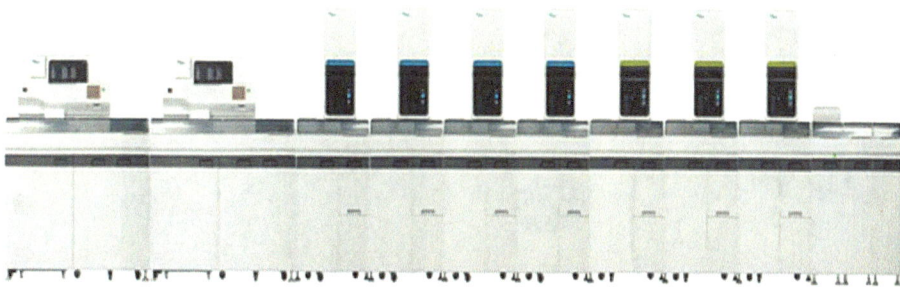

图 4-9-13 血细胞分析流水线

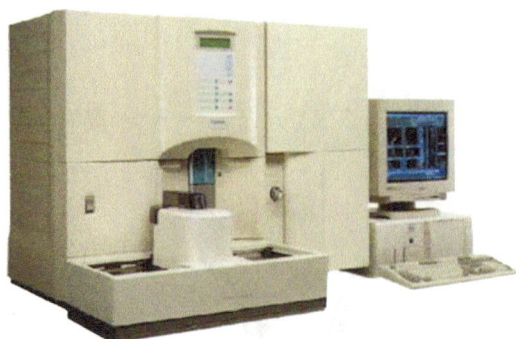

图 4-9-14   血细胞分析仪

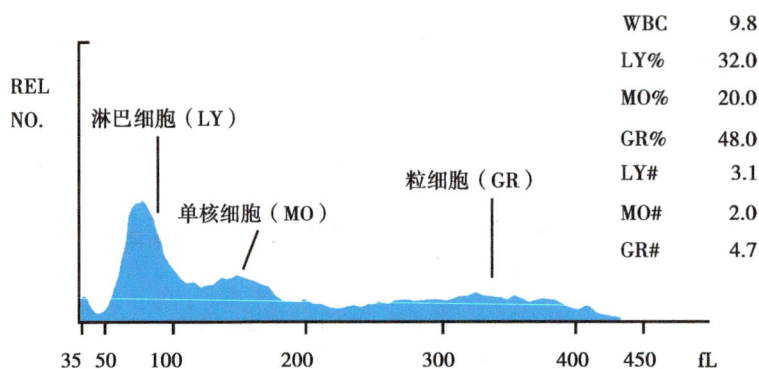

WBC	9.8
LY%	32.0
MO%	20.0
GR%	48.0
LY#	3.1
MO#	2.0
GR#	4.7

图 4-9-15   电阻抗法白细胞计数直方图

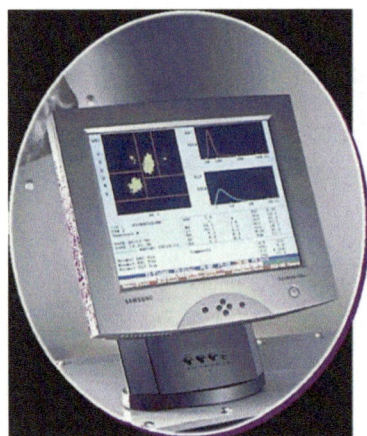

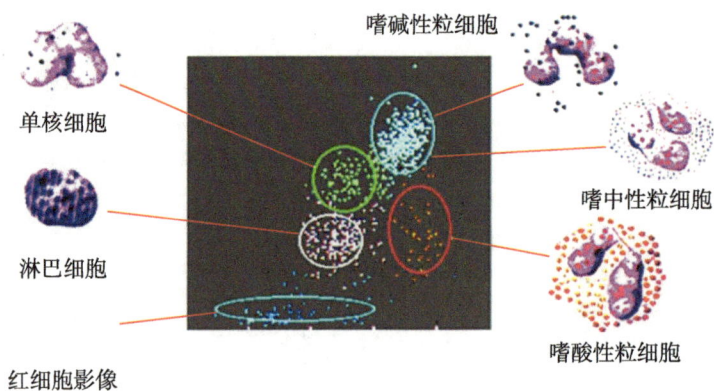

图 4-9-16   白细胞分类计数散射图

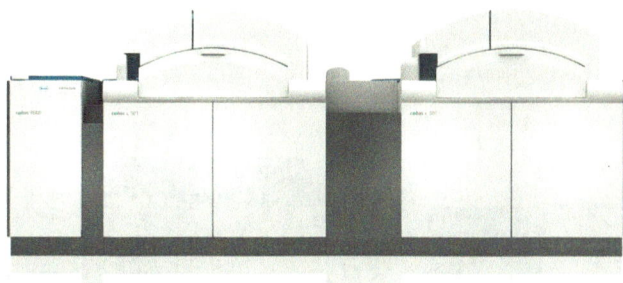

图 4-9-17　全自动生化分析系统

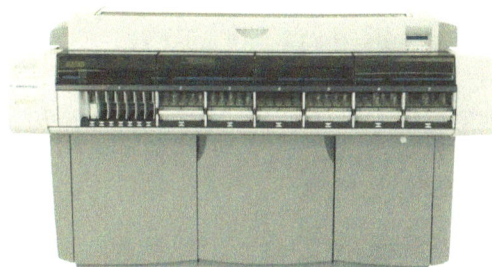

图 4-9-18　全自动生化分析仪

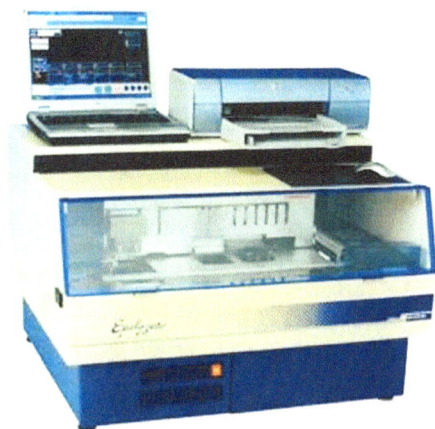

图 4-9-19　全自动电泳分析仪

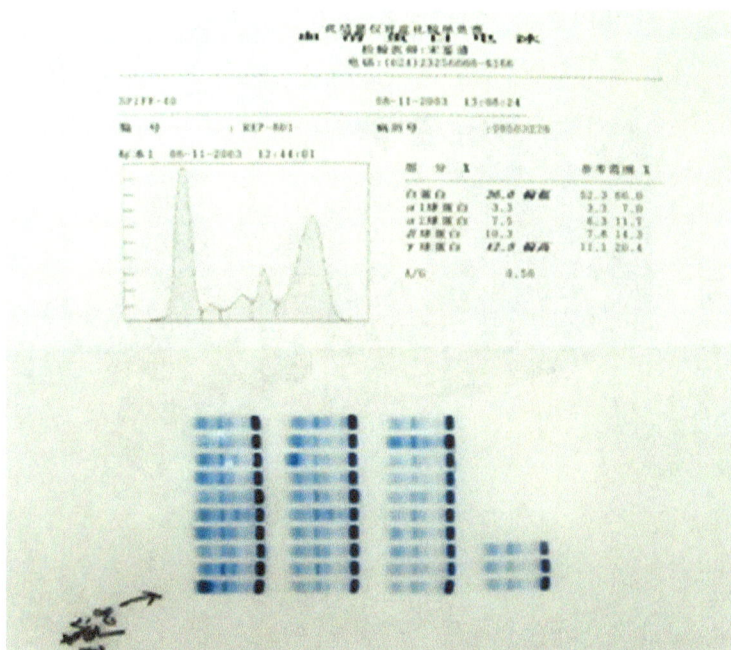

图 4-9-20　全自动电泳分析仪电泳结果报告单

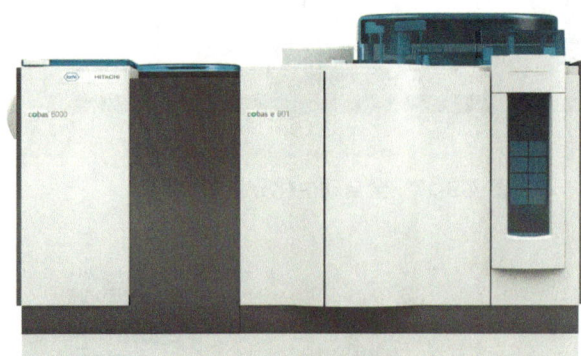

图 4-9-21　全自动免疫分析系统（电化学发光法）

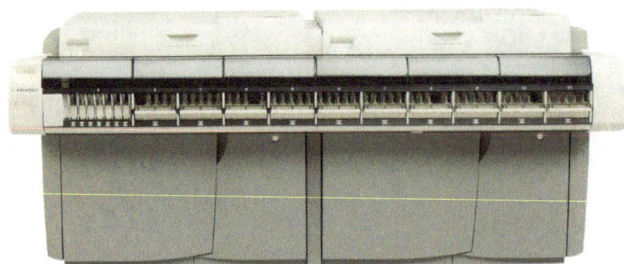

图 4-9-22　全自动免疫分析仪（化学发光法）

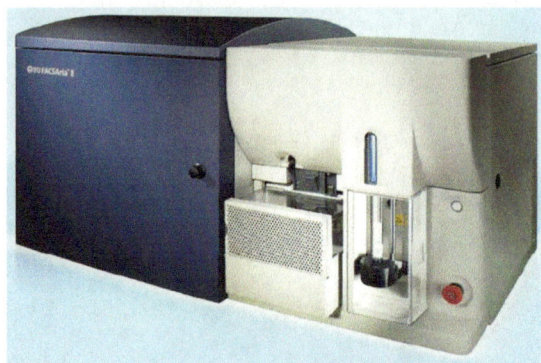

图 4-9-23　流式细胞计数仪

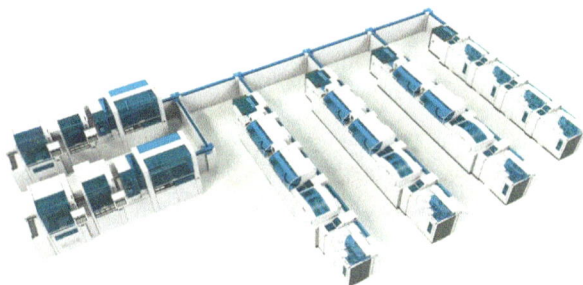

图 4-9-24　全自动生化免疫分析流水线

Sysmex 尿沉渣分析仪发展史

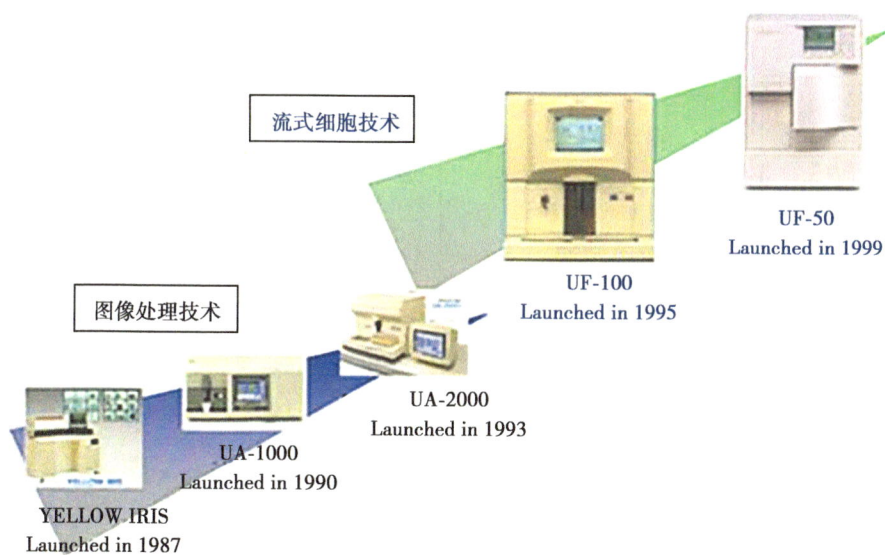

流式细胞技术

UF-50
Launched in 1999

UF-100
Launched in 1995

图像处理技术

UA-2000
Launched in 1993

UA-1000
Launched in 1990

YELLOW IRIS
Launched in 1987

图 4-9-25　尿沉渣分析仪发展史

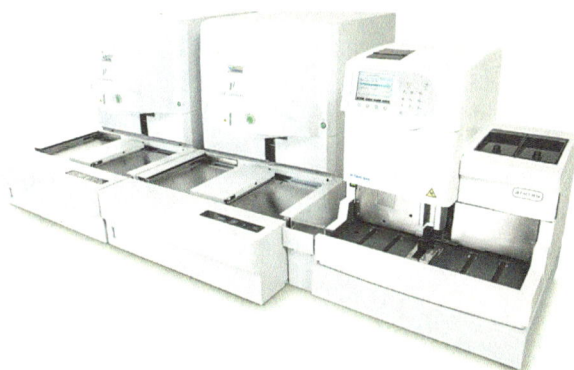

图 4-9-26　尿干化学沉渣分析系统

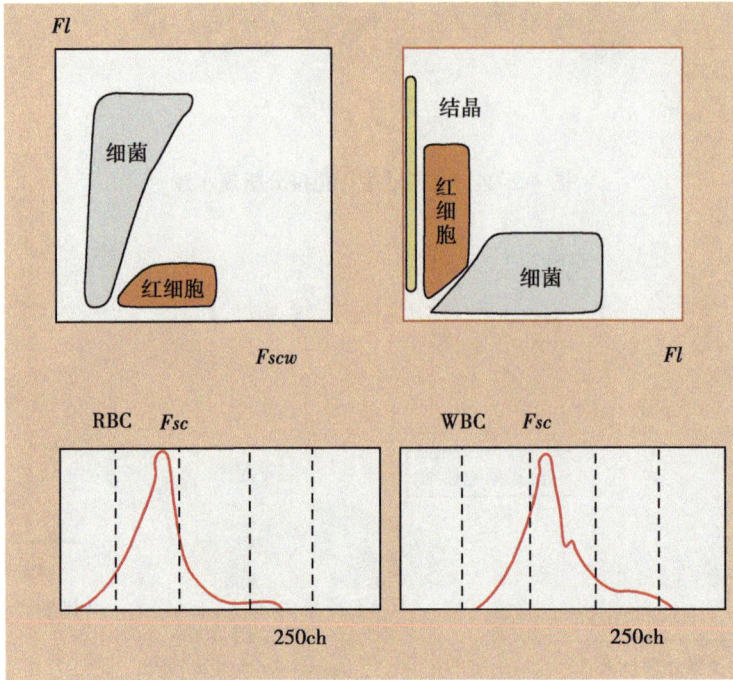

图 4-9-27 流式尿沉渣分析仪散射示意图

图 4-9-28 ABli 7500 荧光定量 PCR 仪

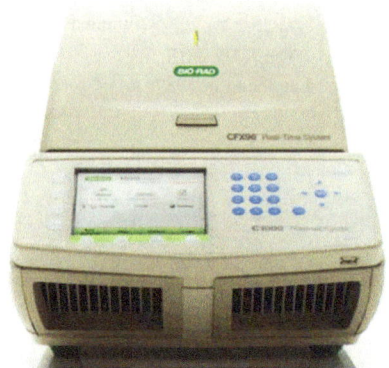

图 4-9-29 Bio-Rad 荧光定量 PCR 仪

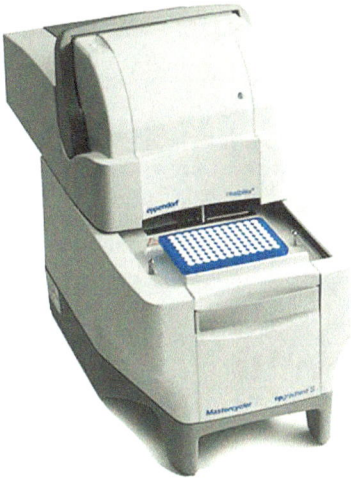

图 4-9-30　Eppendorf 荧光定量 PCR 仪

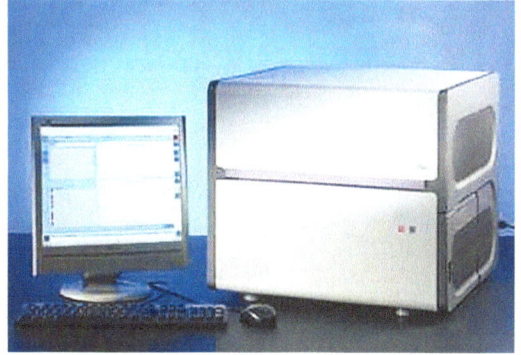

图 4-9-31　Light-Cycle 480 荧光定量 PCR 仪

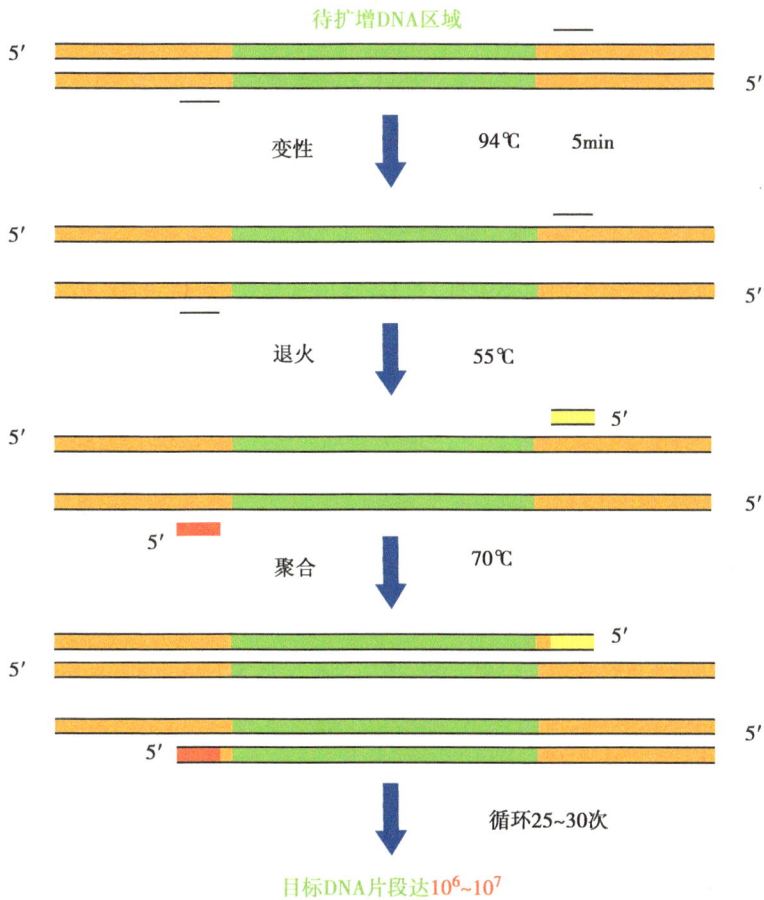

待扩增DNA区域

5′

5′

变性　　　94℃　　5min

5′

5′

退火　　　55℃

5′

5′

5′

聚合　　　70℃

5′

5′

5′

5′

循环25~30次

目标DNA片段达10^6~10^7

图 4-9-32　PCR 基本原理

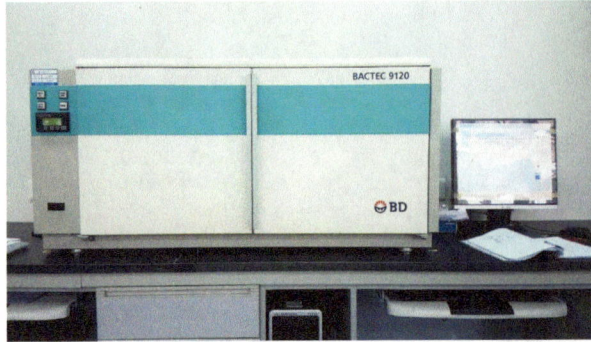

图 4-9-33　全自动血培养仪

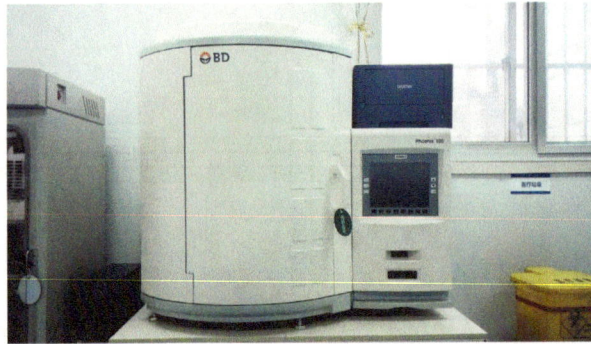

图 4-9-34　全自动细菌鉴定仪